45

CONSEJOS, TRUCOS Y SECRETOS
PARA EL ESTUDIANTE IB EXITOSO

CONSEJOS, TRUCOS Y SECRETOS PARA EL ESTUDIANTE IB EXITOSO

ALEXANDER ZOUEV

Traducido por Lucas von Corvin

ZOUEV PUBLISHING

Este libro fue impreso en papel sin ácido.

Copyright © 2020 Alexander Zouev. Todos los derechos reservados.

Se prohíbe cualquier forma de reproducción de cualquier parte de este libro sin permiso escrito, con excepción de breves citas dentro artículos críticos o reseñas.

Publicado en 2020
Impreso por Lightning Source

ISBN 978-1-9163451-0-2

Dedicado a ti, el estudiante.

	Introducción	4
1.	¿Es el IB para mí?	8
2.	IB vs otros Programas de Bachillerato	10
3.	Miedo Irracional al IB	15
4.	Elección de Materias [Parte I]	18
5.	Elección de Materias [Parte II]	23
6.	Hacer Bien lo Básico	29
7.	Relación entre Alumno y Profesor	32
8.	Maximizar tu Productividad en el Colegio	40
9.	La Importancia de las Evaluaciones Internas	48
10.	Manejar el Estrés	58
11.	Procrastinación en el IB	65
12.	Amistades IB	70
13.	Gestión del Tiempo	74
14.	Eficiencia en el IB y Mejoramiento Personal	79
15.	Mejorar la Memoria	86
16.	Escribir Ensayos IB	89
17.	Triunfar en las Presentaciones del IB	92
18.	Preparación Para los Exámenes IB [Parte I]	95
19.	Preparación para los Exámenes IB [Parte II]	100

20.	Preparación para los Exámenes IB [Parte III]	104
21.	El Poder de los Exámenes Pasados	108
22.	Técnicas para el Examen [Parte I]	116
23.	Técnicas para el Examen [Parte II]	121
24.	Ganar el Examen de Literatura (Grupo 1)	125
25.	El Comentario Oral: Consejos y Trucos	137
26.	Dominar Lengua B	145
27.	El Grupo 3	151
28.	Vencer Biología	157
29.	Cascar Química	162
30.	Resolver Física	165
31.	El Proyecto del Grupo 4	169
32.	Descifrar Matemáticas	173
33.	La Exploración Matemática [Parte I]	179
34.	La Exploración Matemática [Parte 2 - Ejemplo]	189
35.	Hackear tu Calculadora	195
36.	Sobresalir en Artes Visuales	198
37.	Perfeccionar la Monografía [Parte I]	217
38.	Perfeccionar la Monografía [Parte II]	224
39.	Perfeccionar la Monografía [Parte III]	232

40.	Perfeccionar la Monografía [Parte IV]	240
41.	Abordar TdC – El Ensayo	244
42.	Abordar TdC – La Presentación	259
43.	Conquistar CAS	274
44.	Deshonestidad Académica	280
45.	Reclamaciones y Repeticiones	285

La Vida Después del IB	288
Conclusión	290
Contribuyentes	291
Agradecimientos	293

Introducción

Antes de llegar a la parte sustancial de esta guía deseo gastar unas páginas explicando quien soy y lo que me motivó a escribir este libro. No es mi primer libro de consejos para el IB pero (ojalá) será mi último, en el sentido que deseo juntar todos los consejos fundamentales que les pueda dar. Espero que esta guía sea más estructurado y reflexivo que mis libros anteriores y espero que llegue y ayude a la mayor cantidad de estudiantes.

Antes de entrar al mundo que suelo llamar "IB sin estrés" tal vez se preguntan "¿Quién soy yo para escuchar los consejos de un desconocido sobre cómo salir bien en el IB?" Pues, espero que se estén preguntando eso. Después de todo yo nunca oficialmente trabajé en un colegio IB, ni tampoco estoy de algún modo afiliado a esa organización. Además, en el pasado reciente el mercado para materiales de ´ayuda´ para el IB se saturó mucho, tanto con libros recomendables como libros que deben ser evitados. Por eso, antes de explicar detalladamente cómo maximizar tu puntaje IB total, déjame tranquilizar tu mente dándote un poco de información sobre mí y mis propias experiencias académicas.

Me gradué en 2007 con el Diploma del Bachillerato Internacional y un puntaje total de 43 puntos, estableciendo un nuevo récord escolar y terminando como el mejor en la mayoría de mis cursos. Los siguientes años los pasé en la Universidad de Oxford graduándome con el BA en Economía y Administración, mientras empecé a dar clases de refuerzo para estudiantes IB por Skype desde mi dormitorio. Fue durante ese verano que escribí mi primer libro de consejos para el IB llamado *Three,* que abordó el componente de los 3 'extra puntos' (Monografía y Teoría de Conocimiento) del diploma.

Al graduarme de Oxford aspiré a un MSc en Matemática Financiera de la Cass Business School en Londres. Durante ese año terminé mi segundo libro *I think, therefore IB*, que de paso me sirvió como inspiración para este libro. En ese tiempo también fui uno de los primeros docentes que trabajó para EliteIB (www.eliteib.co.uk), que ha crecido y llegado a ser hoy en día una de las agencias más grandes de tutoría para el IB en el mundo.

Me salí de EliteIB para establecerme como docente IB autónomo creando IBTutorOnline (www.ibtutoronline.com). Ahí perfeccioné mis habilidades de docencia para economía y matemáticas, especializándome en ayudar a estudiantes con sus Evaluaciones Internas. Me dediqué a IBTutorOnline por más de 5 años y en ese tiempo supervisé cientos de Monografías y Ensayos de Teoría de Conocimiento, y ayudé a más de 200 estudiantes en sus estudios para el IB. En promedio mis alumnos mejoraron su nota por 2,3 puntos y hasta tuve el placer de dar clases particulares a varios estudiante que sacaron 45/45 puntos.

En 2015 creé una pequeña casa editorial (www.zouevpublishing.com) que se especializó en publicar guías y libros de consejos para el IB, escrito por ex alumnos dirigido hacia estudiantes IB actuales. Hemos publicado libros que cubren temas como Historia y Física, tanto como guías IB en general. También desarrollé una aplicación para el celular que se dirige directamente a candidatos del Programa del Diploma IB – smartib (www.smartib.com).

Esa aplicación es una red social y foro diseñado específicamente para estudiantes cursando en el Programa IB. La aplicación les permite a estudiantes crear una cuenta y conectarse con otros estudiantes IB del mundo a través de un foro bien organizado donde pueden preguntar y contestar preguntas. En los primeros tres meses se registraron más de 8000 usuarios que usan smartib diariamente para encontrar otros estudiantes y para ayudarse. Tengo mucha esperanza de que esa aplicación hará una gran diferencia para alumnos que no tienen la suerte de tener los mejores profesores y recursos disponibles.

Básicamente, en los 10 años pasados me convertí en algo como un señor IB (como me llaman mis amigos). Soy un contribuidor activo en los foros IB, y he ayudado personalmente y directamente probablemente a casi 1000 estudiantes IB en todos esos años. De verdad creo que siendo un asesor, soy el mejor, para que logres alcanzar tu meta y tener éxito en el IB– lo que nos lleva a este libro.

Leer este libro es probablemente el método más eficiente de ganar un puntaje de 40+ en tu Diploma del Bachillerato Internacional. Si eres un estudiante que necesita orientación, un profesor buscando nuevas técnicas de enseñanza o simplemente un lector curioso – ojalá encuentres en este extenso tesoro de consejos lo que necesites y cumpla con todas tus expectativas. Si sigues los consejos dados en este libro correctamente con esfuerzo y determinación, estoy seguro que puedes obtener un puntaje total de 40 puntos o más – independientemente de alguna inteligencia 'natural'.

Aquellos que siguen intrigados por los dos puntos que me hicieron falta para alcanzar los 45 puntos, les quiero decir que los perdí por un 6 en Física (Nivel Medio) y un 6 en Inglés (Nivel Medio). Mirando al pasado me culpo a mí mismo por no seguir mis propios consejos suficientemente para obtener ese 7 en Física, no obstante no siento lo mismo por Ingles; hice lo mejor que pude pero no conseguí un 7. Lastimosamente, y a pesar del título este libro no te va a enseñar cómo marcar un puntaje perfecto de 45/45 y ubicarte en los mejores 0,01% de los candidatos. Yo conozco muchas personas que lograron esa proeza; sin embargo, casi todos admiten que tuvieron una buena porción de suerte en algún punto de su camino a la perfección. Como la mayoría de las ofertas y requisitos universitarios no superan los 40 puntos, tampoco hay necesidad de obtener una puntuación perfecta – a menos que seas el máximo perfeccionista.

No existe una manera fácil de ganar las notas deseadas. Pero existen maneras que te puedan ahorrar tiempo, esfuerzo y dinero y aun así te dejan alcanzar tu máximo potencial y obtener las notas de tus sueños. Aquellos de ustedes que leen esto esperando encontrar consejos para el plagio, el fraude o cualquier otro método no ético, tendrán que buscar en otro lugar. Mis consejos y técnicas están al 100% de acuerdo a las reglas y regulaciones de las directrices del IB. Comprensiblemente habrá críticas entre los padres y profesores que sugieren que mucho de lo que apoyo de alguna manera no es ético o no está de acuerdo a lo que predica el IB. A esos argumentos les falta fundamento. Incontables estudiantes reciben notas altas y triunfan sin ceder a volverse ratones de biblioteca. Uno tiene que entender que hay "fraude" y hay "técnicas estratégicas y eficaces para estudiar", y que una línea gruesa separa esos dos conceptos. Este libro va a enseñarte a volverte un maestro en manipular recursos disponibles de manera eficaz, sin recurrir a algo que se pueda considerar 'fraude'.

Antes de empezar es muy importante que te liberes de todos los pensamientos preconcebidos de que el IB sea algo intimidante, elitista, increíblemente exigente e imposible de resolver. Antes, yo era como ustedes, pero después de darme cuenta de que el IB es igual de fácil como los A-Levels (inglaterra), los programas AP (EE.UU.) – perdí todo el miedo. Eso es un paso muy importante en el largo camino hacia el éxito en el IB. Sí, tal vez tus amigos que no hacen el IB te dirán que quieres demasiado, que eres un nerd o estás loco. Sí, tal vez te darás cuenta que tienes más tareas y exámenes que los otros niños "normales". Y sí, habrá tiempos en los cuales te preguntas por qué tus padres/profesores te quieren hacer pasar por tanto dolor traumatizante. Sin embargo, uno no debería tener miedo. Las técnicas en este libro asegurarán que los dos años en el Programa del Diploma del IB serán los más memorables y divertidos dos años de tu vida.

Claramente los fueron para mí.

1. ¿Es el IB para mí?

Antes de abordar siquiera a tu aventura IB necesitas decidir si el IB es para ti. Con eso quiero decir, ¿es el IB el puente que necesitas para llegar al siguiente punto en tu vida? Sea ese el que sea.

Dependiendo de tu ubicación geográfica, tus futuras ambiciones profesionales y tus opciones de educación puede que te enfrentes a la tarea de decidir si en tu situación el IB vale la pena. Empecemos por mirar brevemente qué implica el diploma IB:

Fundado hace más de 50 años, la Organización del IB es una institución sin ánimo de lucro que ofrece educación internacional a estudiantes en más de 3 500 Colegios en 145 países. El Programa del Diploma incluye un programa de estudios avanzado y varios requisitos troncales, incluyendo la Monografía (que es como una tesis de grado), Teoría de Conocimiento (un curso de epistemología que enfatiza la filosofía IB), y CAS (actividades extracurriculares resaltando "creatividad, actividad y servicio" que contrarresta los estudios académicos). Tus notas de las examinaciones finales del IB y el cumplimiento de los requisitos anteriores determinan si ganas el diploma del IB:

Si eso suena mucho trabajo – es porque lo es. Hay una buena razón por la cual el programa IB tenga fama de ser particularmente difícil y riguroso en todo el mundo. La ventaja es que te motiva a pensar de forma independiente y aprender cómo pensar. Además, a medida que desarrollas una segunda lengua, adquieres mayor conciencia cultural y serás capaz de relacionarte con la gente en un mundo cada vez más globalizado y cambiante.

Los estudiantes que quieren estudiar en el exterior se enfrentan a diferentes escenarios en el país donde deseen estudiar. No puedo entrar en los detalles de cada país, pero básicamente todo depende de las opciones que se ofrecen en el sistema educativo nacional y a dónde quieres ir cuando termines el bachillerato. He conocido a muchos estudiantes que han querido ingresar directamente a un trabajo comercial una vez terminado el colegio, o han querido entrar en el negocio familiar lo antes posible. En estas situaciones, puedo entender por qué los años del Diploma del IB pueden parecer una pérdida de tiempo.

Al final (y puede que yo esté ligeramente sesgado en esta evaluación) el Diploma de Bachillerato Internacional de verdad desarrolla a estudiantes inquisitivos y globales. Yo diría que es la mejor educación secundaria que un estudiante puede obtener, y abre la puerta a oportunidades diversas. El conjunto de habilidades que adquieres al finalizar el programa te va a preparar para un futuro muy exitoso.

El Diploma del IB no es para todos. Aunque es un programa maravillosamente desafiante que ha ganado un increíble reconocimiento mundial. Dependiendo de cada caso individual debe decidirse si el programa es adecuado para ti y para donde quieras estar en unos pocos años.

2. IB vs otros Programas de Bachillerato

(artículo contribuido)

Es verdad que el Programa del Diploma del Bachillerato Internacional es difícil. Ciertamente, un formidable oponente, monstruoso con su intención de obstruir tu viaje a un destino más feliz. Viniendo de una escuela con pocos recursos económicos he visto a muchos de mis amigos asustarse ante la idea de enfrentarse a ese monstruo académico. Pero, como casi todo en la vida, entre más difícil sea el reto, mayor será la recompensa. No se cómo es el caso para universidades fuera de Estados Unidos, aunque estoy seguro que es casi lo mismo, las mejores universidades estadounidenses respetan y aprecian inmensamente el Diploma del Bachillerato Internacional.

Para contextualizarlos: mi colegio es y siempre ha sido la instalación pública educacional más pobre en el municipio. También es la escuela más diversa en todo el estado de Washington con más de 65 idiomas hablados, es de lo más internacional que verás en los EE.UU. Más del 60% de los estudiantes reciben ayuda económica con almuerzo gratis o con descuento. El colegio ofrece 15 cursos de Bachillerato internacional, de los cuales 8 son solo Nivel Medio y muchos otros que fueron agregados el año pasado. Esto contrasta con las más de 40 materias que ofrece el Programa del IB, la mayoría de las cuales están disponibles tanto en el Nivel Estándar como en el Nivel Superior.

Con todo esto en mente, créanme cuando les digo que todas las personas dispuestas a hacer el esfuerzo, pueden graduarse del programa con honores.

Un muy buen amigo mío, inmigrante ilegal y de un barrio pobre, fue aceptado en una de las 20 mejores universidades americanas con una beca completa, todo gracias al Programa de Diploma de Bachillerato Internacional. Tus dos años en este programa serán infernales. Te estresarás, cuestionarás tu decisión y sí, considerarás salirte del programa. Pero los dos años en ese programa valdrán la pena. Te preparará para la universidad, te preparará para tu carrera y te preparará para tu futuro. Entonces, ¿por qué elegir IB?

1) Preparación para la Universidad

El IB hace mucho para prepararte para la carga de trabajo que tendrás que aguantar en la universidad. Lo que hace que el IB sea un programa tan intimidante es que te lanza mucha información a la vez. Los estudiantes que tienen un buen desempeño en el IB pueden manejar eficazmente esta información, aprender eficientemente, y al mismo tiempo mantener una vida saludable y equilibrada. En la universidad al igual que en el IB, vas a ser bombardeado con todo tipo de información, tanto académica como no académica. Vas a tener que elegir si vas a darle prioridad a tus trabajos y tal vez no ir a una fiesta, analizar si puedes permitirte el lujo de hacer otra actividad extracurricular, o preguntarte si vale la pena quedarse despierto toda la noche para terminar esa tarea. En ese sentido, el IB te ofrece una experiencia muy valiosa y debes tratar de ver todo lo que te lanza como una curva de aprendizaje para la universidad. No todo el mundo tiene que escribir un trabajo de investigación de 4000 palabras, cuestionar su propia existencia y arreglar las actividades de la CAS mientras que tenga que estudiar para 6 materias a la vez. De verdad el IB hace que la transición a la universidad sea muy suave y además te sentirás bien preparado.

2) Perspectiva más Amplia

Seguramente tu programa de bachillerato nacional te ofrece buena educación y todo, pero estoy seguro que el IB te ofrece algo mucho más diverso y sustancial. De hecho, el IB te convierte en un erudito del mundo: te ves forzado a examinar las cosas desde múltiples perspectivas diferentes, a cuestionar suposiciones, y esto te convierte en un pensador crítico. Claro, puedes argumentar que esta tontería global no es necesaria, y que el objetivo de un programa de bachillerato debería ser simplemente adquirir conocimientos en los temas que te interesan. Pero en mi opinión el IB es hasta cierto punto una manera de tener la experiencia de estudiar en el extranjero, que tanta gente dice que es una experiencia muy valiosa. Piensa de ti mismo como Dora la Exploradora, siempre cuestionando todo lo que te rodea, y queriendo profundizar más en tus búsquedas intelectuales.

3) Amor entre Egresados

Esto no parece una razón real, pero escúchame. ¡Nada se compara con estar en la universidad, conocer a alguien nuevo, y luego darse cuenta de que ambos son ex-alumnos del IB! De repente se sienten como si se conocieran desde hace muchos, muchos años y pueden relacionarse entre sí. El dolor, la miseria, los puntajes ¡oh, qué felicidad! Es como si fueran familia. No, SON familia.

4) Creatividad, Actividad, Sabor

Debido a que el IB es mucho trabajo, asegúrate de realizar actividades placenteras que valgan la pena y que te gusten fuera del salón de clase. Te vas a graduar del colegio después de haber hecho actividades que antes nunca se te hubieran ocurrido hacer, y lo más emocionante es que una de estas actividades podría terminar siendo tu pasión. Mira mi caso: Después de que mi madre salió y gastó dinero en comprar un tablero de ajedrez, aunque no quería, decidí aprender a jugar ajedrez para cumplir con mi sección Creatividad. Cientos de horas después, el ajedrez se ha convertido en uno de mis pasatiempos favoritos, al cual me dedico hasta en la universidad. Verás, la mayoría de los programas de bachillerato nacionales tienen como objetivo simplemente enfocarse en los cursos que tomas. El IB, aunque sea difícil creerlo, quiere que salgas y descubras las increíbles oportunidades que tienes en tu vida.

5) Trabajo ético

La realidad es que el estudiante promedio del IB tendrá más trabajo que hacer que el estudiante promedio de otros programas. Tomas más materias, tienes mucho que hacer fuera del colegio, y Dios mío, ¡hay mucho que escribir! Pero mientras haces todo esto, empiezas a desarrollar una fuerte metodología de trabajo. Incluso si pospones todas tus tareas, te darás cuenta que tienes que hacer tu trabajo en algún momento. A menos que no quieras dormir, empieces a ser mucho más eficiente con tu trabajo y sepas cómo priorizar tu día. De la misma manera sabrás si puedes darte el lujo de salir con tus amigos, o si deberías quedarte para estudiar. Por el otro lado, te das cuenta que tener una vida social también es importante para mantener un estilo de vida equilibrado y, por lo tanto, guardas tiempo para estar con tus amigos. Estas son habilidades invaluables no sólo para prepararte para la universidad, sino también para el resto de tu vida. Con cada día, empiezas a trabajar más inteligentemente y empiezas a sentirte como un campeón.

6) Habilidades de Investigación

Si alguna vez has estado interesado en hacer investigación (o incluso si no lo has estado) el IB es un excelente programa para desarrollar cualidades investigativas. Las evaluaciones internas que debes escribir para tus ciencias naturales aseguran que desarrollas habilidades en el análisis de datos, sabrás cómo trabajar con incertidumbres, y aprenderás a combinar elementos cuantitativos y cualitativos para formar un documento convincente. Las evaluaciones internas que debes escribir para ciencias sociales, especialmente Economía, te permiten combinar información de la vida real y teoría para crear un argumento convincente. La evaluación interna de Matemáticas es una manera excelente de entender las aplicaciones prácticas de las matemáticas en el mundo real, y te permite consolidar tus bases en áreas específicas. La Monografía que debes escribir te da experiencia real en la redacción de un trabajo tan complejo. Y, por supuesto, quién puede olvidarse de abusar del internet para analizar todos esos exámenes pasados y sus esquemas de calificación.

7) Una Hoja de Vida Potente

Piénsalo por un segundo. En un mundo donde las universidades esperan que hagas mil millones de actividades, te piden que te superes a ti mismo dentro como fuera del salón de clase, e incluso quieren que hagas tus propios estudios, ¿no es maravilloso el IB?. Tu CAS te lleva a todas esas actividades extracurriculares, puedes anotar tu Monografía como "investigación" (pues yo obviamente lo hice), y tus esfuerzos en TdC demuestran curiosidad intelectual. ¿No estás construyendo un portafolio impresionante para aplicar a la universidad por simplemente hacer el IB? Todas las cosas que aprendes, que haces y en las que puedes involucrarte profundamente serán valoradas en tu aplicación, tanto para la universidad como para posibles prácticas profesionales.

8) Manera de Pensar vs Preparación para el Programa de la Universidad

Muchos programas de bachillerato te garantizan que cuando llegues a la universidad, conozcas el programa de estudios que se va a cubrir y que hayas tenido algún tipo de experiencia en su manejo de antemano. Sin embargo, lo que el programa IB hará es obligarte a desarrollar una forma dinámica de pensar que se adapte a las nuevas situaciones. Es decir, puede que no hayas visto el material que te ponen en la universidad, pero estarás perfectamente preparado para enfrentarte a esa nueva situación. Reconocerás patrones, estructurarás tus estudios de manera efectiva, mirarás los detalles desde diferentes perspectivas; esencialmente, tendrás un conjunto de herramientas mentales listas para abordar todo tipo de nuevos problemas. Para mí, eso es algo mucho más importante que simplemente obtener suficientes créditos universitarios o estar familiarizado con el plan de estudios. La vida se trata de adaptarse a nuevas situaciones, de resolver nuevos problemas, y el IB es el que te va a preparar para eso.

3. Miedo Irracional al IB

Tal vez uno de los temas más importantes a tratar es la creencia general de que el programa IB es elitista, demasiado difícil, y una carga excesiva durante dos años en tu vida adolescente. Necesitas deshacerte de todos tus prejuicios y miedos sobre el diploma del IB y empezar a creer en ti mismo. No importa quién eres y qué tipo de historia académica has tenido hasta este momento en tu vida, el programa de diploma del IB es una oportunidad para comenzar de nuevo.

He conocido estudiantes que vinieron de promedios académicos regulares o malos y salieron con un promedio de 30 en su diploma de IB. Yo era un vago y un alborotador en el salón de clase hasta que me di cuenta de que mis notas del IB podían decidir una gran parte de mi futuro cercano. La clave es que tengas en cuenta que la inteligencia natural y los conocimientos anteriores no son esenciales para lograr el éxito en el IB. Lo que es esencial es la fuerza de voluntad y la autocreencia de que puedes sobrevivir y tener éxito en el académicamente más intenso programa de bachillerato y salir ganando.

Considera tu experiencia de dos años en el IB como un evento deportivo. Los exámenes finales son la gran final, y todo lo anterior es la preparación y el entrenamiento para ese evento. Utilizo esta analogía de deporte, porque resalta la importancia de la planificación y la preparación mental que se necesita para rendir al más alto nivel. Incluso los atletas más grandes no pueden dar su mejor rendimiento a menos que dominen la habilidad de visualizar su propio éxito.

Sin ponerme demasiado filosófico, quiero enfatizar lo importante que es ese ejercicio de visualización. A menos que puedas imaginarte obteniendo las mejores notas y un total 40 puntos o más, será muy difícil hacerlo en la realidad. Este no es un libro de 'autoayuda' en sí, ni tampoco estoy totalmente de acuerdo con las ideas que algunos libros de autoayuda tienden a promover – como el "secreto" de que todo es posible si sigues pensando en ello. Sin embargo, aunque no crea que la visualización por sí sola sea suficiente para el éxito, sí creo que es necesaria.

Cuando alguien te dice que el programa del IB es "difícil" necesitas apreciar que la dificultad siempre es relativa. Sí, quizás comparado con otros programas de bachillerato, el IB es más desafiante académicamente y hay más trabajo por hacer. Sin embargo, esto no significa que el IB sea la tarea más difícil a la que jóvenes de 16 a 18 años de edad en todo el mundo tienen que enfrentarse. Confía en mí, habrán retos mucho más exigentes y estresantes a medida que pasen los años. No dejes que este miedo al IB sea el chivo expiatorio de un bajo rendimiento. Veo que esto pasa todo el tiempo. Los estudiantes se pierden en esa ilusión de que el IB sea algo imposible, y luego pierden cualquier motivación para hacerlo bien porque piensan que está fuera de su alcance. Aquí es donde la fuerza mental es muy importante.

Las primeras semanas del programa IB son relativamente tranquilas. Debes usar esa fase de "relajación" como una oportunidad para demostrarte a ti mismo que puedes conquistar y vencer cualquier cosa que el programa IB te lance. Una vez que superes el miedo mental al programa del IB te puedes comenzar a enfrentar a los desafíos del programa en sí. Es obligatorio que las primeras semanas del programa sean lo más tranquilas posible. Si empiezas a retrasarte con cualquier obligación en esa fase temprana cualquier miedo preconcebido pronto se convertirá en realidad. Así que, al menos durante el primer mes, asegúrate de cumplir con todos los plazos y de rendir al máximo nivel. Una vez que hayas comprobado a ti mismo que puedes superar el primer mes, cualquier miedo se disolverá poco a poco.

Ahora que nos deshicimos del miedo la siguiente pregunta es: ¿cuál es la mejor manera de pasar los meses previos a tu primer día en el programa del IB? Desafortunadamente, no hay una respuesta concreta, y escucharás muchas respuestas distintas cuando preguntes a aquellos que ya han pasado por todo esto. Sin embargo, claramente hay cosas que puedes hacer que son más beneficiosas que otras.

Estás de vacaciones y debes relajarte. Así que durante unas semanas olvídate de que estás en el IB. Sugiero hacer esto a principios del verano. También recomiendo viajar y relajarte con tus amigos y familiares. Aprovecha esta oportunidad para retomar energía y entrar al IB con toda potencia. Ahora digamos que quedan 2-3 semanas antes de que el IB comience (o siga), ¿qué haces? ¡Vuelve a estudiar y estudia duro! Vale, ¿pero qué estudias? En primer lugar, ten seguridad de que no hay nada que no entiendas del año anterior. Asegúrate de reforzar todos tus puntos débiles. Si hay algo que no entiendes en Química por ejemplo, revísalo, revísalo y luego comprueba que lo entiendes haciendo exámenes para ti mismo.

No tengas miedo de enviar algunos correos a tus profesores, ellos estarán impresionados de que estés trabajando durante las vacaciones. Si también has notado que no eres bueno en una tarea en particular, por ejemplo, no te va bien en cierto tipo de ensayos de Español, investiga sobre ese tipo de ensayos, reescribe algunos ensayos y luego pídele a tu profesor que los revise.

Digamos que has reforzado todas tus áreas débiles, ¿ahora qué? Es hora de adelantarse. Revisa las tareas que tendrás que hacer el próximo año y comienza a prepararte para ellas. Si no puedes hacer esto, entonces revisa ciertos temas particularmente difíciles que darás el próximo año y repásalos. Siendo honesto, probablemente no tendrás mucho tiempo para adelantarte, la mayoría de tus 2-3 semanas se gastará en la revisión y el refuerzo de cualquier debilidad en algún área. Así que, disfruta de las vacaciones. Te deseo mucha suerte.

4. Elección de Materias [Parte I]

Para muchos de ustedes este capítulo puede ser de poca relevancia, pero para aquellos que no han decidido cuales materias van a elegir – este capítulo es muy importante para ustedes. La importancia de elegir las materias que van bien contigo lastimosamente a veces es subestimado. Estás decidiendo qué vas a estudiar a profundidad durante los próximos dos años. Por eso, así como también debes tomar un tiempo escogiendo una universidad, una profesión o una pareja, así deberás preguntarte qué es lo que te interesa. Hay algunos factores que debes considerar al momento de elegir tus materias, y los resumí aquí.

Intereses

Hacer actividades suele ser más fácil y tiende a ser más exitoso si haces algo que te interesa y que disfrutas. Lo mismo sucede con las materias IB. Aunque eso no sea tan importante al escoger los idiomas del grupo 1 o 2, es muy importante cuando escoges la ciencia del grupo 4 y la materia del grupo 3. Si sabes que no tienes ningún interés en memorizar la anatomía humana y estudiar Biología entonces no escojas Biología. Si por otro lado si quieres estudiar lo menos de matemáticas posible seguramente no deberías escoger Física. Si tienes una gran pasión por una materia y hasta ya estás leyendo material externo sobre la misma definitivamente debes considerar escogerla.

Sin embargo, hay que tener cuidado de no confundir el interés con la curiosidad. Si piensas que el grafiti es genial, no sería tan sabio elegir NS Artes Visuales basándote únicamente en esa observación. Del mismo modo, no dejes que la obsesión por las naves espaciales sea el factor decisivo para elegir Física NS. Aquí es donde puede ser de gran ayuda indagar un poco sobre el contenido del curso. Tómate el tiempo para echar un vistazo al programa del curso que te interesa, y sólo entonces mira si se ajusta a tus intereses.

Habilidades

Obviamente, si eres naturalmente dotado en cierta materia, entonces debes darle las gracias a tus habilidades y tomarla. Pero por supuesto, hay limitaciones a esta regla general. Antes estaba obsesionado con dibujar y el diseño gráfico, y durante muchos años creí que estudiaría Arte en el Programa del Diploma. Sin embargo, cuando llegó el momento de tomar mi decisión final, investigué un poco (con las estadísticas que el IB provee en su página web) y hablé con muchas personas de grados mayores que previamente habían hecho Arte como materia IB. Mi sensación general parecía ser que si quería elegir un tema que me gustaba, en el que me destacaba y que no me estresaba demasiado, entonces debería elegir Arte en lugar de otra matera del Grupo 3. Haber hecho esa investigación también me mostró que parecía que muy pocos consiguen 7s en Arte (especialmente en mi escuela), no importa cuán apasionado o bueno sea el candidato (quizás debido a la naturaleza del examen final y a la suerte).

Como estaba más preocupado en obtener un 7 que en seguir mi pasión por el arte, elegí la Geografía (para la cual también tenía una capazidad razonable). El mensaje que estoy tratando de transmitir es que a menudo los estudiantes se confunden acerca de cuán grandes son sus habilidades en una determinada materia. Sólo porque sacaste notas excelentes en Español en primaria no significa que debas esperar entrar a un examen de Español de Nivel Superior y producir sin esfuerzo un trabajo de nota 7. Sé honesto contigo mismo cuando evalúes tu propia capacidad en una materia determinada.

Futuro

Por favor, no me malinterpretes. Cuando digo futuro no quiero decir que las materias que elijas para tu Diploma de Bachillerato Internacional reflejarán de alguna manera dónde estarás dentro de diez años y qué tipo de ocupación tendrás (aunque, coincidencialmente, lo hicieron en mi caso). Sin embargo, es necesario tener en cuenta lo que quieres hacer en la universidad, si planeas seguir una educación universitaria y si quieres estudiar en el exterior. Es desafortunado que tengas que pensar en tu decisión postescolar a partir de casi los 16 años, cuando la universidad es probablemente lo último en lo que estés pensando, pero esa es la realidad. Con demasiada frecuencia he visto que estudiantes que quieren estudiar medicina en una de las mejores universidades del Reino Unido son rechazados, porque a pesar de tomar Biología, no tomaron Química, que muchas veces es un requisito para estudiar ciencias médicas. Lo mismo puede decirse de los estudiantes que desean estudiar Economía. Tomar la materia Estudios Matemáticos limita en gran medida tus posibilidades de estudiar Economía - en la mayoría de los casos. Eso sin embargo puede variar mucho dependiendo de la universidad y el país en el que vas a estudiar. Muchas veces en la página web de las universidades se pueden ver los requisitos del diploma IB para entrar a cierta carrera.

Si eres uno de esos estudiantes que tiene ya tiene planeado a una carrera específica en una universidad, entonces deberías investigar y averiguar qué materias IB son esenciales, y cuáles te ayudarán a acercarte a tu meta. Para aquellos que estén pensando en estudiar en el extranjero, es posible que deseen reconsiderar qué idiomas extranjeros desean estudiar, si es que su colegio ofrece una variedad de idiomas.

Aunque esto es importante tenerlo en cuenta, no te preocupes demasiado. En la mayoría de los casos, las ofertas de las universidades se basan en el puntaje final, y no en una asignatura específica. Además, he visto a gente obtener doctorados en Economía sin haber tomado Economía como materia IB. Por lo tanto, con respecto al futuro lejano la elección de la materia probablemente no sea el factor más importante a considerar.

Profesores

Este es un aspecto complicado. Odio decirlo, pero existe algo así como un "mal profesor" hasta en el glamuroso mundo del Bachillerato Internacional. Créeme, he visto a los mejores y a los peores. Algunos de los profesores con los que he trabajado eran maestros en lo que hacían, con más de una década de experiencia en el IB. Y también estaban los que probablemente ni siquiera sabían deletrear Bachillerato Internacional, y mucho menos enseñarlo. La mayoría de los estudiantes tienden a creer que el profesor es el único factor que influye en el éxito en cierta materia. Piensan que el profesor tiene más influencia en la calificación final que ellos mismos.

No estoy de acuerdo. Incluso si tu profesor es totalmente inútil en lo que es contratado para hacer, esto no significa que debas pasar dos años quejándote sólo para fallar en la materia y vivir toda tu vida maldiciendo a ese profesor. He visto lo peor de lo peor. Pero incluso a pesar de la mala enseñanza, he visto a los estudiantes superar eso y estudiar las cosas por su cuenta para obtener la calificación que realmente merecen. Sí, es cierto, si tienes un profesor malo entonces pasarás la mayor parte de su tiempo aprendiéndote el libro de la materia de memoria. Pero no vivimos en un mundo perfecto, por lo tanto no todos tenemos profesores de IB excelentes.

Con respecto al material de la materia, no deberías preocuparte demasiado si tu profesor no tiene ni idea. Pero, cuando se trata de cosas como las evaluaciones externas y la elección de opciones para las exploraciones, debes asegurarte de que sepan de lo que están hablando. No quieres sentarte en un programa de dos años sólo para descubrir que tu profesor no corrigió las evaluaciones internas que le diste y por eso casi pierdes el 25% de tu nota total.

Cuando comiences tu programa de IB, ya habrás escuchado todos los rumores acerca de quién es un buen profesor y quién no debería dar clases ni en primaria. No lo ignores completamente. Si eres el tipo de persona que simplemente no puede tomar las cosas en sus propias manos y trabajar de forma independiente durante la mayor parte del año, entonces, por supuesto, busca a los mejores profesores que estén disponibles. Si, por otro lado, no necesitas que te den cada pedacito información que está disponible para que tú mismo la leas, entonces no debería importarte el profesor. En este caso, debes elegir los temas basándote en los otros criterios que he explicado.

5. Elección de Materias [Parte II]

Si pensabas que esos eran los únicos factores a tener en cuenta a la hora de elegir tus cursos pensaste mal. Los mejores estudiantes también consideran algunos elementos menos obvios.

Registros Escolares

Si eres uno de esos estudiantes haciendo el IB simplemente para obtener la mejor puntuación posible sin importar las asignaturas, entonces te recomiendo que investigues un poco. Averigua qué tan bien se ha desempeñado tu escuela en diferentes materias a través de los años. Si durante los últimos diez años ni una sola persona ha obtenido un 7 en Química, entonces claramente no deberías elegirlo si quieres obtener un 7 en tu materia del grupo 4. Si, por otro lado, han pasado décadas desde que alguien obtuvo una nota por debajo de un 5 en el programa de Historia NM, y tú eres el tipo de persona que estaría más que contento con un 5 o más, entonces este sería una opción obvia.

No limites esta investigación sólo a los registros de tu escuela. Busca en el internet y averigua qué materias tienen las mayores tasas de fracaso, el mayor número de 7s y cuáles son las puntuaciones medias. Toda esta información está disponible en la página web del IBO bajo la sección de "Boletines estadísticos". Hay mucha información, así que tómate tu tiempo para analizarla. No digo que debes tomar decisiones completamente basadas en las estadísticas, pero mirar los números no te impedirá tomar mejores decisiones.

Dificultad

Existe un mito en el mundo del IB que dice que todos los estudiantes del IB hacen la misma cantidad de trabajo, sin importar las materias que elijan. Es decir, puede ser que la cantidad real de trabajo (horas asignadas) sea la misma de una materia a otra, pero no te dejes engañar pensando que cada candidato enfrenta la misma dificultad. Especialmente por la separación que hace el IB entre las materias de "nivel superior" y de "nivel estándar."

Toma por ejemplo dos estudiantes con exactamente las mismas asignaturas. El estudiante X toma Matemáticas NS y Geografía NM, mientras que el estudiante Y toma Estudios de Matemáticas (NM) y Geografía NS. Sería difícil argumentar que la diferencia de dificultad entre Matemáticas NM y NS es la misma que entre Geografía NM y NS. La diferencia en dificultad entre Matemáticas NS y NM es incomparable con la diferencia en Geografía.

No tiene sentido engañarnos a nosotros mismos. Si quieres desafiarte toma NS: Economía, Matemáticas, Español y Física, acompañado de NM: Historia, Lengua B. Si quieres relajarte un poco y no estar bajo mucho estrés y obtener un pase garantizado, toma NS: Artes Teatrales, Geografía y Sistemas Ambientales, acompañado de NM: Español, Lengua (ab initio) y Gestión Empresarial. Seamos honestos; no es ningún secreto que la Física o la Química son académicamente más exigentes que Sistemas Ambientales y Sociedades.

Todo esto no es nada por lo que hay que avergonzarse. Puedes tomar un camino menos estresante, con menos carga de trabajo - y eso está bien. Lo que estoy tratando de decir es que tienes que averiguar cuál es tu objetivo final. ¿Quieres elegir cursos exigentes que te interesen y que te desafíen? o ¿Tener poco interés en las materias que escojas mientras que tengas 35+ puntos al final de los dos años? Hay poco malo con cualquiera de las dos opciones, pero lo importante es recordar que la decisión es real y que la elección es tuya.

Recursos

Por mucho que el IB trate de hacer que sus estudiantes sean más educados, indagadores y pensadores, me sorprende lo poco que los estudiantes usan los recursos que hay disponibles. El internet es un arma valiosa en su equipo de herramientas de supervivencia para el IB. Averigua si hay algún buen libro disponible sobre tus materias de interés. Averigua durante cuánto tiempo ha existido el curso en el IB y si ha sido modificado significativamente en los últimos años.

Ten en cuenta que si los recursos para tu materia de interés son escasos probablemente significa que tendrás dificultades para encontrar ayuda fuera de tu salón de clases. Los temas más arraigados tienen un sinfín de información fácilmente disponible en el Internet y libros. Los temas más nuevos, o las opciones menos populares sin duda tendrán menos información disponible.

Por último, veo que hay muchos estudiantes gritando "mi colegio acaba de establecer el programa del Diploma de Bachillerato Internacional y no puedo escoger mi ciencia porque sólo ofrecen Química en NS". Desafortunadamente, eso es un hecho de la vida. No hay ningún colegio que ofrezca todas las opciones de asignaturas del IB, por lo que necesitas sacar el máximo provecho de la situación. No pierdas el tiempo protestando y haciendo peticiones pidiendo a tu colegio que introduzca una materia aunque probablemente sea de gran interés para los estudiantes. Es mucho más complicado que eso, ya que hay limitaciones monetarias, de tiempo y de personal que hay que tener en cuenta.

Sin embargo, en ciertas circunstancias hay maneras en las que puedes "crear" una nueva asignatura para ti mismo - dado que tu escuela lo permita -. Podrías potencialmente pasar los dos años en una clase de NS sólo para luego realizar el examen de NM. Esto puede ser desaprobado por tu escuela, pero trata de ver si esto es posible. Inicialmente comencé el programa IB con la intención de hacer cuatro materias a Nivel Superior (Economía, Matemáticas, Geografía y Física) en lugar de las tres habituales. Sin embargo, a medida que llegó el momento de tomar las decisiones del examen final, me di cuenta de que sería mejor dejar una de mis materias NS para no tener que arriesgarme a obtener una calificación más baja.

Lastimosamente, Física NS fue un poco demasiado exigente para mí y argumenté que me quitaba demasiado tiempo en el cual debía concentrarme en mis otras asignaturas NS en las que estaba tratando de alcanzar los 7. Le pedí al coordinador del IB el permiso para presentar el examen de Física en Nivel Medio y seguir asistiendo a la clase de Física NS. Finalmente, los detalles se resolvieron y todo salió bien.

No estoy diciendo que asistas a clases NS para todas tus materias, pero esto es ciertamente una táctica buena para los estudiantes más ambiciosos por ahí. Si sientes que la clase de NM no te exige lo suficiente y te resultaría beneficioso aprender algo de NS a pesar de presentar el examen de NM, intenta hacerlo posible discutiéndolo cuidadosamente con tu coordinador de IB. Ten en cuenta también que el profesor de NS tal vez sea mucho "mejor" que el de NM.

También existe la posibilidad de estudiar por tu cuenta o de seguir cursos en línea (consulta el programa de educación en línea Pamoja). Eso también lo tendrás que comprobar con tu colegio y con el coordinador del IB. Es entendible por qué muchas escuelas desconfían de los proveedores de cursos externos. Además, eso está conectado con cierta cantidad de dinero.

Finalmente, la elección de las materias dependerá en gran medida de la organización del horario escolar y de las materias que realmente ofrecidas. No formes un lío si no puedes conseguir exactamente lo que quieres. Hay miles de estudiantes en situaciones similares - si no peores. Acomódate con lo que tienes. Toma mis consejos, consulta a tus padres, consulta a tus profesores, consulta a tus amigos del colegio y con suerte esto te ayudará a tomar una decisión.

No elijas un tema "porque mi amigo también lo hace". Esto es probablemente la cosa más estúpida que puedes hacer cuando se trata de elegir materias. Lo más probable es que tú y tus "amigos" se vean en otras clases, y tendrás tiempo suficiente para pasar ratos con ellos fuera de clase.

Materias Anticipadas

Una materia "anticipada" es como una materia acelerada. Cuando te inscribes para estudiar una materia anticipada, tienes alrededor de un año para terminarla y aprender todo el contenido de esa materia. Esto significa que sólo tendrás 5 materias de los que tienes que preocuparte en el último año del IB. Pero esto también significa mucho más estrés durante el primer año del IB cuando tienes que llenar dos años de contenido en sólo un año.

La primera reacción de mucha gente: ¿Qué pasa si no puedo aprender tanto en sólo un año? Para matar la ansiedad: En mi escuela, todos (es decir, 150 de nosotros) hacíamos una materia anticipada. Algunas escuelas incluso permiten que la gente tome 2 materias anticipadas. Lograr un 7 en materias anticipadas también es muy posible. Así que no te preocupes, la carga de trabajo es manejable.

Sólo puedes elegir materias de NM para anticipar. La mayoría de las materias son muy buenas para anticipar, pero hay que tener cuidado con anticipar algunas. Historia ya es infamemente difícil como un curso de dos años. Personalmente tampoco seleccionaría como un tema anticipado Español A Literatura o Lengua y Literatura, ya que tiene un número muy pequeño de 7s para el curso de dos años, así que no apostaría a conseguir un 7 en un curso anticipado. Matemáticas - las admisiones a la universidad tienden a requerir por lo menos dos años de estudios superiores en Matemáticas. Sin embargo, Matemáticas es uno de esos cursos que funciona bien como materia anticipada. Las matemáticas son más una cuestión de práctica y la habilidades para la misma se pueden adquirir rápidamente. Las materias de segundo idioma como Inglés son fantásticas para anticiparse si ya eres competente en el idioma.

Yo creo que para la mayoría de las personas lo más inteligente sería que anticipes una materia del Grupo 3, ciencias sociales (aparte de Historia, obviamente):

Psicología - mucha gente en mi escuela hizo esto. Funcionó muy bien para mí, pero para esta materia se tiene que aprender mucho de memoria. No es fácil, pero probablemente es más manejable que anticipar Historia.

Gestión Empresarial - aún más gente en mi escuela anticipó esa materia. Mucha gente tiene la impresión de que es una materia "fácil", pero no puedo decir nada sobre eso porque nunca lo he hecho. Al final, todos los temas requieren tiempo y compromiso. Elegir el tema anticipado correcto se trata de conocer tus fortalezas y considerar los costos y beneficios para ti mismo.

Hacer una asignatura anticipada es una buena manera de minimizar el estrés y la falta de sueño en tu segundo año en el IB, siendo la contraparte una carga de trabajo ligeramente mayor durante tu primer año. Experimentarías un verdadero examen IB antes de hacer todos los otros exámenes finales en el último año. Descubrí que la familiaridad con el procedimiento ayudó mucho con los nervios y la ansiedad previa al examen.

6. Hacer Bien lo Básico

El propósito de este capítulo es dar algunas indicaciones básicas y consejos que debes seguir para sobrevivir en el mundo del IB. Hasta qué punto sigas los consejos de este capítulo depende del tipo de estudiante que seas. Si la organización y la motivación son normal para ti la mayor parte de la información en este capítulo será obvia.

Asistencia

Aunque sea que algunos de tus compañeros de clase tal vez no opinan lo mismo, faltar a la escuela no te convierte en un Ferris Bueller moderno. Debes asistir a clases siempre y cuando puedas. La mayoría de las clases son muy exigentes e hasta uno o dos días perdidos pueden significar mucho trabajo para ponerse al día con el material. No importa cuán inútil creas que sea una clase determinada, te recomendaría que asistieras porque es una buena ética de trabajo y te mantendrá ocupado.

En el raro caso de que faltes a clase por una enfermedad u otra razón válida, habla con tu profesor y consigue el material correcto de lo que te hayas perdido. Aquellos de ustedes que faltan a clase regularmente verán que no hay mucha simpatía para cuando de verdad tengan una razón buena para su tardanza. Esta es otra razón más para evitar ausencia innecesaria.

Horas Libres

La 'hora libre' tiene diferentes interpretaciones de estudiante a estudiante y de colegio a colegio. Para algunos de ustedes esto puede significar una hora de jugar en su computador o celular, mientras para otros puede significar una oportunidad para terminar la tarea de anoche. También, algunos colegios son más estrictos que otros. En mi colegio, la mayoría de los profesores trataban las "horas libres" como una hora de estudio en la que los estudiantes podían trabajar de forma independiente. Quiero que aproveches al máximo el tiempo disponible. Ya sea que trabajes, socialices o recuperar el sueño perdido - asegúrate de que no es tiempo perdido y que estás haciendo algo que beneficiará tus calificaciones a largo plazo.

Algunas escuelas simplemente no permiten que los estudiantes tengan "horas libres". Muchos de ustedes ven que cualquier período no dedicado al IB será llenado con un programa alternativo del colegio. Algunas escuelas prefieren dedicar más tiempo a actividades extracurriculares o mantener a los estudiantes ocupados con clases adicionales. Si este es el caso para ti, genial. Si se te mantiene ocupado y productivo, entonces estás en un buen camino.

Tomar apuntes

Nunca fui tan bueno tomando notas en clase. Mi letra era mala, me resultaba difícil entender todo lo que se estaba discutiendo y al mismo tiempo tomar notas eficaces. Me di cuenta de que si puedo participar en la clase y entender lo que el profesor estaba explicando podría tomar mejores apuntes después de la clase. Desafortunadamente, muchas veces se me olvidó.

La toma eficaz de apuntes no es algo que se pueda dominar dentro de unos pocos meses y mucho menos en unas pocas semanas. Me tomó casi dos años de clases universitarias para finalmente poder apuntar y procesar la información lo suficientemente rápido como para tomar notas muy útiles.

Me parece que este hábito difiere en dificultad entre los estudiantes. Si tu letra es tu mayor preocupación trata de traer un computador portátil. Una alternativa más drástica (y que sólo debería utilizarse durante las sesiones más importantes y difíciles) sería traer una grabadora de voz y tomar notas después. Por supuesto, esto implica una gran dedicación y motivación, sin embargo, recuerdo algunas clases de

Matemáticas NS donde mi grabadora de voz demostró ser un salvavidas.

Hay dos cosas clave que debes recordar cuando tomas apuntes. Una es no apuntar cosas que ya estén explicadas en detalle en tu libro y/o apuntes anteriores. Esto es muy ineficaz y es mejor simplemente escuchar y dejar que la información se meta en tu memoria. La segunda cosa para tener en cuenta es anotar sólo las notas que tienen sentido. Si te encuentras escribiendo palabras que no conoces estás perdiendo el tiempo. Tienes que levantar la mano y hacer la pregunta.

Es posible que tengas la suerte de tener uno o dos amigos que tomen apuntes excelentes. Pero, aunque sea mejor recibir buenos apuntes de un compañero que no tener nada en absoluto, debes tener cuidado. No importa lo bueno que sean los apuntes, nunca serán tan valiosos para ti como algo que hayas escrito tú mismo.

En los últimos años con la creciente popularidad de Tumblr e Instagram, algunos estudiantes han comenzado a sentirse muy orgullosos de sus apuntes y fotografían sus obras de arte. Se llaman 'studyspo' o 'studygram' - y vale la pena buscarlos. Puede que te inspire para que empieces a tomar apuntes mejores y más claros. Sin embargo, si esto le ayudará a memorizar mejor el material es una pregunta totalmente diferente.

7. Relación entre Alumno y Profesor

Este capítulo no sólo es importante para el tiempo en el programa del IB, sino también es una habilidad esencial que debes adquirir si quieres tener éxito en la vida. La habilidad a la que me refiero es básicamente la habilidad de obtener lo que quieres de la gente en posiciones más altas. Probablemente ya has hecho esto de una alguna manera como un niño manipulando a tus padres para conseguir lo que quieres, pero a medida que creces los jugadores en ese juego cambian y las tácticas se ajustan de acuerdo con ellos.

Ahora que lo he dicho, me gustaría recordarles que ser profesor es una de las carreras más difíciles y menospreciadas del mundo. No es fácil y el salario no es proporcional a la cantidad de esfuerzo (de la mayoría) de los profesores. De todas las personas que encontrarás en tu corta estancia en este planeta, tus profesores son unos de los pocos personajes que realmente quieren lo mejor para ti y se preocupan por tu futuro y tu bienestar, y por eso merecen respeto y gratitud. Si los tratas bien, serás tratado bien a cambio.

Acostúmbrate: los profesores son tus nuevos mejores amigos. A pesar de lo que dicen, los profesores tienen estudiantes favoritos y estos alumnos afortunados reciben un trato preferencial (yo era uno de ellos). Estos estudiantes reciben este beneficio ya que existe un mayor nivel de confianza y diálogo entre ellos y el profesor, lo que hace que el profesor sea más indulgente. ¿Y qué significa eso para ti?, pues...

1. Los profesores serán más flexibles cuando se trate de plazos límites y aceptarán tu trabajo tarde y aun así darán retroalimentación permitiéndote enviar mejores versiones de tu trabajo en fechas posteriores (esto puede ser útil ya que el tiempo te permite identificar tus propios errores).
2. La retroalimentación que te dan los profesores será más detallada y comprensible ya que creen

que sus consejos no serán desperdiciados; por lo tanto, no les importa el esfuerzo adicional.
3. Cuando llegue el momento de calificarte, tanto el boletín de calificaciones como las calificaciones pronosticadas, los profesores serán optimistas. Ellos creen que eres un buen estudiante y que con el tiempo progresarás; por lo tanto, si estás entre los límites de dos notas, es probable que te suben la calificación. Aún mejor y más atrevido es el hecho de que puedes conversar sobre tu calificación con ellos. Por ejemplo, si sabes que es importante que saques un 7 en física (y estás sacando un 6 de alto nivel en las notas pronosticadas), puedes discutirlo con tu profesor y pedirle esa calificación, justificando por qué podrás alcanzarla. Algunos métodos de justificación serían los siguientes:
    a. Muéstrales que tienes planeado para estudiar y mejorar en la materia, por ejemplo, si vas a asistir a algún curso de verano o si has comprado algo que te pueda ayudar a mejorar en la materia. Esta prueba debe ser concreta y significativa.
    b. Si empiezas el año con 5s en el examen y terminas con 7s, tu profesor puede estar tentado a darte un 6; sin embargo, puedes mostrarle tu progreso y que "crees" que te mereces un 7.
4. Puedes tener conversaciones detalladas y privadas sobre temas como tareas, evaluación interna, exámenes, tests y cosas que no entiendes en tu asignatura. Recuerda que toda la información que recibes es útil si se utiliza correctamente.

No lo olvides, los profesores también son humanos, tienen sus defectos y suelen ser personas muy divertidas. Conócelos y entenderás cómo piensan y cómo califican. Pero aún más que eso, te divertirás mucho en las clases aprendiendo e interactuando con estas personas interesantes. Puedo decir de hecho que me agradaban todos mis profesores como académicos y como personas, nos llevábamos muy bien hasta bromeábamos juntos.

Coordinador IB

Aunque tus interacciones con este miembro del cuerpo docente tal vez sean limitadas tienen la clave de tu diploma IB - no quieres hacer enojar a esta persona. Todo, desde la elección de materias hasta la entrega puntual de trabajos importantes, será supervisado por él. Puede ser que los coordinadores del IB varíen en sus experiencias de un colegio a otro, pero haz todo lo posible para llegar a buenos términos y asegurarse de que sepan lo serio que eres cuando se trata de conseguir tu diploma.

Recuerda que para esta persona es muy importante que a todos les vaya bien en su IB. Si los estudiantes no consiguen obtener su diploma, la responsabilidad recae al coordinador IB. Por esa razón, si hay algo que sientes que aumentará los puntajes de los estudiantes, debes compartir tus pensamientos con el coordinador. Por ejemplo, si sientes que necesitan nuevos libros o que desesperadamente quieres cambiar de curso, esta es la persona a la cual debes acudir.

En la siguiente sección repasaré a algunos miembros clave del cuerpo docente y trataré de explicar la importancia de mantener una relación saludable con ellos. Soy conciente de que no todos los colegios tendrán la suerte de tener a una persona designada para cada función, sin embargo, los consejos serán aplicables.

Coordinador de CAS

Mira capítulo 43: Conquistar CAS

El Rector

Es bastante simple - no la cagues y no te metas en problemas disciplinarios. Aunque no tienen un impacto directo en tus notas del IB, tienen el poder de echarte del colegio si eres un imbécil, así que no lo seas.

Supervisor de Monografía

Mira capítulo 38: Perfeccionar la Monografía [Parte II]

Profesores

Obviamente, estos miembros importantes del cuerpo docente. Desde tu trabajo de evaluación interna, hasta tus calificaciones pronosticadas, hasta ayudarte a estudiar - tus profesores diarios son fundamentales para tu éxito en el IB. Los verás casi todos los días, así que mejor que causes una buena primera impresión. Si les demuestras que te preocupas por obtener las mejores notas, ellos te darán las herramientas necesarias.

¿Te llevarás bien con cada uno de ellos? No, probablemente no. Algunos serán más problemáticos que otros, pero aprender la habilidad de superar eso es algo que agradecerás por el resto de tu vida. Tienes que entender que parte del juego es sólo seguir el papel. Haz lo que ellos quieren que hagas y será mucho más fácil pedirles que te hagan favores.

Presta mucha atención a los detalles de las tareas que tu profesor te asigne (sí, los detalles). Básicamente, necesitas saber exactamente lo que quieren tus profesores. Incluso podría valer la pena preguntar a estudiantes que han tenido el mismo profesor. Así te informas sobre lo que es esperado de ti y las preferencias específicas de cada profesor. Hacer preguntas también es esencial para ganar el respeto de tu profesor - básicamente no seas invisible y no dejes que la timidez se interponga en el camino de tu aprendizaje.

Si el maestro quiere que tengas un computador portátil y una TI-84, ten un computador portátil y una TI-84. Si dicen que necesitas un globo plateado de Mickey-Mouse, tenlo. No escatimes en los materiales de clase requeridos, tampoco si son inconvenientes o caros. Te perjudicará. Trata hacer todo lo posible para satisfacer las expectativas del profesor.

Como se explicó en el capítulo sobre la elección de materias, inevitablemente habrá profesores que consideres "no lo suficientemente buenos" para enseñar su materia. Esto pasa, es parte de la vida. Pero eso no significa que tengas una excusa para rendirte. Tendrás que tomarte esa materia mucho más en serio y hacer muchos estudios independientes (excelente preparación para la universidad). Aquí es donde nuestros consejos sobre las evaluaciones internas serán de gran ayuda.

Tenga en cuenta que la evaluación interna significa precisamente eso: interna. Es decir, tu profesor será el que te da una calificación. En última instancia, se enviará una muestra al IBO para que sea "moderada" si las notas son demasiado altas o demasiado bajas, pero esto no importará mucho si has creado tal fricción con tu profesor que tus notas de la evaluación interna son horribles. El prejuicio de los maestros durante la calificación es algo que ocurre, pero ello debes hacer todo lo posible para evitarlo.

Si hay algunos problemas serios que no pueden ser resueltos con un determinado profesor debes buscar una solución, acercarte a tu coordinador del IB. La jerarquía para resolver problemas debe ser la siguiente: profesor, luego jefe del área (si lo hay), luego el coordinador del IB, luego el director y finalmente los padres. La mayoría de los problemas se pueden resolver con un simple diálogo. Finalmente, sé amable con tus profesores y hazles saber sutilmente que quieres tener éxito en su clase. No le lames el culo al profe, pero tampoco seas grosero ni perezoso. Las calificaciones nunca son completamente objetivas, a pesar de lo que te digan o de lo mucho que los profesores intenten hacerlo.

Asesor Universitario

Otro individuo bastante importante. Planea un viaje a su oficina a principios del primer año - tal vez durante el verano. Discute tus opciones y obtén tantos recursos como sea posible (ellos podrían tener algunos libros útiles en su oficina). El asesor de la universidad debe ayudarte con todas las cosas relacionadas con la solicitud, pero también sería sabio que hicieras algunas investigaciones por tu cuenta.

Predicción de Notas

Tus profesores deberán presentar predicciones de notas para tus solicitudes universitarias. Aquí es donde las relaciones estudiante y profesor son esenciales. Las calificaciones pronosticadas son un obstáculo difícil para cualquier estudiante IB. Nueve de cada diez estudiantes sentirán que no se les está prediciendo un puntaje adecuado. Muchos colegios se niegan a revelar las predicciones a los estudiantes para evitar que un gran grupo de niños enojados los acosen con protestas después de las horas de clase. Sin embargo, las calificaciones pronosticadas son el billete VIP cuando se trata de ofertas universitarias. Si tus calificaciones pronosticadas están por debajo de los estándares de la universidad las posibilidades de recibir una oferta de una son escasas o nulas.

Este es mi simple consejo cuando se trata de maximizar las posibilidades de obtener las mejores calificaciones pronosticadas: negociación. El hecho es que los profesores siempre ven cosas como las calificaciones de las tareas, los resultados de los exámenes y la participación en clase como un indicador de lo bien que te irá en los exámenes finales del IB. Aunque algunas de esas cosas pueden jugar un pequeño papel, la verdad es que los mejores predictores de tus resultados finales son: las evaluaciones internas (trabajo que cuenta para tu calificación final), qué tan bien te va en tus exámenes IB, qué tan bien te preparaste en los pocos meses previos a los exámenes y una pequeña porción de suerte.

Dejando de lado la suerte y la evaluación de los exámenes, los otros dos componentes son bastante fáciles de analizar.

Si tus profesores insisten en considerar los resultados de los exámenes y las tareas al azar como una forma de juzgar tu futuro éxito en los exámenes finales, tienes que persuadirlos de que tus trabajos IB como evaluaciones nternas o comentarios orales individuales (que representa entre el 20% y el 40% de las calificaciones finales en la mayoría de las materias) y tu capacidad para estudiar preguntas de trabajos anteriores y manejar simulacros de los exámenes finales son un mejor indicador de tu futuro desempeño. Entiendo que esto es más fácil decirlo que hacerlo, pero recuerdo haber pasado una buena semana visitando a varios profesores fuera de horario para convencerlos de que a pesar de mis calificaciones regulares en las tareas o de mi participación pésima en algunas clases obtendré una buena puntuación en mi diploma porque sé lo que cuenta y sé cómo ganar en el sistema IB. Aquellos de ustedes que hayan leído mi libro de ayuda del IB sabrán exactamente de lo que estoy hablando.

Carta de Recomendación

Debe ser obligación que la persona que elijas para escribir tu referencia para las solicitudes de la universidad no sólo sea altamente elocuente, sino también pueda llenar la referencia de alabanza y admiración, lo que es más importante. Obviamente, la persona que escribe tu referencia debe estar muy relacionada con el tema que quieres estudiar en la universidad. Hay pequeñas excepciones a esto. Por ejemplo, cuando me postulé para estudiar economía, mi profesor de economía en el colegio no necesariamente me desagradaba, sin embargo, sentí que no pondría todo su esfuerzo en escribir una carta sobresaliente y tal vez no estaría tan elegantemente escrita. En cambio, busqué la ayuda de mi profesor de geografía (que por casualidad tenía un doctorado de la LSE (London School of Economics) y había enseñado economía y negocios anteriormente). El profesor en cuestión veía mucho potencial en mí, así que pedí su ayuda y obtuve una maravillosa carta a cambio. Quienquiera que sea que busques para esta tarea, asegúrate de que no van a escribir una referencia genérica, sino algo personal y algo que te haga destacar.

El verdadero objetivo de las relaciones alumno-profesor en el IB es: ¿por qué trabajar cuando puedes conseguir que otros lo hagan por ti? Desafortunadamente, conseguir que tus profesores te ayuden no significa que puedas relajarte en casa y no hacer nada. Necesitas hacerles la vida fácil - hacer planes, sacar tiempo para verlos, organizarlo todo, estar listo cuando te hagan preguntas. Si mantienes una imagen disciplinada, es más probable que te tomen en serio. Para las evaluaciones internas... te pueden calificar un solo borrador, pero puedes ir a verlos a su oficina y hacerlos leer partes editadas una y otra vez. Ellos también quieren que saques un 7.

Sí, entiendo que algunos profesores no son muy amigables o sabios y por eso no quieres verlos. Eso también está bien. Sólo asegúrate de tener todo bajo control y de no haber molestado a las personas equivocadas.

8. Maximizar tu Productividad en el Colegio

Si tan sólo tuviera un punto IB por cada vez que he oído a alguien murmurar las palabras "¿qué?, ¿teníamos tareas?" Mantener un horario o un control diario es una solución muy simple para llevar un registro de los deberes para cada momento. Acostúmbrate a apuntar las fechas importantes tan pronto como te enteres de ellas. El IB hace un buen trabajo recordando a los estudiantes sobre los grandes plazos finales (Monografía, Evaluación Externa, diario de CAS), sin embargo, cualquier plazo interno que usted pueda tener es su responsabilidad debe ser anotado.

No hay razón para usar métodos de la vieja escuela cuando se trata de organización. Con el aumento de la popularidad de los celulares y los portátiles personales, se ha vuelto mucho más fácil para ti configurar electrónicamente los recordatorios. También de manera electrónica hay mayor accesibilidad y menos probabilidad de ser perdidos a comparación de una agenda.

Salud

Este NO es un libro de autoayuda ni tampoco tengo la intención de ofrecer consejos de vida a nadie. Sin embargo, creo que vale la pena mencionar al menos brevemente la importancia de cosas como comer bien y hacer ejercicio.

Investigaciones han demostrado que la actividad física es esencial para mantener el bienestar mental. Los estudiantes del IB a menudo reportan estados de ánimo negativos, irritabilidad y otros problemas relacionados con el estrés. Todo esto te puede llevar a preocupaciones emocionales más complicadas. El ejercicio es un buen combatiente en la lucha por un bienestar físico y mental.

Tan solo 20 minutos de ejercicio te pueden llevar a niveles de energía más altos. Te resultará más fácil concentrarte en tus estudios e incluso puede que te sientas más motivado. Además, puede combinar fácilmente el ejercicio con la socialización. Tener a alguien con quien hablar mientras corres o en el gimnasio puede ser un gran aliviador de estrés - sólo trata de que la conversación se mantenga alejada de los asuntos relacionados con el IB.

Tan importante como el ejercicio regular es prestar atención a lo que comes. Si alguna vez te has sentido cansado a pesar de no haber hecho nada, o te distraes fácilmente cuando deberías estar trabajando, esto puede ser debido a tu elección o a la falta de alimentos.

Aunque nuestro cerebro es sólo el 2% de nuestra masa corporal total, consume aproximadamente el 20% de la energía. Cuando nos concentramos el cerebro utiliza hasta 200 kilocalorías por hora - o el 10% de tu ingesta diaria de alimentos. Así que la próxima vez que no desayunes o almuerces muy tarde, ten en cuenta que tu cerebro necesita un suministro constante de nutrientes, muchos de los cuales provienen de los alimentos.

Para aquellos más curiosos sobre cómo pueden maximizar la función cerebral y los niveles de energía con su dieta, les sugiero fuertemente que consideren la "dieta cetogénica". Muchos estudios han reportado que comer una dieta alta en grasas y proteínas y baja en carbohidratos (menos de 20g por día) resulta en una "claridad cerebral" y muchos individuos se sienten menos perezosos y más motivados - atributos fundamentales para el éxito académico. Me enteré sobre la cetosis y la dieta cetogénica sólo cuando estaba en la universidad, sin embargo, me ha ayudado mucho desde entonces.

Tareas

Cuando se trata de hacer la tarea, es muy difícil dar consejos específicos porque la gente tiene diferentes preferencias las cuales funcionan mejor para ellos. Personalmente, descubrí que hacer la tarea muy tarde en la tarde o en la noche era lo más eficaz. Esto me funcionó porque había pocas distracciones y había un sentido de urgencia que me mantenía motivado.

Aparte de la hora en la que vas a estudiar también debes tener en cuenta la posibilidad de trabajar eficazmente en cantidades de tiempo concentradas y sin pausas. Idealmente, trabajar concentradamente durante 20 minutos sin parar y sin interrupciones externas y luego recompensarse con un pequeño descanso parece ser una de las estrategias ideales. Puede ser que algunos de ustedes trabajan mejor con música de fondo o que sus habilidades de multitasking son tan buenas que pueden darse el lujo de andar pasando por las pestañas de Facebook a iTunes y luego a tu informe de laboratorio cada pocos minutos. Es difícil cambiar este hábito y a menos que esté afectando seriamente la calidad de tu trabajo, yo no me preocuparía demasiado por ello.

Un consejo que encontré para trabajar muy bien cuando hacía las tareas era dejar la tarea menos difícil para el final. Eliminar todo el trabajo difícil y menos favorable antes de tiempo no sólo reducirá las posibilidades de no hacerlo, sino que también tendrá algo que esperar con impaciencia. Por supuesto, uno debe tener cuidado de no apresurarse con el material más duro solo para terminarlo antes y pasar al material más agradable.

Ser Escuchado

No importa lo tímido que seas, habrá días en los que tendrás que hacer un comentario o queja formal sobre algo que te preocupa. Para hacer esto necesitas construir una relación constructiva con tu Coordinador del IB y cualquier otro profesor influyente. Esto es mucho más fácil de decir que de hacer.

Aprende a hablar con personas de autoridad. Si acuerdas una cita con tu coordinador del IB, entonces no te presente sin estar preparado. Si les demuestras que te preocupas, ellos también se preocuparán. Lo mismo ocurre con la mayoría de los profesores. Si usted muestra un interés y un deseo de ayuda (tal vez pidiendo un correo electrónico o un número de teléfono para comunicarse con esas personas de interés después de las horas de clase) entonces es más que probable que te respondan positivamente.

Aplicaciones y software útiles

Smartib aplicación iOS/Android - es una aplicación que desarrollé durante dos años. Es una plataforma de redes sociales y una aplicación de foro comunitario diseñada específicamente para los estudiantes que se someten al programa del Diploma de Bachillerato Internacional. La aplicación permite a los estudiantes crear un perfil y conectarse con otros estudiantes IB de todo el mundo a través de un foro bien organizado donde pueden hacer y responder preguntas.

Evernote - excelente programa para tomar apuntes, y es gratis. Aprende a usar el programa de antemano, hay muchas características que te pueden resultar útiles.

Todoist - aplicación de lista de tareas gratuita y genial. Úsalo si no tienes una agenda. También se enlaza con google calendar/default Mac calendar.

OneNote - el siguiente consejo fue redactado por uno de mis ex-alumnos y es muy bueno. Te recomiendo encarecidamente que lo sigas para tomar notas si usas un portátil:

1. Crear un Bloc de Notas para una de tus materias.
2. Crear un "grupo de secciones" llamado periodo 1 (o cualquier medida que utilicen)
3. Crear una "sección" en la parte superior llamada "semana".

Luego, colócalo así

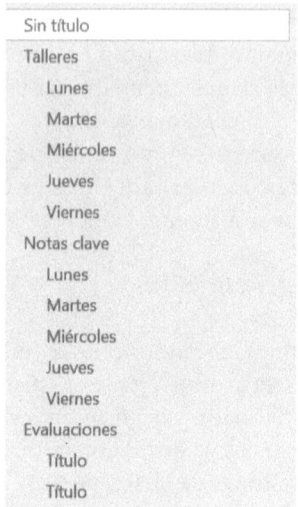

Talleres

Esto es para cosas que haces en clase y que realmente no tendrás que revisar cuando estudies. A veces trabajo aquí para una clase y luego saco los elementos clave y los pongo en las notas clave. Pero si yo sé lo que estamos haciendo, son sólo apuntes (como los conceptos básicos de matemáticas o una presentación de diapositivas en inglés)

Notas clave

Esto es lo que necesitas de la clase. Las cosas que le darías a un amigo si pierde una clase. Debes escribir palabras clave, temas, conexiones (si está analizando un poema que menciona otro poema pones el nombre del otro poema). Esto es para que puedas buscarlos más tarde.

Evaluación

Este es para proyectos más largos como notas orales o cosas que haces en más de una clase.
Debes ponerles un buen título y recordar dónde están.

Configuración rápida de todas las clases

Aquí es donde se vuelve un poco complicado. Ahora tienes que encontrar dónde están guardados tus archivos de OneNote

Deberías tener una carpeta para la materia que elegiste anteriormente para tu primer bloc de notas. Ábrela y luego abre "periodo 1". Copia el archivo llamado "semana "* Pégalo y renómbralo a semana 2. Repítelo para cada semana del trimestre.

Después de tener un archivo para cada semana de la "semana 1" a la "semana 9" (o cuántas semanas tenga un período) Luego vuelve al "período 1" Copia y pégalo 3 veces y renómbralo de "período 2" a "período 4". A continuación, vuelve a la carpeta con tu materia dentro. Cópiala y pégala para cada materia. Renómbralas respectivamente. Pon todo esto en una carpeta llamada año 11 (o equivalente). Copia y pega esta carpeta y renómbrala a año 12. Si decides implementar alguna de las cosas específicas de las materias, agréguelas ahora.

<u>Concejos para materias específicas en OneNote</u>

Psicología

Ten un subgrupo semanal para escribir ensayos y resúmenes de estudios (como Evaluaciones, pero específicamente para ensayos/estudios). Tal vez divide esto en los niveles de análisis (biológico, cognitivo, sociocultural y tus dos opciones). Recuerda usar palabras clave y usar la pregunta exacta como está el programa de estudios (para que puedas encontrarla más fácilmente).

Español Literatura

Similar a Psicología, mantén los ensayos separados. Establece un lugar dedicado para la retroalimentación de los profesores (probablemente es bueno hacer eso para todas las materias de hecho).

Estudios Matemáticos

Puede hacer formulas matemáticas en OneNote pulsando "alt + =". Hay muchos comandos dentro de esto. Si tienes una pantalla táctil puede ser bueno para tus notas y así dibujarlas directamente en OneNote (hay una función de tinta).

Lengua ab initio

Hay un lugar para vocabulario.
Intenta tener una tabla con palabras en español (primer idioma), en tu idioma ab initio, un ejemplo, excepciones, frases útiles que muestran el uso de las palabras.

En cuanto a otras materias. No las he hecho, pero puedes coger trucos explicados y aplicarlos a tus otras materias si te ayuda.

Estos consejos están pensados para OneNote 2016, por lo que es posible que algunos de ellos no funcionen en otras versiones. Puedes escribir fórmulas matemáticas en notación pulsando "alt+ =" (la tecla alt y la tecla igual). Puedes usarlo como una calculadora así "3^4+(3/2)=" Luego pon un espacio después y debería resolverlo si no funciona, fíjate que no haya letras o elementos no matemáticas dentro la ecuación.

Puedes escribir con un lápiz si tienes una pantalla táctil. Se guarda solo, pero ten cuidado con no perderlo.

Una página de OneNote es infinitamente grande (esto es tanto una ventaja como una desventaja enorme). Puedes activar cuadrículas que ayudan a organizar las cosas en una página.

Puedes hacer muchas cajas diferentes, lo que facilita la selección (Ctrl+A) y la comparación de cosas.

9. La Importancia de las Evaluaciones Internas

La Evaluación Interna (EI) es la forma más fácil, rápida y eficaz de obtener las mejores calificaciones en casi todas tus materias. Tendrías que ser extremadamente ignorante para ignorar ese hecho. Hagamos los cálculos. Si decimos que, en promedio, la EI ocupa aproximadamente el 25% de tu calificación por cada materia, eso significa que ocupa ¼ del máximo grado 7 por materia - casi dos puntos enteros. Ahora, esto puede no parecer mucho, pero si consideras que tienes 6 asignaturas más los 3 puntos de TdC/EE - esto suma hasta 15 puntos para tu diploma IB. En pocas palabras: en el mejor caso puedes obtener 15 puntos de tu Evaluación Interna y EE/TdC antes de entrar al salón de examen.

Esa es la belleza de esto. No tienes idea de lo tranquilizador que es entrar a la sala de examen sabiendo que ya tienes entre 12 y 15 puntos ganados. Hay que intentar ser realista. No importa cuánto hayas estudiado, no importa cuántos exámenes pasados hayas repasado y no importa cuán bien hayas captado el material, lo que suceda en el día del examen estará hasta cierto punto fuera de tu control. ¿Qué sucede si te rompes un brazo, te duele el estómago o te enfermas? ¿o las tres cosas a la vez? ¿Qué pasa si tu coordinador comete un error y se olvida de darte una tabla periódica para tu examen de Química NS (algo que ha ocurrido)? ¿Qué pasa si te quedas en blanco cuando abres el examen y olvidas todo lo que te has embutido la noche anterior?

He visto a algunos de los mejores candidatos tener un bajo rendimiento en el día del examen simplemente por mala suerte y desgracia. Otro escenario probable es que simplemente no eres bueno para los exámenes. Por lo general, me siento muy cómodo con el material, paso mucho tiempo estudiando y normalmente puedo responder a la mayoría de las preguntas cuando se me hacen en una situación en la que no hay examen. Sin embargo, cuando el reloj está corriendo y la presión está alta, suelo rendir sólo al 80% de mi potencial. No soy bueno para los exámenes. De hecho, odio los exámenes porque muchos factores están fuera de tu control. Hay demasiadas maneras en las que uno puede cometer errores por descuido.

Como estaba tratando de señalar, las evaluaciones internas representan aproximadamente el 25% de tu calificación en cada materia. En materias como español, asciende a casi el 30% de la calificación. Así que incluso antes de hacer tu examen de español ya has hecho casi un tercio. Esto significa que, si te ha ido súper bien en tu EI, ya tienes 2 o 3 puntos asegurados para tu nota de español. Es muy relajante saber que no importa lo mal que te vaya en tu examen, estás casi con seguridad en el rango de 4 a 7 - en otras palabras, vas a aprobar sin problemas. Esto puede no significar mucho para los candidatos más ambiciosos que lean este libro. Si estás entre los candidatos que se preocupan por reprobar el IB, entonces este material de la EI puede salvarte. Muchas veces no se le da la importancia merecida a las evaluación interna, sino que solamente es "otra tarea" para muchos. Pero los puntos se acumulan y antes de que te des cuenta, puede ser demasiado tarde para volver y mejorar tus calificaciones de la EI.

Pensemos en esto con lógica. Por lo general, la evaluación se realiza dentro de una semana o a veces varias semanas. Para tareas más grandes, como la Monografía, tienes mucho más tiempo para prepararte. Te dan semanas para completar algo que representará una buena parte de tu calificación final. Ahora contrasta esto con los exámenes finales, que normalmente ocuparán el 60% - 75% restante de tu calificación final. La duración de los exámenes por materia rara vez supera las 6 o 7 horas. Esas pocas horas decidirán lo que obtendrás por la porción restante de tu nota. ¿No tendría sentido entonces trabajar sin descanso para maximizar la calificación de la EI simplemente porque se te da mucho más tiempo y espacio? Los exámenes finales se realizan en un parpadeo en comparación con la cantidad de tiempo investida en las evaluaciones internas. Una vez que te des cuenta de esto harás lo posible para que tus EIs sean lo más impecables posible.

Te dan semanas, si no meses, para establecer casi una cuarta parte de tu nota y luego te dan dos o tres horas para establecer las tres cuartas partes restantes. Sería una tontería poner menos esfuerzo en las EIs que en los exámenes en sí. Prácticamente te están entregando estos puntos. No importa cuán mal conozcas el material o cuán mal te vaya en los exámenes, cualquier persona puede ganar su Evaluación Interna, especialmente dados los consejos que se dan más adelante en esta guía.

Entonces si tú eres una de esas personas que tienden a tener un bajo rendimiento en los exámenes y simplemente no pueden concentrarse en los estudios tienes que aprovechar al máximo la EI. Me desconcierta saber por qué tantos estudiantes no ven este truco. Hasta los mejores candidatos del IB con frecuencia se enfocan tanto en aprender el material y en rendir bien en los exámenes reales que pierden de vista del hecho de que la EI también cuenta para la calificación final.

Con respecto al orden de importancia de los asuntos cotidianos relacionados con el IB, yo sugeriría el siguiente orden: 1) Evaluación Interna, 2) Estudio para exámenes, 3) Tareas. Esto significa que, si tienes un informe de laboratorio para mañana y una prueba también, tienes que terminar y pulir el laboratorio antes de empezar a pensar en estudiar para la prueba. Las pruebas irán y vendrán, pero tú tendrás pocas oportunidades de rehacer tus Evaluaciones Internas

Todos los experimentos, talleres, portafolios y documentos que componen tu EI son de mucha mayor importancia que cualquier tarea o examen que tengas que hacer. Sí, tu calificación trimestral puede verse afectada. Sí, es posible que el profesor te regañe por no haber hecho la tarea. Sin embargo, tienes que mantener una voz en tu cabeza diciéndote que "al final del día, las pequeñas pruebas y las tareas no me dan mis 7's, la evaluación interna sí". Advertencia: si tienes profesores que dependen en gran medida de las tareas y los exámenes para elaborar tu predicción de notas, tendrás que reevaluar este consejo.

Además, muchos estudiantes usan los EIs como excusa para dejar de hacer las tareas. Esta es una mala idea porque así no te deshaces de las tareas. Sólo se acumulan y vuelven para atormentarte. Todos sabemos que hay dos categorías de tareas... necesarias e innecesarias. Por ejemplo, una tarea necesaria sería una hoja de trabajo de Química sobre estructuras orgánicas que será evaluada por tu profesor. Una tarea innecesarias sería un montón de ejercicios de cálculo diferencial (puedes hacerlo lentamente, especialmente si tu profesor no las recolecta).

La belleza detrás de la Evaluación Interna es que literalmente cualquier persona, de cualquier habilidad académica, puede obtener las mejores calificaciones. Esta es una buena noticia para aquellos de ustedes que no planean estudiar mucho para los exámenes o que les da pánico hacer exámenes. Todo lo que necesitas hacer es pasar una increíble cantidad de tiempo mejorando y perfeccionando constantemente tu tarea. He visto a algunos estudiantes IB bastante tontos sacar excelentes notas en sus EIs simplemente porque pasaron el día y la noche perfeccionándolas. Aunque no hayan sido académicamente dotados, al menos se dieron cuenta del impacto potencial que la EI podría tener en sus calificaciones - y en ese sentido, son genios.

No importa si eres "inteligente". Simplemente tienes que ser riguroso cuando se trata de completar tus tareas de EI. Sigue las pautas que te doy en este libro para cada tema sobre cómo maximizar tu EI. Si lo haces, independientemente de lo bueno o malo que creas que eres en una materia determinada, podrás obtener una ventaja de +2 en tu nota final antes de presentarte al examen.

Tienes que convertirte en el Rey (o Reina) de EI en tu curso. Todos los demás estudiantes estarán asombrados cuando recibas 19/20 para tu exploración matemática o una calificación casi perfecta para tu portafolio de economía. Pueden decir que estás perdiendo el tiempo tratando de conseguir el máximo puntaje en tu EI, pero cuando recibas tus notas finales te estarás riendo de ellos. Tienes que esforzarse para tener el mejor trabajo posible.

Recuerdo que unos meses antes de los exámenes finales algunos profesores anunciaban que los trabajos fueran enviados para ser revisados. Ahora, no sé cómo funciona el sistema, pero me parece que para las EI el IBO exige que se envíe una buena distribución del trabajo de los estudiantes. En otras palabras: las mejores, las tareas promedio y las tareas en el extremo inferior de la escala de calificaciones. Yo siempre miraba alrededor de la clase para ver de quién más se estaba mandando el trabajo e inmediatamente me di cuenta de que mi trabajo formaba parte de las "mejores tareas" (nuestro profesor nunca nos dijo de quién eran los trabajos que se habían escogidos). Esto me quitó mucho estrés de los exámenes finales. Se siente increíble cuando sabes que estás un 25% más cerca de conseguir tus 7.

Obtener las mejores calificaciones en tu EI no es una tarea fácil. Pero tampoco lo es obtener 7 en tus exámenes. La diferencia clave es que mientras que con los exámenes se te dan unas horas para demostrar tu capacidad, la línea de tiempo de la EI es mucho más extensa. Tendrás que trabajar hasta tarde por la noche, los fines de semana y los días festivos para obtener las mejores calificaciones para tu evaluación interna. De hecho, probablemente trabajarás igual de duro (si no más duro) unas semanas antes de tus exámenes, así que no veo por qué esto sería una tarea tan difícil.

Necesitas desarrollar el hábito de querer esforzarte por alcanzar la perfección en todos tus EIs que son revisadas externamente. Trata esto como si fuera tan importante como el examen real, o más. Quiero que empieces a sentirte muy decepcionado si estás recibiendo análisis de laboratorio/comentarios/carteras que están por debajo de un 6. No sólo deberías tener un 7, sino que también deberías tener 7 alto. Recuerda que lo que tu profesor cree que mereces no es la calificación final. Será moderada y probablemente subida o bajada unos cuantos punticos. Por lo tanto, debes tener seguro un poco de espacio para negociar cuando te digan tus predicciones de nota.

Dado el hecho de que usted está leyendo este libro, creo que puedo asumir que no eres el estudiante superdotado que se predice que obtendrá un 45. Puede que tengas dificultades para obtener 6 o incluso 5 en tus exámenes escolares. Al mismo tiempo, puede que seas un estudiante que está al borde del fracaso y que espera lo peor cuando se presenten los exámenes finales. En cualquier caso, este consejo sobre EI es de gran importancia. La EI puede convertir una nota de 15 que sería un diploma reprobado a 30. O de 30 a 45. Lo importante es que sigas estos consejos.

Creo que si un estudiante elabora una EI perfecta es casi imposible reprobar el diploma IB. Obtendrás alrededor de 15 puntos por tus EIs (dado que obtienes los 3 puntos de la Monografía y Teoría de Conocimiento), lo que deja sólo 10 puntos faltando para ganar el diploma. No he conocido a ninguna persona que ni siquiera puede sacar 10 puntos en sus exámenes finales. Si maximizas tus notas de la EI estás entrando en un mundo de exámenes sin estrés. En lugar de aproximar dónde estarás en una escala de 0 a 45, ahora puedes estimar tu calificación final en una escala de 15 a 45.

Sé que me estoy poniendo repetitivo, pero hay que meterte esto en la cabeza. Tienes que esforzarte por lograr la perfección en tu Evaluación Interna. Hazlo y estarás un paso, un salto gigante, más cerca de conseguir lo que quieres de tu diploma IB. No seas ignorante, date cuenta del poder de las notas de la EI y del efecto que pueden tener en tu calificación final. No sabes cuánto te odiarás a ti mismo cuando descubras que la razón por la que te perdiste el puntaje soñado de 45 se debió a una evaluación interna mal hecha que te bajó a 44 en general. O qué tal si descubres que la única razón por la que fallaste el IB fue porque "olvidaste" entregar un comentario de Economía y esto te dejó por debajo de 24 puntos. Sé inteligente: aprovecha la EI por todo lo que vale.

Es un milagro que un programa tan notoriamente "riguroso" como el programa de diploma de Bachillerato Internacional tenga casi el 25% de la puntuación final decidida sobre una base no examinada. Tienes suerte de que las calificaciones finales no se basan enteramente en tu capacidad para rendir bien en los exámenes, como sucede en muchos otros programas de bachillerato en todo el mundo. Esto da una gran oportunidad a aquellos de ustedes que son muy trabajadores e inteligentes, pero que les falta esa excelencia cuando se trata de exámenes. Aprovecha esto al máximo - no pasará mucho tiempo hasta que el IB empiece a disminuir la importancia de las Evaluaciones Internas (ya lo ha hecho en la última década) y agregue mayor valor a los exámenes en sí.

Los estudiantes se estresan con los exámenes finales, pero en este caso tendrás un montón de puntos antes de siquiera tomarlos. Esto tiene una implicación muy especial para ti. Imagínate un sistema de exámenes en el que te pregunten lo que quieras estudiar, te dejen decidir cómo estudiar e incluso te dejen escribir algunas de las preguntas. Este es básicamente el sistema IB: entre el 20% y el 40% de tus calificaciones las puedes obtener de un trabajo que puedes escribir, verificar, triple-verificar, preguntar a tus amigos y familiares, cambiar el trabajo, calificarte a ti mismo y calcular con seguridad qué calificación te dará el examinador.

Las EIs son el único aspecto del IB sobre el cual tienes un verdadero "control". Puedes escribir tus propias preguntas y dar tus propias respuestas. Como ya se ha mencionado, la mayoría de las EIs también representan al menos el 20% de tu calificación final y hacen la diferencia entre un 6 y un 7. Por ejemplo, si obtuviste un 5 bajo en tu exploración matemática, tendrías que obtener un 95+% en el examen final para obtener un 7; si ya obtuviste un 7, puedes conformarte con un 80%. Ese 15%, como todos sabemos, es una gran diferencia. No trates a los EIs como proyectos normales del colegio. Son indispensables y, como yo creo, están diseñados para ayudarte a obtener calificaciones antes de los exámenes finales.

En cuanto a la gestión del tiempo, estoy seguro de que nadie quiere entregar una EI horrible. Es sólo que a veces nos vemos obligados a hacerlo por presiones externas, es decir, por falta de tiempo. Lo que muchos estudiantes necesitan entender es que el tiempo es "creado", no "encontrado". La naturaleza no te da tiempo, tienes que exprimirlo por ti mismo. Seguramente Confucio una vez dijo algo acerca de que el tiempo es como "agua en una esponja". Desafortunadamente, el tiempo en el mundo del IB se parece más a "miel de abeja en una esponja", es difícil de sacar. No obstante, es posible mantener un alto nivel de calidad en tus EIs.

Consejos generales para la EI

1) Debes elegir la pregunta correcta. Aquí es donde muchos candidatos fallan, ya que son demasiado ambiciosos y muerden más de lo que pueden masticar. Elige una pregunta que te interese, pero que también pertenezca al tema del curso. Sí, el IB se trata de aprender, pero también de pasarlo. Además, consigue asesoría sobre tu pregunta lo antes posible. También si el profesor acaba de anunciar la EI. Haz una lluvia de ideas lo más rápido posible y pide una evaluación de tus ideas. Esto te ahorra mucho tiempo a largo plazo.

2) ¿Por qué trabajar cuando puedes conseguir que otros lo hagan por ti? es una técnica antigua. Desafortunadamente, conseguir que tus profesores te ayuden no significa que puedas relajarte en casa y no hacer nada. Tienes que hacerles la vida más fácil - hacer planes, sacar tiempo para verlos, organizarlo todo, estar listo cuando te hagan preguntas. Si mantienes una imagen disciplinada, es más probable que te tomen en serio. Para las EIs....sólo te pueden marcar un solo

borrador, pero deberías ir a verlos a su oficina y hacerlos leer partes corregidas una y otra vez. Ellos también quieren que saques un 7.

3) Sí, entiendo que algunos profesores son muy poco amigables o desconocidos y por eso no quieres verlos. Eso también está bien. Tendrás que avanzar en casa como avanzarías con el profesor. Tienes que ponerte metas. No digas `Tengo que terminar esto antes de julio porque es la fecha límite'. Deberías decirte mejor: "El primer borrador se lo debo a mis dioses/al IB el 15 de junio". Consigue un amigo que te ayude con la responsabilidad si es necesario - y devuelve el favor.

4) Sacar tiempo es un arte especial. Tienes que mirar tu vida actual y hacer un "presupuesto de tiempo". ¿En qué estás gastando tiempo? ¿Qué se puede recortar? Es como contar calorías, pero con minutos.

Sé que estas medidas suenan bastante extremas, pero...te lo agradecerás cuando lleguen los exámenes finales y sabes que no tienes que conseguir una puntuación imposible para alcanzar tu objetivo. Esto de hecho puede darte un gran impulso de confianza cuando más importa. Distribuye tu sufrimiento. No dejes que todo se te acumule.

Cuando se enfrenta a una acumulación en desarrollo o completa, lo primero que debes hacer es ser honesto contigo mismo. Analiza la situación y anota todo lo que debes hacer. Ahora hazlo por prioridad. Muchos estudiantes confunden "prioridad" con "preferencia". Tal vez hacer tu EI de Historia es más divertido que hacer gráficos para tu EI de Matemáticas. Pero si tu evaluación de Matemáticas es para la próxima semana y la evaluación de Historia es para el próximo mes, ni siquiera pienses en hacer Historia primero. Si tu acumulación de trabajo no te molesta mucho probablemente no estás priorizando.

También puedes intentar una "guerra de desgaste" contra tu trabajo, pero prefiero que sigas mis consejos preventivos. Básicamente, haz un poco de trabajo en cada oportunidad disponible. La vida social es importante, pero... sí necesitas esos 20 minutos extras, sé fuerte, no hagas recreo y termina tu tarea de química. Esos 20 minutos entonces se pueden usar en casa para trabajar en tu Monografía. Básicamente, cada segundo cuenta.

Con respecto al sueño, no es necesario que te quedes despierto hasta las 3 de la madrugada o toda la noche. La mayoría de la gente va a la escuela de 8am a 3pm u horas similares. ¿Qué haces de 16:00 a 22:00? Son 6 horas completas para hacer algo de trabajo. Tienes meses para hacer tus Evaluaciones Internas. El resto de tu tiempo puede ser utilizado para el estudio, la recreación y el sueño tan necesario. Tal vez no lo sientes, especialmente si estás drogado con cafeína, pero la calidad de tu trabajo va a disminuir después de un día entero de escuela y sin dormir.

Un último consejo: busca informes sobre las materias. Se trata de informes en los que los examinadores explican exactamente lo que fue bueno o malo en las EIs del año pasado (y en los exámenes) y brindan toda una sección de consejos a los profesores y estudiantes sobre cómo hacerlo mejor. Tu profesor debería tenerlos y tú deberías buscarlos.

10. Manejar el Estrés

No se puede ocultar el hecho de que el programa del Diploma del IB puede ser muy estresante. Habrá ciertas semanas o días en los que te sentirás como si estuvieras haciendo sentadillas con seis pesas con el peso del mundo académico sobre tus hombros, junto con una bola de hierro y una cadena con las palabras "MONOGRAFÍA" y "TDC" colgadas de tu cuello. No obstante, ahora voy a presentar algunos consejos para ayudarte a lidiar con la presión y la ansiedad.

Alimentación

Ah, comida. La comida es buena. Por eso, come algo. No te llenes el estómago de mierda todo el tiempo. Sé saludable y guarda todas las hermosas alitas de pollo para el fin de semana. Comer apropiadamente tiene un gran efecto en tu energía. No te mueras de hambre tampoco. Trabajar con el estómago vacío es como escuchar llorar a un bebé. Ambos pueden ser detenidos con un poco de leche caliente y galletas.

El estereotipo del estudiante IB como alguien que sobrevive con cafeína, fideos para calentar y bebidas energéticas en muchos casos no es una exageración completa. Si te quedas despierto hasta tarde en la noche y estás ocupado trabajando, es más probable que consumas alimentos y bebidas que requieren poco tiempo para prepararse y que dan un buen impulso energético. Aunque ya te he recordado de los beneficios de comer bien durante tus dos años en el programa del IB, las semanas de exámenes en sí tendrán sus propios retos. Incluso si estás estudiando continuamente día y noche, trata de comer tres veces al día y come muchos alimentos ricos en vitaminas.

Yo masticaba un montón de chicle durante las noches y las etapas de estudio. Me di cuenta de que esto me ayudaba a concentrarme más y me mantenía despierto. Aquellos de ustedes que fuman probablemente encontrarán que están fumando mucho más de lo normal. Si eres un gran fanático del café, ten cuidado de no excederte.

Dormir

Admito que la cantidad de sueño que conseguirás durante los dos años del programa IB probablemente será menor que en cualquier otro período de tu vida. Todos los días podía ver a varios de mis compañeros de clase durmiéndose o tener fuertes ojeras por la falta de sueño.

Si puedes dormir lo suficiente depende de una buena administración del tiempo. Me di cuenta de que volvía a casa de la escuela demasiado cansado para ser productivo, así que me acostumbraba a dormir una pequeña siesta. Por lo general me dormía en el sofá y era suficiente para que me levantara y me sintiera revitalizado. Estudios han demostrado que incluso una siesta de 15 minutos puede ser suficiente para que uno se sienta revitalizado.

Tienes que saber cuándo te encuentras en tu estado más productivo. Poco a poco descubrí a lo largo de mi carrera estudiantil que trabajaba mejor de noche o al menos muy tarde por la tarde. Ir a la cama a las 2 de la madrugada no era raro, pero esto estaba bien para mí porque una vez que llegaba a casa, podía recuperar las horas durmiendo la siesta. Aunque era difícil ajustarse a tal horario, finalmente me acostumbré. Me gustaba trabajar de noche porque había un sabor adicional a urgencia y había poco espacio para posponer el trabajo. Trabajar bajo presión no es para todo el mundo, por lo que debes averiguar qué es lo que funciona mejor para ti.

Como estudiante IB también tienes que aprender a dormir donde y cuando puedas. Mi viaje en autobús a la escuela duró alrededor de una hora. A menos que tuviera un examen para estudiar o una tarea que completar, trataba de dormir la mayor parte de esa hora. Otros compañeros de clase le pedían amablemente al profesor el permiso para poder dormir durante las "horas libres" y a veces el profesor lo permitía. Los que no dormían de noche hasta intentaban dormir la siesta durante la hora de almuerzo después de comer algo.

El sueño es esencial para ser productivo y motivado. La falta de sueño puede resultar en errores evitables en tareas y exámenes, además puedes perderte de información importante en la clase. Para jóvenes de 16 a 18 años, la dosis recomendada de sueño suele ser de 6 a 8 horas. Si estás recibiendo menos de 5 horas diarias es un motivo de preocupación. Recuerda que, aunque se trata de un programa de sólo dos años, podrías estar causando más daño a largo plazo a tu salud si no duermes bien.

Estrés de Segunda Mano

Se dice que estar rodeado de gente negativa puede ser contagioso. Lo mismo ocurre con el estrés. Si te rodeas de estudiantes que se quejan constantemente de la carga de trabajo y de la presión, es más probable que adoptes la misma actitud. Asegúrate de rodearte de gente que esté atenta a su trabajo - esto también te motivará a trabajar más duro y ser más eficiente.

Aunque pienses que rodearte de estudiantes que están atrasados en su trabajo y siempre preocupados, de alguna manera te hará sentir mejor sobre tu propia situación, este no es el caso. Esta gente hará que te preocupes más. Hay que evitar este estrés de segunda mano a toda costa.

La Meta

Motívate a ti mismo para alcanzar tus metas. Si no encuentras ningún interés en trabajar no trabajarás. Piensa en lo bien que te sentirás cuando termines los exámenes.

Cada una de las malas notas que obtienes ahora mismo te da una mejor oportunidad de triunfar en tus exámenes finales. Significa que has cometido muchos errores que nunca volverás a cometer, porque ahora puedes aprender de ellos.

No dejes que te depriman - concéntrate en la retroalimentación más que en la calificación y tómalo como una guía de cómo puedes hacerlo mejor. Si estás sacando 6 ahora, hay espacio para mejorar.
Revisar exámenes pasados te ayudará mucho.

Tómate un tiempo para relajarte, dormir y estar con tus amigos. Mis amigos y yo tratamos de pasar el tiempo regularmente durante el último año, a pesar de que eso significaba estar sentados juntos en una biblioteca, cada uno haciendo su propio trabajo. Tómate un descanso de 5 minutos cada 30 minutos. Caminar, estirar, hacer flexiones. Está científicamente demostrado que el ejercicio físico es saludable. Así que deberías hacerlo. Preferiblemente todos los días si puedes. Es una buena manera de aliviar el estrés y hacer que te sientas bien.

El estrés en el colegio se debe principalmente a la falta de organización. Así que ordenar eso podría reducir a la mitad o incluso eliminar tu sensación de "quiero arrancarme el cabello". Cómprate una carpeta y organiza tus apuntes en ella con separadores para hacer las cosas más fáciles. Así también es mucho menos probable que pierdas tus apuntes.

Si sientes que las cosas te están afectando, sólo retírate un poco y piensa. No necesitas estresarte demasiado porque eso dificulta tu trabajo y puede resultar en lágrimas, esto no tu sirve para tu desarrollo porque disminuye tu autoestima. Intenta tomar un poco de agua, descansar un poco o ir a caminar. Despeja tu mente.

(Artículo contribuido)

Estas son algunas reflexiones breves sobre cómo manejar el estrés durante el período de exámenes IB y en general. Invito a todos a compartir las técnicas que utilizan para controlar el estrés.

En primer lugar, si quieres reducir eficazmente la cantidad de estrés que sientes con tu carga de trabajo, administrar tu tiempo adecuadamente te ayudará a reducir el nivel de estrés que sientes cuando trabajas.

Debo mencionar que estas técnicas sólo funcionarán si realmente se utilizan. No te límites a leerlos, ignóralos, luego regresa después de los exámenes y exclama que tu cabello se está volviendo gris debido al estrés.

Parece que cuando los estudiantes piensan en estudiar lo ven como un proceso extremadamente doloroso que requiere de mucho estrés para ser eficaz. "Hay que vivir en la biblioteca para obtener buenos resultados", ese tipo de cosas. Nada de eso es cierto. No tienes que estresarte mientras trabajas para hacerlo bien. Aprendes mucho mejor cuando estás relajado.

Meditación

Esta es una gran manera de relajarse. Hay mucho estudios científicos sobre el tema que puedas leer, pero es mucho mejor que lo pruebes y experimentes su utilidad por ti mismo.

¿Cómo se empieza?

Siéntate (Acuéstate si tienes problemas de espalda) y pasa de 5 a 10 minutos enfocándote en tu respiración. No trates de alterar tu patron de respiración. Probablemente se te hará bastante difícil concentrarte en tu respiración tendrás ideas y pensamientos pasando por tu cabeza, pero eso es normal. Sólo regresa suavemente tu enfoque a tu respiración. Recomendaría meditar al principio del día y luego de nuevo al final del día si quieres.

Programa Tiempo Libre

No llenes tu horario de puro trabajo y permítete un descanso generoso. Si te sientes capaz de hacerlo, programa un día entero de descanso cada semana y haz lo que quieras sin sentirte culpable. Te ayudará a enfrentarte a la próxima semana con un poco más de energía y no tendrás una batalla continua con tu trabajo si te separas completamente de él por un tiempo.

Ten Descansos Regularmente

Al tratar de completar una tarea grande, fácilmente se puede perder la noción del tiempo. Luego terminas trabajando durante meses sin tener un descanso. Esto puede hacer que te sientas muy frustrado cuando no estás progresando en algo. El punto es trabajar con el menor estrés posible. Recomendaría descansos tan frecuentes como cada 25 o 30 minutos.

Planifica tu Trabajo

Si no tienes una idea clara de lo que estás tratando de lograr siempre será una batalla difícil. Tómate un tiempo para hacer un plan detallado sobre lo que quieres hacer y cuándo.

También, asume que has subestimado la cantidad de tiempo que necesitarás para completar algo. Si sacas 2 horas para pensar en un ensayo o a tomar apuntes sobre un tema, de 3 a 4 horas. Esto evitará que te estreses por no estar a tiempo y te dará tiempo libre al final del día.

Límpiate

Admito que eso suena tonto decírtelo así. Pero tengo un punto. Te lo prometo. No tiene mucho sentido estar en un ambiente que te haga sentir como si estuvieras hirviendo o congelándote o como si te sintieras incómodo en general. Así que, si su cuarto se siente lleno, abre un poco las ventanas y las cortinas (No sé por qué algunas personas disfrutan tanto de la oscuridad. No tiene sentido para mí).

Alístate por la mañana en vez de levantarte y trabajar en pijama. Ponte cómodo, pero dúchate o algo. Si no es por ti, hazlo por todos los que te vengan a ver ese día. Con suerte te sentirás un poco más enérgico antes de empezar el día

Manejar las expectativas

Es importante manejar las expectativas que tienes de ti mismo y las expectativas que otras personas tienen de ti. Muchos somos extremadamente autocríticos porque queremos lo mejor para nosotros mismos o porque hay presión de otras personas. Esto no es un rasgo admirable. Sí, debemos tratar de encontrar maneras de mejorar nuestro trabajo, pero no a cambio de hablar negativamente y odiarnos a nosotros mismos. No es útil y no te ayudará para nada a progresar.

Si no completas todas las tareas que querías hacer ese día, verifica si has sido demasiado irrealista en tu planeación, haz los cambios apropiados y luego perdónate a ti mismo. No cambiará mucho a largo plazo, especialmente si has hecho cambios que podrían mejorar la forma en que transcurre el día siguiente.

Si te encuentras hablando negativamente, pregúntate si hablarías de la misma manera con un amigo cercano. Si no lo hicieras, probablemente estás siendo demasiado duro. Confía en mí; no mereces la negatividad por la que te estás haciendo pasar.

Diviértete con tus Amigos

Parece raro que te esté reordando que hables con tus amigos. No es necesario estar completamente aislado para ser eficiente. Puedes estudiar solo, pero no necesitas estar solo durante toda la semana. ¡Disfruta el tiempo con ellos sin sentirte culpable! Si siempre te sientes culpable, no disfrutas de la compañía ni trabajas. Te metes en un estado extraño que no te deja hacer nada.

11. Procrastinación en el IB

(artículo contribuido)

Bueno, ahora sabes cómo maximizar tu productividad y estás pensando que planificar y controlar todo tu trabajo parece una idea bastante buena, pero te queda un problema grave: la procrastinación. Una cosa es planear y organizarse, pero otra cosa es seguir ese plan y hacer las cosas porque no se van a hacer por sí mismos.

Aquí hay 5 pasos fáciles para vencer la flojera:
1. **Sólo 5 minutos** - comienza la tarea sólo por 5 minutos. Probablemente que se te facilita comenzar a trabajar. Si no, intenta una de las siguientes opciones.
2. **Divídelo en partes** - poner en tu planificador "Hacer la monografía" es una tarea grande y abstracta. Divídelo en partes más pequeñas y trabaja con una parte a la vez; por ejemplo, apunta en tu horario "investigar para la Monografía". Cuando lo hayas hecho márcalo con un chulito. Haz un poco más todos los días hasta que avances. Si la tarea es demasiado difícil para hacerla sin ayuda, mira lo que puedes hacer solo y busca ayuda después.
3. **Aléjate de tu celular/internet** - ponlo en otro cuarto o apágalo. Honestamente, sé lo distractor que es Facebook cuando estás de humor para posponer tu trabajo. Verás que serás productivo apenas no puedas hacerlo. Si usas tu portátil, usa una aplicación como Self Control para bloquear las aplicaciones distractoras.
4. **Planea una recompensa** - "Después de hacer esto, puedo hacer lo que quiera por el resto de la noche". O, prométete a ti mismo que si haces todo lo que planeaste durante la semana, puedes tomarte el fin de semana libre - ¡eso sí es un buen trato!
5. **Mantente ocupado** - no te permitas una cantidad ridícula de tiempo para hacer tareas insignificantes que de todos modos dejarás para más tarde. Ve a

hacer deporte, pasa el rato con tus amigos, haz trabajo voluntario y luego verás lo bien que trabajas después. No te des tiempo para postergarlo.

La procrastinación es horrible. Lo odio mucho y tengo una forma medio decente de resolverlo. Sólo debes saber que no puedes deshacerte de ella por completo porque terminas no disfrutando de la vida. Nadie puede aprovechar todas las oportunidades que se le presentan para trabajar. No es realista.

La razón por la cual la procrastinación ocurre es porque hay dos partes de su cerebro. Una parte ve el beneficio inmediato de todo, como ir a Facebook o mirar al cielo. Esta parte es mucho más grande que la parte que ve el beneficio a largo plazo de trabajar ahora. Además, la parte de los beneficios a largo plazo (la determinada) se cansa rápidamente. Ok, ahora imagínate a ti mismo como dos personas: el tú del presente y el tú del futuro.

Lo que necesitas recordar es que no es ahora cuando sentirás las consecuencias de tu procrastinación, sino que será el tú del futuro. Necesitas mirar hacia el futuro y pensar que quieres tener menos trabajo, así que lo harás ahora.
Tu no pospones tu trabajo porque seas perezoso, sino porque eres susceptible a las distracciones a tu alrededor (eso suena grosero, pero todos se distraen por la razón que mencioné arriba). Algunos consejos generales:
- Mantén tu trabajo ordenado.
    - No quieres estar estudiando y te das cuenta de que no puedes leer ni la mitad de lo que escribiste. Un poco de cuidado te sirve de mucho.
    - No es necesario que escribas frases completas al tomar notas, sólo algo que te recuerde de lo que estaba ocurriendo en clase.
- Trata de organizar tu trabajo diariamente.
    - Esto reduce aún más las posibilidades de perder hojas y notas. Perfóralas y tenlas bien

guardadas. Te sorprendería lo mucho que pueden ayudarte.
- ¡Disminuye las distracciones!
  o Desactiva Facebook o quita la aplicación de Facebook /Instagram etc. de la pantalla principal de tu teléfono.
  o Pon tu computador en silencio para que no estés escuchando todo tipo de notificaciones. También debes apagar tu teléfono. No en silencio ni en vibración - APAGADO.
  o Borra las cookies de tu ordenador para que puedas introducir tu contraseña cada vez que quieras acceder a algo. Esto hace que el inicio de sesión en las redes sociales sea un esfuerzo adicional para que estés más inclinado a no molestarte con iniciar la sesión y comenzar tu trabajo. Este proceso está automatizado si utilizas el "modo incógnito" en tu browser.
- Motívate a ti mismo
  o Coloca fotos de lo que quieres lograr en tu cuarto (por ejemplo, ¿un diploma de 45 puntos?)
  o Planea un pequeño regalo que puedas tener sólo si has completado una cierta cantidad de trabajo, no si has trabajado por un tiempo específico. Es demasiado fácil decir `He leído durante media hora, es hora de descansar'.

Además, existe algo como "procrastinación buena". Es decir, cuando te sientas perezoso en lugar de refrescar la página principal de Facebook, lee un artículo de las noticias o una página de un libro relacionado con tus materias. ¡O lee algunos capítulos más de este libro! Además, no confundas un postergar con un descansar, los descansos son buenos. Mantienen tu salud mental.

Existe una diferencia cognitiva fundamental entre los procrastinadores y las personas normales. A veces todo el mundo se siente abrumado por el trabajo. Incluso las personas más ocupadas o más eficientes pueden sentirse abrumadas cuando hay demasiado trabajo y poco tiempo. Pero el procrastinador es diferente. El procrastinador puede tener mucho tiempo, sin embargo, aplaza el trabajo hasta que no hay tiempo suficiente y luego se siente intimidado, estresado y abrumado. Esto significa que el procrastinador hace su propia vida mucho peor - ¿te suena eso a alguien conocido?

Este tipo de comportamiento tiene un gran efecto en nuestros resultados IB, tanto en los exámenes como en las evaluaciones internas. Al aplazar las cosas y evitar el trabajo no nos dejamos tiempo para trabajar bien. No hay tiempo para completar tareas a nuestra satisfacción y terminamos con peores resultados y peores universidades de las que hubiéramos podido alcanzar.

Entonces, ¿por qué seguimos postergando las cosas? Cuando seguimos tomando malas decisiones que son ilógicas, la razón es casi siempre emocional. Las tres causas más comunes de la postergación crónica son el miedo, la ansiedad y la vergüenza. Por ejemplo, podría ser el temor de que el trabajo no sea lo suficientemente bueno, que no obtenga una puntuación lo suficientemente alta, que los compañeros sean mejores…etc. Cualquiera que sea la razón, es emocional y causa problemas reales. Afortunadamente, el problema nos dice la solución.

Digamos que tienes un gran proyecto que hacer - tal vez una Monografía, tal vez un repaso de material para los exámenes del IB. Sea lo que sea, puede que te encuentres procrastinando. Si eres honesto contigo mismo, es probablemente porque te preocupas de que no seas lo suficientemente bueno. Esto se debe a que el procrastinador sólo ve metas gigantescas - o sea que él ve "El IB" como una meta o la Monografía como una meta. Por supuesto, estos son objetivos demasiado grandes para alcanzar sin problemas. Pero él no-procrastinador ve las cosas de manera diferente.

Los no-procrastinadores se dan cuenta de que los grandes objetivos son sólo grupos de pequeñas tareas. Mientras que hacer la Monografía puede parecer imposible, buscar en Google el esquema de evaluacón, enviar un correo electrónico a tu profesor para que te guíe y mirar el libro de la materia son tareas fáciles. Y este es el secreto: las tareas aparentemente imposibles están hechas de muchas tareas más pequeñas muy posibles.

Cambiar de una mentalidad de procrastinación a una de no procrastinación no es tan difícil. La próxima vez que empieces a sentirte inseguro por una tarea, coge una hoja de papel y empieza a hacer una lista de todas las cosas necesarias para completarla. Tal vez para hacer un ensayo tendrías que: investigar, encontrar libros apropiados, hacer un mapa mental, hacer una estructura escribir, corregir y enviar. Ahora enfócate en lo primero: por ejemplo, la investigación. ¿Qué tareas pequeñas incluye la primera cosa? Buscar la pregunta en Google, mirar los artículos de Wikipedia, mirar el libro de la materia. Ahora haz esa primera tarea pequeña, como revisar el artículo de Wikipedia sobre un tema determinado.

¡Eso es todo! ¡Estás trabajando! Sigue haciendo eso una y otra vez y el ensayo se escribirá solo. Es posible reconfigurar el cerebro del procrastinador. Ahora que sabes cómo hacerlo, pruébalo. Incluso en este momento tienes cosas que hacer... ¡sí! Acabas de pensar en una, ¿verdad? A lo mejor una que realmente no quieres hacer. Así que coge algo de papel ahora mismo, te espero... ¡Bien! Ahora escribe el nombre de la tarea en la parte superior y empieza a enumerar todas las cosas que tienes que hacer en esa tarea. Bien, ahora escribe todas las subtareas. Si parece demasiado difícil todavía, sigue dividiendo tus subtareas en más subtareas. Cuando pienses que puedes hacer la primera tarea, ¡dale! ¡Y buena suerte!

12. Amistades IB

Los amigos están aquí para ayudarte a pasar por el IB y viceversa; por lo tanto, es importante que te rodees de las personas correctas. A lo largo de nuestros 2 años de IB si no fuera por ciertos amigos no hubiéramos podido obtener las calificaciones que obtuvimos. Revisaron nuestro trabajo, corrigieron los errores que vieron, nos ayudaron a aprender y nos explicaron cosas que no entendíamos. Pero lo más importante es que, por muy infantil que esto suene, tus amigos siempre estarán ahí para ti.

Recuerdo después de los simulacros de exámenes IB cuando un buen amigo mío obtuvo un 28% en su Prueba 1 de Matemáticas NS. Se sentía horrible. Siempre había sido un buen estudiante: 7s en matemáticas durante los años anteriores no fueron un problema. Pero como ya sabrás, Matemáticas NS es una bestia totalmente diferente. Así que, siendo uno de sus mejores amigos tuve que consolarlo y ayudarlo a recuperarse. No, no nos abrazábamos apasionadamente ni nos dábamos de comer helado de chocolate, sino que le daba mi opinión sincera sobre sus resultados y sobre cómo no estaba trabajando lo suficiente. Le dije que salía demasiado y que no era posible que le vaya bien en Matemáticas NS con un mínimo de estudios. Seis meses después salió con un sólido 6 al final de los exámenes IB.

Es hermoso tener buenos amigos. Te hacen sonreír, reír y amar. La cita que dice: "La amistad es como orinarse: ¡todo el mundo puede verlo, pero sólo tu sientes el calor que trae!" (Robert Bloch) es muy cierta. No busques la cantidad. Un buen amigo es mejor que tres o cuatro amigos promedio. Pasa tiempo con personas con las que te conectas, quieres aprender y disfrutar conversando. No, no lo hagas por el aspecto de la popularidad ni busques gente que valide tu ego. Eres mejor que eso y lo sabes.

Tu Escuadrón

Seguramente desarrollarás un grupo central de amigos dentro de tus clases de IB. Trata de ser amigo de estudiantes que tienen metas y aspiraciones similares a las tuyas, mantente alejado de los alborotadores y ten en cuenta que no está bien ser un perezoso fracasado total. Es bueno tener un grupo con diferentes géneros, culturas y nacionalidades. Estar en un colegio del IB significa que probablemente estás expuesto a una variedad de culturas - aprovecha esto al máximo para enriquecerte con otras perspectivas.

Con tu grupo más cercano de amigos del IB, les sugiero que abran un grupo de WhatsApp o un chat de Skype juntos. Sorprendentemente, esto hace que sea más fácil motivarse y ayudarse mutuamente. No hay palabras más tranquilizadoras para un estudiante IB que 'Yo tampoco lo he empezado'. Estudiar con su grupo cercano de amigos sobre medios digitales es también una práctica muy valiosa si se hace correctamente.

Competencia

Lo más importante que puedo decir sobre tus amistades es esto: recuerda que el IB no es una competencia entre ustedes. Si todos ustedes merecen un 7, recibirán un 7. El hecho de que obtengas una muy buena calificación en una tarea no significa que otros no puedan también obtener buenas calificaciones. Esto significa que hay un gran interés en ayudarse uno al otro y no ocultarse las cosas.

No estoy diciendo que copies y compartas tu trabajo; solamente estoy sugiriendo que saques de tu cabeza la idea de "competencia entre mis compañeros" porque eso no existe. Deberías ver a todo tu grupo de amigos del IB como un equipo y quieres que a todos en ese equipo les vaya bien porque no están compitiendo entre sí.

Significa que deben estudiar juntos. Deberías prestarles tu calculadora de repuesto si olvidaron la suya. Deberías revisar la ortografía y la gramática en su evaluación interna si te lo piden amablemente. Dentro de los límites, debes tener una amistad productiva y cooperativa con tus amigos íntimos del IB.

Comunidad en línea

Sin dudas, la formación de fuertes amistades IB en tu clase no será posible para todos. Algunos de ustedes pueden tener menos estudiantes IB en su escuela que dedos en las manos. A algunos de ustedes les puede resultar difícil hacer amigos. Algunos de ustedes pueden tener algunos problemas de ansiedad y prefieren estar solos. Aquí es donde estoy agradecido de que vivimos en la era digital y de que existan comunidades en línea para atender a cualquier persona interesada en cualquier cosa.

Aplicación Smartib

Como probablemente sabrás por la introducción de este libro, smartib es una aplicación gratuita para iOS y Android que he creado durante dos años. La aplicación es básicamente una aplicación de medios sociales diseñada específicamente para estudiantes IB, que permite a los candidatos crear cuentas y encontrar a otros estudiantes IB en todo el mundo. Hay un foro bien organizado donde los estudiantes pueden hacer preguntas, pero también puedes "seguir" a estudiantes con intereses similares para que puedas ver lo que están haciendo.

En el momento de la publicación, smartib sigue siendo objeto de grandes actualizaciones, incluyendo la capacidad de la bandeja de entrada privada de otros estudiantes y un gran chat grupal en vivo para los estudiantes IB. Estos son esfuerzos para aumentar y mejorar las comunicaciones sociales entre los estudiantes IB de todo el mundo. Si aún no lo has hecho, te recomiendo sinceramente que descargues la aplicación smartib para probarla ahora mismo.

Reddit IBO/ IBsurvival / Discord / Telegraph app

Todas estas son vías digitales alternativas para encontrar estudiantes IB en todo el mundo. El subreddit Reddit IBO es realmente muy útil y perspicaz:
(www.reddit.com/r/IBO).

Discordia es el nombre de un programa de chat y puedes encontrar el canal oficial del IB a través de la página de Reddit.

IBsurvival.com fue una vez el único lugar para ir a conocer a nuevos estudiantes IB en línea. Lo usé bastante en 2007, cuando tenía menos de unos pocos miles de usuarios. Recientemente ha sufrido algunos cambios no tan buenos con respecto a sus moderadores y cambios en su política de archivos, pero a veces vale la pena echarle un vistazo.

Tómate un tiempo para hacer tu propia investigación sobre las comunidades del IB en línea. Con suerte, para cuando leas este libro, mi aplicación smartib será la principal comunidad en línea del IB y la mayoría de los niños del IB ya estarán socializando y contestando preguntas sobre ella.

Ya sea en línea o en la vida real, las amistades que desarrollas durante tus años IB serán amistades que recordarás por mucho tiempo. Hay un cierto "compañerismo" en saber que todos ustedes están juntos en esto y la cantidad de apoyo que obtendrán será muy consolador. Es como si estuvieras saltando a un abismo con amigos de todo el mundo y salen juntos como una comunidad entera. El IB te hará sentir más cerca de aquellos que ya están cerca de ti.

13. Gestión del Tiempo

(artículo contribuido)

Probablemente has escuchado historias sobre cómo los estudiantes del IB no tienen vida. No estoy de acuerdo; esta es mi vida. Como muchos de ustedes, me la paso entre las tareas escolares, las actividades extracurriculares, los amigos y los padres insatisfechos. Llegó un momento en el que tuve que decir "No" a ciertas actividades que me encantan y "Sí" a la montaña de tareas que se acumulaba en mi escritorio o en mi MacBook, para ser exactos. Entonces, ¿Cómo determinamos cuándo decir "Sí" y "No"?

El trabajo escolar es importante, pero también lo es el próximo partido de baloncesto. ¿Puedes sobresalir en ambos? Sí. Pero ¿también puedes encajar en el consejo estudiantil, el Modelo de Naciones Unidas (MUN), la robótica, los proyectos de servicio, la fotografía, el ajedrez, el grupo de jóvenes y la práctica del ping pong? Probablemente no. La palabra clave es priorizar. Dile "Sí" a las actividades que te apasionan, desafíate con algo nuevo y comprométete de todo corazón a ello. Dile "No" a las actividades que no son significativas para ti y no te unas ciegamente a actividades aburridas sólo porque tus amigos estarán allí. Aunque puede que desarrolles un nuevo hobby una vez que te hayas unido a un club, si sabes que perderás toda la tarde en el club de artes marciales deseando estar en otro lugar o te quedarás despierto hasta las 2 de la madrugada haciendo la tarea porque tienes tres actividades después de la escuela en un día, di que no.

Mantuve mis actividades principales todos los años durante la escuela secundaria: voleibol, baloncesto, consejo estudiantil, piano e iglesia. También asistí a otras actividades como los teatros musicales de la escuela, el bádminton y los proyectos de servicio para CAS. Desafortunadamente, tuve que sacrificar el fútbol, el baile y el MUN. Todavía siento un poco de arrepentimiento por no poder hacer estas cosas. Me encantan las actividades en grupo porque puedo conocer a otras personas entusiasmadas y estar más motivado para lograr ciertas metas. Los juegos deportivos y otros eventos trajeron emoción a mi vida y me dieron una sensación extraordinaria de éxito cuando salieron bien. Como ser humano emocional, me di cuenta de que cuando estaba de buen humor, era más probable que estuviera enérgico y listo para abordar tareas difíciles, especialmente esos terribles ensayos analíticos.

¿A cuántas actividades debes unirte? Apunta a por lo menos tres proyectos grandes y participa en tantas actividades como puedas mientras aún tengas tiempo y energía. Dependiendo de tu personalidad, puedes orientarte hacia actividades grupales o individuales, o si quieres una mezcla de ambas. Las actividades en grupo son ideales para socializar, mientras que las actividades individuales como leer y tocar el violín pueden ser muy relajantes. Llena todos los formularios y haz las reflexiones de CAS (Creatividad, Acción, Servicio) a medida que avances en la actividad, porque tu vida será un caos en el último año y no lo querrás dejar para el final.

Ya sabes que el manejo del tiempo es fundamental y que la procrastinación es fatal. Es especialmente evidente cuando los estudiantes IB intentan realizar evaluaciones internas, Monografía, comentarios orales, ensayos de Teoría del Conocimiento, exámenes y las horas de CAS requeridas. Lo que funcionó muy bien para mí fue descansar 15 minutos para la merienda después de llegar a casa después de las actividades extraescolares y luego empezar a hacer mi tarea de inmediato. Mi nivel de concentración era muy alto y podía avanzar mucho antes de la cena. Una vez que mi cerebro cambió al modo de descanso después de la cena, fue mucho más difícil volver a concentrarme. Inténtalo durante unos días y verás si funciona para ti. En lugar de soñar despierto en el autobús, haz una lista mental de tus tareas y el orden en que las harás. Esto ahorra tiempo y te da una meta. Puede servir trabajar por toda una noche de vez en cuando, pero la pérdida de sueño te lleva problemas de concentración y a más trasnochadas. Sólo recuerda, si no tienes ganas de trabajar ahora, tampoco tendrás ganas de hacerlo más tarde.

El equilibrio perfecto entre los hobbies y el IB varía entre los individuos, pero hay algunos consejos universales. Recuerda, di "Sí" a estudiar durante el periodo de estudio, hacer un trabajo productivo en vez de hablar con la gente por WhatsApp y dormir antes de la medianoche. Di "No" a los escritorios desordenados, al compromiso excesivo y a cualquier tipo de distracción que cause la postergación de tu trabajo. La vida nunca debe ser extremadamente aburrida o dolorosa. Sólo aprende a decir "Sí" y "No".

La Ley de Parkinson afirma que: "El trabajo se expande hasta llenar el tiempo disponible para que se termine"; esto significa que a veces es mejor dejar el trabajo para el último minuto. Mi presentación de TdC puede servir como el ejemplo perfecto. Yo era muy bueno entendiendo TdC cuando hablábamos en clase, pero a la hora de crear la presentación me costó mucho trabajo. Trabajé por dos meses, pero la mayor parte del trabajo de verdad se hizo el día antes del examen en el aeropuerto de Luton escribiendo en servilletas usando mi teléfono e internet del aeropuerto. Ahora, ¿qué tan bien me desempeñé? Obtuve un 9/10 que me permitió obtener una B en TdC y los 3 puntos extras. No me malinterpretes, la mayoría del trabajo que queda hasta el último minuto no te dará una buena calificación y siempre debes tratar de hacer las cosas por adelantado, pero no será posible con todo.

Había investigado y pedido muchos consejos a mi profesor de TdC de antemano y cada vez me decía que volviera a planear y replantear mi tema para la presentación. Esto me permitió adquirir conocimientos pertinentes en mi área de estudio y en la forma en que funciona la presentación del TdC. Esto me permitió terminar mi presentación en 4 horas una vez que tuve un tema aprobado. Ser bueno bajo presión también puede ayudar y usaras esa habilidad mucho en el IB, pero tienes que saber cuándo usarla y cuándo trabajar por adelantado. Mientras más temprano empieces a trabajar en algo, mejor serás. Sin embargo, la gente y los estudiantes del IB tienden a salirse del tema e intentar de engañar a sus examinadores con mentiras. Recuerda, como dijo Parkinson, mientras más tiempo tenga, más trabajo harás para ti mismo. Así que asegúrate de saber lo que necesitas hacer (mira el esquema de calificaciones y pregúntaselo a tus profesores) y sólo incluye en tu trabajo lo que sea necesario y ocasionalmente un poco más.

Hazlo rápido, entrégalo antes de la fecha de entrega, recibe comentarios y mejóralo. Esta es la mejor manera de maximizar tu tiempo y mejorar tu calificación. La Monografía simplemente debe hacerse. No hay mucho tiempo para pensar y reflexionar. Una vez que finalmente hayas elegido tu tema y área de interés, reserva una semana para desarrollar tu pregunta de investigación y hacer un plan. Revisa esto con tu instructor y mejora la estructura durante esa semana (esto puede incluir varias reuniones). Luego reserva una segunda semana (preferiblemente durante las vacaciones) para trabajar en la Monografía y su contenido. Esta debería ser una semana intensiva de colección, procesamiento y síntesis de datos al final de la cual tu Monografía debería estar hecho en un 70%.

A partir de esa semana, reúnete semanalmente con tu mentor y repasa los puntos específicos de tu ensayo. Con cerca de tres horas de trabajo a la semana en tu Monografía y modificaciones consistentes en un mes terminas tu trabajo. Originalmente planeaba escribir mi ensayo sobre matemáticas y algoritmos de computación, pero al final del primer año del IB cambié de tema y de tutor, eligiendo ciencias de la computación.

El problema era que no di la materia ciencias informáticas en el IB. Empecé a volverme loco al pensar que estaba realmente jodido. Pasé las vacaciones de verano leyendo algunos libros de informática (la teoría) y revisando las guías de los cursos y los esquemas de calificación del IB. Una vez de vuelta a la escuela me reuní con mi nuevo supervisor y rápidamente desarrollamos una pregunta de investigación. Más tarde pude hacer la mayor parte de la escritura durante el receso de octubre y cualquier cambio después de eso fueron principalmente pequeñas modificaciones. A pesar de que empecé tarde, todavía pude sacar una A en mi Monografía.

Esto fue posible porque tenía un plan fuerte y una pregunta de investigación sólida y bien definida, una pasión por mi tema y, finalmente, porque escribí el ensayo en un período de tiempo corto y bien definido y dediqué aún más tiempo a mejorarlo.

14. Eficiencia en el IB y Mejoramiento Personal

(artículo contribuido)

El Principio de Pareto, cuando se aplica a los estudios en la escuela, declara que aproximadamente el 80% de tus resultados (logros, buenas notas) provienen del 20% de tus hábitos de estudio. Esto significa que las razones más importantes para que te vaya bien en un examen o tarea vendrán de un tiempo limitado de estudio. Este es un concepto muy difícil de entender, porque desde que entraste a la escuela secundaria, tus profesores y padres te han dicho que trabajes mucho y que te esfuerces al máximo.

El problema con esta mentalidad es que a muchas veces terminas pasando 4-5 horas en temas que ya entiendes muy bien, haciendo que pierdas él tiempo. Aun así, te vas a la cama esa noche pensando que como pasaste 4 horas en algo, debes haber cumplido la tarea. Esto simplemente no es el caso. El tiempo que trabajes en un tema no es proporcional a lo bien que lo domines. Sino entre más inteligente sea el trabajo que hagas en el estudio de un tema, mayor será tu habilidad en el mismo. ¿Qué quiero decir con más inteligente? Me refiero a hacer cosas como estudiar activamente, seguir adelante cuando estás atrancado y hablar abiertamente con tus profesores.

Este es un buen ejemplo del Principio de Pareto en acción: para prepararme para mis exámenes de Matemáticas NM, solía repasar trabajos anteriores muy largos, haciendo cada pregunta y observando los esquemas de puntuación muy de cerca. Esto es algo que tienes que hacer antes de los exámenes. Aumenta la resistencia, te ayuda a entender mejor las preguntas y aumenta la confianza en ti mismo.

Sin embargo, tenía un problema con las preguntas de probabilidad; simplemente no podía hacerlas. Después de revisar mis exámenes, los ejercicio que mi profesor me había explicado y mi propio libro de trabajo, me di cuenta de que había un conjunto particular de preguntas de probabilidad que no estaba recibiendo; aquellas que tenían que ver con la esperanza (valor esperado).

Entonces, ¿qué hice para mejorarme? Bueno, continuaba haciendo trabajos completos una vez a la semana para aumentar mejorar y practicar, pero primero hice conjuntos de problemas personalizados para mí mismo usando Questionbank del IB lleno de preguntas de probabilidad para fortalecer mi debilidad para ese tema. Luego, incluso reduje los ejercicios a preguntas con sólo el tema de la Esperanza. Esto permitió un repaso inteligente, enfocado y basado en debilidades. Pronto noté una mejora en mis resultados y todo se debió a que trabajé de manera más eficiente aplicando el principio de Pareto.

No Trates de Hacer Todo a la Vez

Creo que el sobreesfuerzo es relevante para muchos estudiantes porque cuando estás rodeado de personas de alto rendimiento académico que tienen la misma edad, te sientes obligado a trabajar - y la mayoría de las veces esto está bien. Trabajas duro, intentas nuevas actividades y te lanzas a una competencia sana. Pero siento que también puede ser muy perjudicial.

Ayer mismo, escuché a una chica quejándose de lo poco que durmió a noche. Ella decía algo así como "Tuve 5 horas de práctica con la banda, luego tuve que asistir a mi reunión de MUN, luego tuve clase de refuerzo durante 2 horas y luego tuve que hacer todas mis tareas. Me dormí como a las 4 de la madrugada, ¡estoy trabajando demasiado durooo!"

Quiero decir, no me malinterpretes: hacer cosas es bueno. Pero hay un límite, ¿sabes?

Si tratamos de hacer todo, si tratamos de complacer a todo el mundo y si tratamos de decir sí a todo, estamos perdiendo un tiempo valioso. Estamos perdiendo tiempo y energía que deberíamos gastar en nosotros mismos.

¿Cuántas veces dedicas tiempo a reflexionar sobre ti mismo? ¿Con que frecuencia analizas tus fortalezas y debilidades?

Un aspecto común que he notado en tantas personas exitosas es la cantidad de tiempo que pasan cuidándose a sí mismas. Esto puede ser a través de la meditación, correr, leer, lo que sea; el punto es que, si no estás reservando tiempo para trabajar en ti mismo, estás limitando masivamente tu potencial para crecer.

En el IB, creo que es lo mismo. Debes priorizar. Debes encontrar una manera de maximizar tu rendimiento y productividad, pero al mismo tiempo no puedes sobrevivir con cuatro horas de sueño cada noche.

Sé que cuando estás haciendo el IB todo esto suena muy abstracto y sin sentido, pero por favor tómate un tiempo para reflexionar. A la larga, ¿es mejor que pases algún tiempo con tu hermanita a la que no vas a ver el año que viene o que asistas a una reunión del club sólo para poder incluirla en tu hoja de vida?

El 99% de las personas continúan con sus vidas manteniéndose ocupadas y haciendo actividades sin sentido. El 1% que tenga éxito es autocrítico (y responsable), lleva a cabo actividades en las que está realmente interesado y su objetivo es maximizar la felicidad (y no la riqueza o el estatus). Tienes el potencial de hacer cualquier cosa en este mundo, si y sólo si, no intentas hacerlo todo.

Eso de seguro te llevará a la infelicidad y al arrepentimiento.

Auto-Mejoramiento

Si ya no logras aumentar tu eficiencia o sientes que no estás mejorando, intenta repasar esta lista rápidamente, que cubre algunos de los aspectos discutidos en los capítulos anteriores:

1. No lo Quieres lo Suficiente.

Dices que quieres sacar mejores notas y que estás dispuesto a sacrificar ciertos aspectos de tu vida, pero cuando realmente empieza a importar que sacrifiques algo no sigues tu camino. Esta es la razón más común: la gente pasa horas leyendo artículos de motivación y viendo videos, pero su incapacidad para tomar acción o, mejor dicho, sólo para mantener la acción a corto plazo, los lleva a seguir repitiendo los mismos errores.

Cómo arreglar esto: Trata de mantener algún sistema de control ya sea diciéndole a alguien que estás a punto de hacer algo significativo (y manteniéndolo informado sobre su progreso enviándole correos electrónicos semanales), o de otra manera sería tener un calendario lleno de cruces cuando logre sus metas para el día. Esto es sorprendentemente útil ya que no quieres "romper" la secuencia de cruces que se está acumulando en tu calendario.

2. Estás rodeado de gente tóxica.

Dicen que eres el promedio de las cinco personas con las que más convives. De cualquier manera, si andas con holgazanes que siguen diciendo que 'tienen el potencial' de hacer cosas increíbles pero simplemente no lo intentan, entonces vas mal. Pues, tal vez ese es el tipo de gente con la que quieres asociarte. Por otro lado, si quieres que te vaya bien en el colegio y eres ambicioso sobre tu futuro, rodéate con las personas correctas. Con esto no me refiero necesariamente a los más inteligentes; me refiero a personas que aportan energía positiva a tu vida, personas que te ayudan en momentos de necesidad y personas que están increíblemente motivadas para hacer grandes cosas con su educación.

Cómo arreglar esto: Todo depende de ti. No tengas miedo de desconectarte completamente de la gente que te deprimen. Es más fácil decirlo que hacerlo.

3. Eres Terco

Durante los primeros años del colegio secundario me di cuenta de que estudiando en la parte trasera del autobús con el libro abierto en una mano, una bolsa de Cheetos acostada en tu pierna y un audífono metido en el oído fue suficiente estudiar, pero no es suficiente para Matemáticas NS. Tienes que probar nuevas técnicas que anteriormente hayas descartado por completo. Toma mi ejemplo: Rechazaba horriblemente la idea de meditar. O sea, ¿qué demonios es la meditación? Ahora en la universidad, no puedo sobrevivir sin ella y ha hecho maravillas a mi memoria que me ha beneficiado enormemente en mis estudios.

Cómo arreglar esto: Sal de tu zona de confort, prueba nuevas técnicas de estudio y consulta a personas a las que te pareces mucho y pídeles consejo. Si no intentas nada ahora mismo, podrías arrepentirte más tarde

4. Tienes Miedo de Hacer Preguntas.

Este es uno muy importante. A la gente le encanta proteger su gran ego; tienen miedo de que si hacen una pregunta estúpida todos piensen que no son tan inteligentes o que son inferiores. AL final del día, todo es cuestión de estatus, ¿no? La sociedad nos ha enseñado constantemente que nuestra autoestima se basa en lo inteligentes o guapos que somos en comparación con nuestros compañeros. Y todo esto es una completa tontería. A las personas que activamente buscan retroalimentación, que hacen preguntas porque realmente quieren mejorarse a sí mismas y no por el hecho de parecer inteligentes, les va mucho mejor a largo plazo que sus contrapartes. Sé vulnerable; no tengas miedo de poner tu inteligencia en juego. Estás aquí para aprender y la mejor manera de hacerlo es cuestionar absolutamente todo.

Cómo arreglar esto: Ya me he referido a esto anteriormente, pero otra cosa que recomendaría es leer el libro `Mindset' de Carol Dweck; es una lectura asombrosa y cambiará la forma en la que ves el progreso, especialmente en lo que se refiere a tu vida académica.

5. Estás Demasiado Cómodo

Si realmente quieres mejorar ya sea académicamente o en cualquier otro aspecto de tu vida, siempre debes esforzarte por buscar nuevas situaciones incómodas. Esto se debe a que cuando estás cómodo, te quedas atascado en una rutina que, aunque te está dando buenas notas y te hace sentir feliz, no es ideal en absoluto para mejorarte a ti mismo. Y créeme, no hay mejor sentimiento en el mundo que mirar atrás y ver lo lejos que has llegado después de haberte puesto realmente en situaciones nuevas y vulnerables para aprender algo nuevo.

Cómo arreglar esto: Di que sí a las oportunidades que están fuera de tu zona de confort; intenta mejorarte un poco cada día haciendo algo a lo que no estás acostumbrado.

6) Tienes que Cambiar Activamente

Esto se aplica literalmente a cualquier cosa que hagas en la vida. Si no estás contento con cómo van las cosas, encuentra una solución. No te quedes ahí sentado esperando que las cosas mejoren. Si no entiendes un término en tu clase de Física y estás esperando que tu profesor mágicamente lo omita de ese examen, estás jodido. Sé activo en el aprendizaje; como he mencionado anteriormente, haz preguntas, prueba algo nuevo y no tengas miedo de fracasar.

7) No te Estás Cuidando a ti Mismo

Podrías estar aprendiendo activamente, probando cosas nuevas, saliendo de tu zona de confort, preguntando muchas cosas pero, si no duermes lo suficiente, te mantienes feliz, haces ejercicio y conservas tu bienestar social, nada va a mejorar. Sólo tienes un cuerpo: ¡cuídalo! Si te privas de dormir, nada de lo que aprendas se quedará. Esto es especialmente aplica a la temporada de exámenes; ¡es absolutamente necesario que te mantengas mentalmente fresco! Mucha gente se concentra en estudiar 24/7 y eso es una estupidez. Para tener un buen desempeño académico, es indispensable que te mantengas saludable.

Cómo arreglar esto: haz ejercicio regularmente, come bien, pasa tiempo con tus amigos (antes de que empieces a quejarte diciendo que todo esto no se puede hacer - sí, se puede yo lo hice) y asegúrate de recordar que al final del día tu salud mental tiene prioridad.

15. Mejorar la Memoria

(artículo contribuido)

Al graduarse del IB una cantidad de estudiantes de mi escuela anterior me pedían mis apuntes. Esto me sorprendió. ¿Por qué alguien pediría mis apuntes?, seguramente le resultarían inútiles.

Piénsalo, ¿qué son los apuntes? Es un resumen de algún libro, muchas veces cargadas de errores ortográficos y abreviaturas que lo hacen casi imposible de leer. Entonces, ¿por qué alguien se esforzaría por descifrar mi escritura y leyendo los puntos que he tomado de los libros?
Siempre he considerado los apuntes como una herramienta de retención, algo que te ayuda a recordar cosas a largo plazo. Pero no recuerdas mejor leyéndolos, los recuerdas escribiéndolos. El 80% (puedo o no estar inventando esa estadística - soy un estudiante IB) de los beneficios de tomar notas proviene de la creación de estas: poner el lápiz en el papel te ayudará a fijar la información.

Sé que es una opinión poco popular, pero te recomiendo que hagas una gran parte de tus notas a mano y no en un PC. En primer lugar, vas a escribir tus exámenes en papel (a menos que tenga permiso para utilizar una computadora), por lo que podrás recordar mejor la información durante el examen. En segundo lugar, es mucho más fácil dibujar diagramas y pequeños gráficos a mano que en una computadora y tener gráficos e imágenes en tus notas te ayudará mucho.

Entonces, ¿por qué los apuntes te ayudan a recordar mejor las cosas? Es una combinación de diferentes cosas. Por ejemplo, si lees un libro puede que no estés pensando activamente en la información que se te presenta, sino más bien pasando las páginas y entendiendo las "palabras" en lugar de los conceptos. Si está tomando notas, resumiendo en palabras propias, estás obligado a procesar la información que estás leyendo. Este nivel extra de procesamiento que ocurre en el cerebro crea mejores y mayor cantidad de recuerdos, que durarán por más tiempo. Además, escribir aporta otra dimensión al aprendizaje. Ya no estás simplemente pensando o leyendo, también estás creando y moviéndote en el mundo físico. Entre más sentidos puedas asociar con el proceso de aprendizaje, más fácil le resultará recordar las cosas.

Ahora, en el futuro, si todavía tienes tus apuntes y los estás leyendo, te darás cuenta de que recuerdas las cosas mucho más rápido que si fueras a leer el libro. Esto se debe a que tu mente ha creado una asociación particular con los apuntes que creaste, muy parecida a enlaces en tu cerebro que se activan cuando hueles algún aroma de tu infancia causando que los viejos recuerdos regresen

Algunos de ustedes podrían haber sido bendecidos con la mejor memoria del mundo: aprenden algo una vez y nunca lo olvidan. Desafortunadamente la mayoría de nosotros no tenemos tanta suerte. Así que, si eres como yo y constantemente olvidas las cosas deberías escuchar estos consejos. Hablaré de algunas técnicas que he aprendido a lo largo de los años sobre cómo recordar mejor las cosas.

No te límites a leer, lee activamente. Esa palabra "activamente" marca la diferencia. Leer activamente significa que estás resaltes, escribas en tu libro y pienses realmente en lo que estás leyendo. Este último punto puede sonar bastante obvio; sin embargo, créeme cuando te digo que es muy fácil leer sin captar la información. Así que, detente cada cuantos párrafos y reflexiona en voz alta sobre lo que acabas de leer. Discute contigo mismo los puntos que has repasado, incluso busca en Internet y haz más investigaciones sobre el tema.

El segundo punto es tomar apuntes, como se mencionó anteriormente. He repasado esto antes, pero quiero enfatizarlo una vez más: LOS APUNTES AYUDAN. Toma apuntes también si no vas a leerlas más tarde. Tener que procesar la información en tus propias palabras hace más probable que la recuerdes. La combinación de escribir las cosas a mano (hazlo a mano ya que tus exámenes serán escritos a mano) y convertir las palabras de otras personas en las tuyas ayuda a fijar la información.

Revisar tu material es otra manera clave de mejorar tu memoria. Cuando hablo de revisión, no me refiero simplemente a hacer unas horas de revisión antes de los exámenes. La revisión adecuada implica que cada día sacas 15 minutos por tema para revisar las notas de tu día y el trabajo de clase. También debes sacar media hora por materia al final de cada semana para revisar las lecciones de la semana.

Esta es la parte más interesante y exótica de la conservación de la memoria en mi opinión.

16. Escribir Ensayos IB

Tal vez piensas que sabes lo que es un ensayo. Lo *piensas*.

Los ensayos del IB prueban si puedes dar una respuesta precisa a una pregunta precisa. Los ensayos del IB también prueban si puedes usar evidencias y lógica para apoyar esa respuesta precisa. Siempre recuerdes eso porque parece simple y de alguna manera lo es, pero es demasiado complicado para alejarse de ese concepto. Tus profesores te darán un método para escribir ensayos. Casi cualquier método puede funcionar -simplemente no olvides a la idea mencionada anteriormente: una respuesta precisa a una pregunta precisa- con evidencia y lógica.

Puede ser muy útil pensar en el proceso al revés, pensar a dónde quieres llegar y luego cómo llegar hasta allí. Probablemente esa es la manera de ganarse una buena calificación. Por lo tanto, esto es más o menos lo que debes hacer cuando se te dice que escribas un ensayo:

Alguien te hace una pregunta - tu respuesta general va a ser el último párrafo o la conclusión del ensayo. Tendrás que apoyar o soportar esa respuesta/conclusión con tu evidencia y tus razones - ese será el cuerpo de tu ensayo, que conduce a ese párrafo final. Tendrás que empezar discutiendo algunas ideas y definiciones para explicarte - esa será la introducción que despeja el camino para el cuerpo del ensayo.

Entonces el proceso debe ser: i) piensa en cuál es tu respuesta a la pregunta ii) piensa en las razones/evidencias/pruebas para esa respuesta iii) planea la secuencia de las ideas, verifica que respondan a la pregunta iv) escribe el ensayo.

En tu colegio los profesores te enseñarán un método para escribir ensayos. Ellos te dirán que es la única o la mejor manera de hacerlo y te exigirán que lo hagas así y tal vez hasta te marcarán por no hacerlo a su manera. Esto es totalmente lógico, pero sólo una parte de la verdad. Es el Bachillerato Internacional - en otras palabras, el IBO acepta muchas convenciones y métodos diferentes para hacer trabajos en muchos países diferentes. Si hay un solo método correcto para hacer algo, entonces el IBO debe decir explícitamente cual es - y en el caso de los ensayos, no lo hacen.

La introducción

Esto es muy importante - de hecho, este es probablemente el aspecto más importante del ensayo. Los examinadores te dirán que ya tienen una muy buena idea de cuál será su calificación final después de haber leído solamente el primer párrafo. Por ejemplo, en la lengua A, si alguien pregunta: "¿Crees que el amor es un tema importante en los textos que has estudiado?", vas a decir en qué tipo de amor te vas a centrar: en el amor a la patria, a los padres, a los animales, a los deportes, etc. Tendrás que definir lo que quieres decir con "importante".

Siempre vuelve y revisa tu primer párrafo. Nunca debes escribir mal el nombre de un texto/personaje/país importante - porque será difícil para el examinador de creer que no eres un idiota. En ninguna circunstancia quieres darle esa idea porque eso se quedará en su mente por el resto del tiempo.

Por lo tanto, en la introducción, define cualquier término clave central que vayas a utilizar a lo largo de su ensayo. Menciona en qué textos/áreas/períodos te vas a enfocar. Describe y señala los puntos que se van a discutir. Realmente es así de simple.

El Cuerpo

El cuerpo del ensayo es donde se discuten los puntos que se intentan comprobar, que conducen a una respuesta a la pregunta. En general, en literatura y ciencias sociales, no suele haber "respuestas correctas" que el examinador esté esperando - aunque ciertamente hay "respuestas incorrectas".

El examinador probablemente no se preocupa mucho por tu opinión - sólo le importan los criterios que se le han dado.

Mientras seas bueno argumentando tu punto de vista, no importa mucho qué lado del debate elijas. Lo que importa es si puedes explicar tus ideas y si puedes encontrar evidencia que las apoye. Tres buenos puntos son generalmente una buena cantidad - para un ensayo o para una presentación o comentario. Con solo dos puntos puede parecer que no tuvieras suficientes ideas y cuatro puntos sólidos puede ser que no tienes suficiente tiempo/palabras para entrar en detalles.

Por lo tanto, el cuerpo tiene que i) decir cuál es el punto ii) explicarlo iii) dar soportes y evidencia y iv) mostrar cómo ayuda a responder la pregunta principal.

Conclusión

Si has hecho bien el trabajo anterior esto es muy simple - es sólo tu respuesta general a la pregunta en el párrafo final. Es donde básicamente se dice "habiendo analizado estos anteriores tres puntos, es evidente que la respuesta a la pregunta es..." Así terminas con una respuesta compleja, pero el examinador entiende cómo llegaste allí y ve tus razones. También entiende porque has elegido la respuesta entre muchas posibilidades que tenías y conocías.

En conclusión, i) Debes tener una respuesta clara y explícita a la pregunta ii) explica/muestra cómo esa respuesta es apoyada por los tres puntos que has discutido iii) verifica si hay errores - no te conviene dejar una mala impresión por descuido.

17. Triunfar en las Presentaciones del IB

Habrá muchas veces en las que se te pedirá que hagas una presentación durante tu aventura IB – en Lengua A, Lengua B, TdC, proyectos del Grupo 4, etc. La presentación es un conjunto de habilidades que debes aprender, organizando ideas y encontrando formas vivas de mostrarlas. En esta sección, trataremos de repasar algunos consejos básicos que te ayudarán a maximizar tus calificaciones en las presentaciones generales del IB.

Primero, encuentra un tema que realmente te interese - de esta manera probablemente haces mejor investigación y estarás más animado a hablar de ello. Obviamente, esto tendrá límites dependiendo de la materia, pero la mayoría de las veces tendrás cierto grado de flexibilidad en cuanto a lo que quieres hablar.

Al igual que con el ensayo perfecto del IB, la presentación perfecta del IB tiene un principio, un medio y un final. El comienzo debe tener algún tipo de gancho cautivante para que la audiencia se involucre: como un rompecabezas. También debes informar a tu audiencia exactamente de lo que vas a hablar. O sea: 'Voy a discutir x y, z....'. Si tu audiencia sabe en qué te vas a enfocar, te seguirán mucho mejor. También, si es posible, trata de hacer que la presentación sea relevante para tu audiencia desde el principio - dales una razón de por qué deberían escuchar.

En el centro de la presentación están los aspectos que son el corazón de lo que quieres que tu público piense. Cuando te estés preparando, trata de poner cada punto en una sola frase muy clara. Analiza tus ideas desde diferentes puntos de vista. ¿Cuáles son los problemas o argumentos en contra de lo que está diciendo? Muestra una transición entre cada punto. SI están presentando en grupo este podría ser un buen momento para cambiar de presentador. Deberías variar tu método de presentación para cada punto ya que los estudiantes tienden a dormirse después de 2-3 minutos.

El final de la presentación es posiblemente la parte más importante. Es lo que está en la mente del profesor cuando te da la nota. Tienes que hacerlo impecable. Asegúrate de que la audiencia haya captado los puntos que estabas planteando y dales una conclusión, para que vean cuál era el propósito de la presentación y por qué era importante. También debes involucrar a tu audiencia y, si se te permite, darles la oportunidad de expresar sus opiniones o argumentos. Al final, tendrás que darles la respuesta a cualquiera que sea el gancho del tema de la presentación.

Cómo Presentar

Es importante pensar en la presentación como algo más que solo hablar. Tienes que captar la atención del público. Considéralo como una serie de imágenes, fotografías, diagramas, mapas, clips de películas y materiales interactivos. Lo que tú y tu grupo podrían hacer es hablar de ellos, comentarlos y luego explicar las conexiones e implicaciones. El uso de elementos visuales también evita que la audiencia te mire, lo que hace la presentación más interesante para ellos (sin ofender) y menos provocadora de pánico para ti.

Usar los Criterios de Evaluación

Este es probablemente el aspecto más importante de este capítulo. Por amor a Dios, por favor consulta los criterios sobre los cuales serás evaluado para esa presentación específica. Recuerda, los criterios son todo lo que cualquier examinador tiene, incluyendo a tu profesor. Incluso si tienes una presentación "excelente" (en el sentido de que fue emocionante e interesante y que todo el mundo la disfrutó), aun así, podrías puntuar mal si no trabajaste de acuerdo con los criterios de evaluación. Veo esto sucediendo con los estudiantes a cada rato.

Por ejemplo, si los criterios de TdC dicen "El estudiante identificó una Pregunta de Conocimiento relevante para la situación de la vida real", entonces será mejor que hagas estas dos cosas para obtener los 5 puntos. Es necesario: i) identificar explícitamente una "Pregunta de Conocimiento" y ii) identificar explícitamente una situación de la vida real. Si no lo haces, no podrá obtener las mejores calificaciones.

Hay criterios de evaluación específicos para TdC, Lengua A, Lengua B, Grupo 4 etc. No son los mismos y de hecho las diferencias son muy importantes. Averigua sobre los criterios relevantes y conviértelos en una checklist. Tal vez hasta te conviene entregar una copia de esto a tu profesor para que pueda ver que sabes lo que tienes que hacer.

18. Preparación Para los Exámenes IB [Parte I]

La preparación para los exámenes finales puede ser una tarea intimidante. Cuando se publique el horario del examen la primera fecha de examen quedará grabada en tu mente. Aunque hay cientos de maneras de estudiar para los exámenes muchas de ellas son muy ineficaces y consumen demasiado tiempo. En este capítulo te daré algunas pautas generales sobre la mejor manera de prepararte para tus exámenes finales.

Manejar el Tiempo

Que yo les predique sobre la importancia de la gestión del tiempo es tal vez una hipocresía total. Para mí no fue hasta que entré en la universidad que empecé a entender lo eficaz que puede ser la buena administración del tiempo. Si eres uno de los pocos que ha dominado esta técnica a una edad temprana eres afortunado. Esta es una habilidad valiosísima que usarás regularmente durante toda tu vida.

Una de las grandes recompensas de comprometerse con el desafío del IB es que tendrás la oportunidad de aprender habilidades asombrosas de administración del tiempo. La clave para una buena administración del tiempo no es sólo redactar un buen horario, sino también imponer consecuencias cuando no se cumple con ese horario. Por ejemplo, si prometiste estudiar biología durante 45 minutos al día todos los días de la semana y luego sólo consigues hacer 15 minutos en uno de los días, debes ponerte al día con la media hora restante el día siguiente.

¿Cuándo comienzo?

Tuve un profesor que una vez le dijo a la clase (4 meses antes de los exámenes finales), "Espero que su preparación vaya bien... y si todavía hay algunos de ustedes que no han empezado a estudiar, pues ya están atrasados". Al escuchar esas palabras me puse nervioso y estresado. No sólo no había empezado a estudiar, sino que ni siquiera sabía por dónde empezar. Pasaron varias semanas mientras postergaba aún más el estudio y finalmente llegaron los simulacros de los exámenes finales. No estudié mucho, solo le eché un vistazo a algunos documentos del año anterior. Afortunadamente, resultó que algunos de los simulacros eran, de hecho, los exámenes reales del año pasado. Sin embargo, no tuve un buen presentimiento sobre todo el asunto y mis notas reflejaron esto: obtuve un 36 en total con un 4 en Matemáticas NS. Esta fue un verdadero llamado de atención ya que mi oferta universitaria se hizo con la condición de que obtuviera un mínimo de 40 puntos en total y un 7 en Matemáticas y Economía NS. Esperaba lo peor.

Con menos de un mes para estudiar y sin una solución rápida a la vista, probablemente fue justificada mi angustia. Algunos de mis amigos habían estado "preparándose" desde el comienzo de las vacaciones de invierno. Estaba demasiado ocupado fiesteando y postergando las cosas. A menos de un mes de los exámenes, sabía que este mes ganaría o perdería finalmente. Rápidamente hice un horario exigente de preparación de exámenes y lo comencé al día siguiente. Durante todo un mes viví prácticamente en una cueva, habiendo desactivado Facebook y borrado Skype. Leí, respiré y viví el estudio. Lo único que me hizo seguir fue una voz en la cabeza que me decía "no hiciste nada durante dos años, lo menos que puedes hacer es trabajar sin piedad durante un mes y después todo terminará."

El objetivo de esta pequeña historia no es sugerir que sólo debes dejar un mes para la preparación. Fue simplemente para demostrarle por lo que tendrías que pasar si dejas la preparación para tan tarde. Nunca me perdí una fiesta - no había manera de que pudiera renunciar a los fines de semana, a los deportes y a todos mis pasatiempos sólo para poder empezar a estudiar con muchos meses de anticipación. Dejé el repaso para demasiado tarde, pero pagué el precio.

Cualquiera que sea la decisión que tomes, tienes que darte cuenta de que tendrás que soportar las consecuencias cuando te prepares para los exámenes.

No hay un momento ideal para empezar a prepararse. Sin embargo, nunca debes dejar menos de un mes y probablemente estarías perdiendo el tiempo comenzando la revisión antes de 3 meses antes de los exámenes. Algunos de ustedes estarán confundidos porque estoy sugiriendo que no estudien demasiado, pero eso no es lo que estoy diciendo. Se han realizado estudios que muestran cómo los estudiantes pueden alcanzar el punto máximo de su preparación demasiado temprano y tener un "colapso" antes de los exámenes reales. Esto generalmente les sucede a los estudiantes que comienzan a revisar con casi un año de anticipación. Si se estudia con demasiada anticipación, se corre el riesgo de no recordar la información más antigua y empezar a entrar en pánico.

Tal vez la regla de oro para el estudio para los exámenes del IB puede elaborarse lógicamente. Si todavía tienes tareas que terminar que serán calificadas por el IB, probablemente es seguro decir que ni siquiera deberías pensar en empezar a revisar. Tu evaluación interna es mucho más importante que una preparación temprana, así que hazla primero. Cuando todos tus trabajos hayan sido enviados, puedes dejar todo lo demás y concentrarte en la repaso de material para tus exámenes. Recuerda siempre tus prioridades: primero saca todas las evaluaciones internas del camino y luego puedes centrar toda tu atención en la preparación.

El IB es demasiado exigente para que comiences la preparación temprano. Con todos los tests, las tareas, las reuniones deportivas, los informes de CAS y todos los demás deberes, no podrás prepararte con demasiada antelación. No olvides, sin embargo, que todos los exámenes y trabajos que haces en el colegio son una forma de preparación. No es lo mejor, pero al menos estás haciendo algo para reforzar tus conocimientos sobre el tema. Así que no pienses que estás condenado si no has estado revisando un libro de estudio faltando un mes para los exámenes. Has estado preparándote "indirectamente". Al menos eso es lo que me dije a mí mismo para poder dormir por la noche.

Simulacros de Exámenes

La mayoría de los colegios realizarán exámenes de prueba varias semanas o meses antes de los exámenes reales. Esto no es realmente una prueba de tus conocimientos y de lo bien que te desempeñarás en el examen real. Es más bien para que te familiarices con la conducta y el protocolo del examen. Tendrás que acostumbrarte a llegar puntualmente, tener los materiales necesarios y seguir las reglas del examen.

No obstante, te recomiendo que hagas pleno uso de tus exámenes de prueba y los trates casi como si fueran de verdad. Podrás ver lo que lograrías si hubieras hecho el examen real sin estudiar. Por lo tanto, es como una prueba de lo bien que prestaste atención en las clases durante todo el año. Para la mayoría de ustedes esta experiencia será un llamado de atención.

Cuando los resultados de tus simulacros salgan, no sólo mires la nota y sigas adelante. Averigua dónde te equivocaste y dónde podrías haberlo hecho mejor. Aunque estos exámenes son calificados por sus profesores, esto no significa que la calificación será muy diferente cuando los examinadores los realizan en otros lugares. Busca dónde perdiste puntos debido a errores tontos y trata de trabajar en estos errores antes de tu examen real.

Una aclaración final sobre los exámenes de prueba. No es un secreto que la mayoría de los colegios usan el papel real del año pasado como el papel simulado del este año. No pienses que eres un genio por resolver esto. Esta ha sido una tradición en la mayoría de los colegios, aunque algunos han empezado a crear nuevos materiales. Sin embargo, si tu simulacro es un examen pasado en el que ya has trabajado, entonces no te sientas culpable o que no merecías la calificación que obtuviste. Si lo hiciste bien, eso demuestra que tu trabajo con exámenes pasados ha valido la pena. Pudiste volver a aplicar el material, lo que significa que probablemente aprendiste algo en el camino. Si aun así te fue mal a pesar de ya haber visto el examen y el esquema de calificaciones de antemano tienes motivos para preocuparte.

19. Preparación para los Exámenes IB [Parte II]

¿Qué Debo Estudiar?

Ya deberías darte cuenta de que no vas a dedicar una parte igual del tiempo de estudio a cada tema. Algunas materias no las repasarás hasta quizás unas semanas antes del examen final. Otras materias tendrás que comenzar a estudiar con varios meses de anticipación. Todo esto dependerá de cuáles son tus fortalezas, así como de cuáles son tus objetivos.

Por ejemplo, mis resultados del IB tenían que coincidir con mi oferta universitaria de Oxford - realmente no me importaba mucho más. Esto significaba que necesitaba un total de 40, 7 en Matemáticas NS y Economía NS, así como 6 en todas las asignaturas restantes. Tan pronto como me enteré de esta oferta, definí inmediatamente mis áreas problemáticas. Sabía que sacar un 7 en Matemáticas NS era mi mayor debilidad. Nunca había obtenido un 7 en ninguna prueba y probablemente estaba promediando un 5 en total. Me sentí incómodo con una gran parte del material. También sabía que conseguir un mínimo de 6 en Geografía NS e Inglés NM no debería ser un gran problema. Me sentí muy cómodo con el material de Geografía y mi Evaluación Interna para inglés me pareció lo suficientemente bueno. Después de haber repasado todo esto en mi cabeza, empecé a pensar cómo voy a hacer mi preparación. Terminé gastando más del 50% de mi tiempo de preparación en Matemáticas (haciendo un examen pasado casi cada dos noches), luego el 30% en Economía (no podía arriesgarme ya que tenía que sacar un 7) y el resto del tiempo lo dividí en partes iguales entre las otras materias.

Esto puede ser un shock para muchos de ustedes. ¿Cómo se puede dedicar más que la mitad del tiempo de preparación a una sola materia? Instintivamente, querrás dividir tu tiempo igualmente entre las seis materias, dándote la misma oportunidad de que te vaya bien en todas ellas. Esta no es la manera correcta de pensar. Debes identificar tus debilidades y basar tu preparación en esto. Si estás al borde de fracasar en Química, pero estás ganando Gestión Empresarial, entonces pon toda tu atención en el material de Química. Puede que no te guste tanto como Gestión Empresarial, pero es mucho más importante para ti y tu calificación general.

Determina cuáles son tus áreas problemáticas mirando tus calificaciones pronosticadas y hablando con tus profesores para comprobar cuál es tu posición en términos de sus predicciones. Y lo que es más importante, a estas alturas ya deberías saber cuáles son tus metas y objetivos. ¿Necesitas un mínimo de 6 en esta asignatura para los créditos universitarios? ¿Necesita un 7 en esto para cumplir con los requisitos? Cuando hayas determinado lo que quieres, concentra tu energía solo en esto. Si no tienes ningún objetivo establecido y sólo estás tratando de obtener los mejores puntos totales, entonces tu tarea puede ser un poco más fácil. Descubre dónde yace tu talón de Aquiles y enfócate en esto y sólo en esto.

¿Cómo Debo Estudiar?

Aunque hay una gran diversidad de métodos para estudiar para los exámenes reales, debes tener cuidado y evitar hacer cosas redundantes. De todos los métodos posibles que existen, recomiendo que intentes centrar tu repaso en trabajos anteriores. Para una explicación más detallada de este método, consulta el capítulo sobre Exámenes Pasados.

Sé que este método quizá no funcione para todos. Tal vez tomaste excelentes apuntes durante todo el año o te gusta aprender del programa de estudios y del libro. Sin embargo, la mayoría de las veces, los candidatos más exitosos del IB le dirán que estudiaron principalmente con la ayuda de exámenes pasados y sus respectivos esquemas de calificación.

Si todavía insistes en estudiar a partir de libros y apuntes, te recomiendo que apliques algunos consejos básicos de estudio.

Por ejemplo, algunas materias como Biología pueden requerir más capacidades de "aprendizaje visual", es decir, utilizar los ojos y la memoria para recordar la información. Sé que algunos estudiantes se vuelven muy creativos con este proceso y crean herramientas de memorización altamente efectivas como 'mapas conceptuales'. Supongo que el asunto aquí es usar el método de estudio que tú sabes que funciona mejor para ti. Si no crees que tienes uno, te sugiero que te le eches un ojo a los exámenes pasados.

No importa el método que elijas, tu repaso debe ser activo. Con esto quiero decir que estés constantemente escribiendo, tomando notas y escribiendo de nuevo. Aunque acostarse en el pasto con un libro para cubrirse la cara del sol suena como un buen plan estarías perdiendo el tiempo. Siéntate en un escritorio, toma un poco de papel blanco y haz buen uso de tu lápiz y bolígrafo. Es mucho más probable que recuerdes lo que estés repasando si estás constantemente escribiendo y no sólo leyendo.

Algunos de ustedes descubrirán que grupos de estudio con amigos funcionan bien para ciertas materias. A mí mismo me pareció muy útil trabajar juntos en un trabajo de matemáticas con otra persona o discutir material de economía en un grupo. Sin embargo, escoge bien tus grupos. Evita a los estudiantes que son mucho más avanzados que tú y evita a los amigos que parecen asistir a sesiones de revisión más por el aspecto social que por el estudio real. El punto es que, si te parece útil estudiar o trabajar en exámenes pasados con un grupo de compañeros igualmente motivados entonces, por supuesto, hazlo.

Probablemente tendrás una semana o dos sin colegio antes de que comiencen tus exámenes, así que aprovecha al máximo ese tiempo. Cada día debe ser productivo y te debes poner tareas para completar cada día. No te asustes, pero probablemente deberías tratar de hacer al menos 7 horas de puro estudio todos los días de la semana. Esto no es mucho pedir, dado que probablemente no has estado preparándote todo el año.

Tampoco te asustes si te encuentras con algo que no has visto antes durante tu proceso de preparación. Probablemente ya ni está en el programa de estudios o te lo perdiste en clase. Pídeles consejo a tus amigos o a tu profesor. No deberías pasar horas y horas atascado en una sola sección o problema - recuerda que esto debe ser un repaso y no un aprendizaje por primera vez.

Otro error común cometido durante el período de preparación es ponerse metas que simplemente están fuera de tu alcance. Nadie espera que estudies durante doce horas seguidas todos los días, que duermas ocho y que dejes cuatro horas para lavarte, cagar y comer. No deberías tener que llegar a ese punto. Deberías estar estudiando mucho pero también dejando un poco de tiempo para relajarte y recuperarte. Recuerda que hay muchos recursos disponibles para ayudarte en tu preparación.

20. Preparación para los Exámenes IB [Parte III]

La Noche Antes

Ningún consejo o consuelo puede realmente ayudar a aliviar el estrés y hacer que te relajes la noche anterior a tu primer examen. Recordarás esa fecha durante mucho tiempo. Para la mayoría de ustedes, este es probablemente el primer examen oficial con calificación externa que toman. Esto puede ser un aspecto aterrador, pero sólo sepa en cuestión de semanas todo esto habrá terminado y te quedarás con las vacaciones más largas de tu vida adolescente.

Ahora, ¿qué deberías estar haciendo la noche antes de un examen? Pues bien, como regla de oro, deberías restringir tu estudio únicamente a la materia en la cual serás examinado al día siguiente. Esto significa que, si tienes un examen de matemáticas mañana, deberías estar haciendo sólo matemáticas hoy, no biología que es lo que tienes en una semana o algo así. Tienes que tener el tema fresco y familiar en tu mente - enfoca toda tu energía en él la noche anterior y esperemos que te despiertes con la mayoría de tu conocimiento todavía en tu cabeza.

Ahora, ¿qué tal si nos embutimos todo el conocimiento que podamos la noche anterior al examen? Hay un debate acalorado sobre si esa forma exagerada de estudio funciona o no. Algunos dicen que tener sesiones nocturnas de estudio exagerado no sólo es ineficaz, sino que puede ponerte en un estrés innecesario y aumentar tus posibilidades de "quedarte en blanco" al día siguiente. Otros le dicen que es la mejor forma de estudio y todo lo que se mete en el cerebro la noche anterior se derrama en el examen a la mañana siguiente. También están los que te dirán que ese tipo de estudio funciona, pero no deberías hacerlo porque no estás aprendiendo a largo plazo, sino que sólo estás memorizando cosas a corto plazo que probablemente olvidarás dentro de unas semanas. Esas personas no entienden el punto...

Desde mi punto de vista meterse todo en la cabeza la noche antes de un examen IB fue útil, pero sólo hasta cierto punto (y sólo para ciertas materias). Por ejemplo, me di cuenta de que embutirse formulas matemáticas populares (tipo $a^2 + b^2 = c^2$) eran extremadamente útil, pero no lo era estudiar una novela de español. Usa tu buen sentido común cuando se trata de estudiar. Lo más importante es no exagerar. Tu sueño y alimentación pueden jugar un papel importante en tus exámenes, así que duerme un mínimo de seis horas la mayoría de los días. Se pueden hacer excepciones cuando se tiene un examen al día siguiente y después de eso se tiene un día o dos de descanso de los exámenes para la recuperación - en ese contexto, he visto a algunos estudiantes estudiar casi toda la noche.

Decepción: La Mañana Después

Por muy bien que te haya ido en tu examen, es más que probable que salgas decepcionado. Esto es natural. Si sales del salón de examen muy alegre y feliz, eso normalmente significa que has tenido mucha suerte y lo has superado o que has fallado en una o dos preguntas sin saber por la malinterpretación de lo que se te ha preguntado. De cualquier manera, lo más importante que hay que recordar después de cada examen es seguir adelante. No te quedes fuera de las salas de examen preguntando a todos tus amigos qué contestaron o qué pensaron de una pregunta en particular. El examen ha terminado. Lo que digas o hagas después no va a cambiar lo que escribiste en ese papel o el resultado del examen. Necesitas prepararte para tus otras pruebas.

Este es uno de los errores más grandes que veo que cometen los estudiantes cuando se trata de preparación. En lugar de estudiar para el siguiente trabajo, pierden el tiempo hablando con sus amigos y tratando de averiguar cómo obtuvieron esta o aquella respuesta o qué escribieron en su ensayo. Es probable que te desilusiones y te desanimes aún más si pierdes el tiempo preguntando a tus amigos qué escribieron para descubrir que tu respuesta era totalmente diferente. Después de que termines tu examen, simplemente ve a casa tan rápido como puedas y concéntrate en la siguiente prueba.

Es más, si terminaste el último examen de una materia, sácate esa materia de la cabeza. Quita todas las notas y papeles de ese tema del camino y haz como si no supieras lo que es. En lugar de hacer seis asignaturas, ahora sólo haces cinco. Es de gran importancia que hagas la transición de una materia a la siguiente lo más suave posible ya que los horarios de los exámenes pueden ser muy intensos.

Método de Eliminación: Una Técnica

Un factor que separa a los candidatos más exitosos de los demás es que han aprendido ciertas técnicas de análisis a lo largo del camino. Una de ellas es una técnica de evaluación en la cual se utiliza un proceso de eliminación para hacer una adivinanza fundamentada sobre lo que podría aparecer en la siguiente prueba. Permítanme darles un ejemplo: cuando presenté mi examen de Economía NS, la prueba 1 tenía una gran pregunta sobre los monopolios, pero ni la prueba 1 ni la 2 tenían nada que ver con las externalidades negativas. Hice una predicción bien fundamentada de que habría una gran pregunta sobre las externalidades negativas en el Documento 3, con poco de énfasis en los monopolios. Este fue el caso de ese año.

Puedes hacer esto para casi cualquier prueba. Cada materia tiene sus áreas clave del plan de estudios en las que los estudiantes deben ser examinados. Esto es quizás más cierto para los temas de los Grupos 3, 4 y 5 que para los demás. Puedes utilizar el proceso de eliminación para hacer una adivinanza inteligente sobre lo que potencialmente podría aparecer en la siguiente prueba después de haber hecho la primera. Discute esto con tus amigos ya que probablemente tengan una idea similar. Esta técnica, combinada con embutirte todo el conocimiento la noche antes puede prácticamente convertirte en un experto de la noche a la mañana en un área con la que antes no te sentías tan cómodo.

Repaso de Última Hora

Debes aprovechar al máximo los últimos momentos antes de entrar al salón de examen. Encuentra un lugar tranquilo y agradable para repasar rápidamente los puntos clave y hacer cualquier estudio de última hora. Evita los grupos grandes de personas ya que probablemente no podrás concentrarte bien. Probablemente deberías repasar la materia hasta en el viaje en carro/autobús al lugar del examen. No pierdas el tiempo valioso que tienes en distracciones inútiles.

21. El Poder de los Exámenes Pasados

Siento decepcionarte, pero si has venido aquí buscando exámenes pasados y esquemas de calificación gratuitos, no tienes suerte. Al mismo tiempo, quiero felicitarte porque ese tipo de mentalidad de "necesito exámenes pasados" es exactamente lo que necesitas. Si has echado un vistazo a este capítulo con la esperanza de averiguar dónde conseguirlos y cómo usarlos, entonces puedes felicitarte porque ahora estás un paso más cerca de conseguir los 7 en tus materias.

Si has estado leyendo esta guía cuidadosamente, deberías saber cuánto he enfatizado la importancia de los exámenes pasados. Déjame decírtelo de esta manera. Si la Evaluación Interna toma alrededor del 25% de la calificación final del IB, entonces tu experiencia y práctica con exámenes pasados podría determinar alrededor de la mitad de lo que será tu calificación final del IB. El 25% restante depende de una mezcla de decisión, capacidad académica y suerte. Los exámenes pasados son la clave para aprobar tus exámenes.

Una vez más, para entender verdaderamente el poder de los exámenes pasados, necesitamos pensar lógicamente. Los programas de estudios de la mayoría de las materias se escribieron hace muchos años. Los exámenes IB son escritos para evaluar tu conocimiento y comprensión del material del programa de estudios. Por lo tanto, no hay mucho que puedan pedir. Si revisas los exámenes pasados encuentras grandes similitudes entre ellos. Piénsalo de esta manera: hay una cantidad fija de información que tienes que aprender y el IBO quiere probar tu conocimiento con respecto a esta información. Cada año se harán preguntas para poner a prueba estos conocimientos. Seguramente no hay infinitas maneras diferentes de diseñar la prueba. Eventualmente comienzan a quedarse sin preguntas nuevas.

Afortunadamente para ti, esto ya ha ocurrido. Mira el grado mayor al tuyo; podría decirse que estaban peor. Del mismo modo, el grado menor al tuyo está mejor. ¿Por qué? Porque pasará un año más de exámenes IB. Esto significa que tiene disponible otro conjunto de preguntas y esquemas de calificación pasados. Considérate afortunado de tener tanto acceso a los exámenes pasados y programas de estudio, porque hace diez años esto no era así.

En las mejores universidades del Reino Unido (incluyendo Oxford y Cambridge) será imposible conseguir un esquema de calificaciones. Por lo general los exámenes pasados sí están disponibles (e incluso eso puede ser problemático), pero los esquemas de calificaciones son inexistentes. El razonamiento para esto es bastante simple de entender. Las universidades no quieren que los estudiantes simplemente estudien a partir del esquema de calificación sin aprender el material adecuadamente. Esto hace que la competencia por las mejores notas sea más intensa. Por suerte para ti el IB no tiene esta política. El IBO recomienda usar los exámenes pasados y esquemas de calificación y los pone a disposición, aunque a un costo monetario.

¿Cómo Conseguirlos?

La respuesta simple a esto es en cualquier lugar que puedas. Si estás entre los pocos afortunados, entonces puede ser que tu escuela tenga una gran cantidad de recursos y te proveerán fácilmente con exámenes pasados y esquemas de calificación porque ellos saben lo valiosos que son. Por otro lado, es posible que te encuentres en una escuela que no tenga la capacidad financiera para comprarlos para los estudiantes y que sea lo suficientemente honesta como para no fotocopiarlos. Sin embargo, el primer lugar al que tienes que ir es a tu escuela. Tus profesores, la biblioteca, tu coordinador del IB - básicamente cualquiera que pueda ayudarte. En algunas escuelas, los estudiantes tienen acceso a casi todos los exámenes pasados disponibles, sin embargo, los profesores pueden restringir lo que dan porque pueden utilizarlos como exámenes simulacros en el futuro. Incluso si los papeles están cubiertos de telarañas y en un armario viejo y polvoriento, debes sacarlos y buscar más.

Si esa ruta falla, la siguiente mejor opción sería probablemente ir al único lugar que tiene las respuestas para casi todo: Internet. Hay que tener en cuenta que existen varios problemas con este enfoque. En primer lugar, el IB prohíbe estrictamente a cualquier persona independiente publicar en Internet exámenes pasados y esquemas de calificación y regularmente persigue y amenaza a cualquiera que no siga estas reglas. Si tienes la suerte de encontrar un sitio web que aloje documentos anteriores, es poco probable que esté allí unas semanas después.

La última opción que tienes es la más sencilla: comprar los exámenes y esquemas de calificación pasados directamente del IBO. No me entiendas mal. Estoy en contra de gastar más dinero en lo que ya es un programa muy caro. Tampoco entiendo por qué el IB cobraría más a los estudiantes por información adicional.

Lo que te recomiendo es que reúnas unos diez compañeros de clase que estén interesados en conseguir los exámenes pasados y esquemas de calificación de una materia en particular. Si cada uno de ustedes contribuye, entonces juntos pueden comprar una copia del proveedor oficial de exámenes pasados del IBO (la tienda Follett IB). Cuando ya tengas todos los documentos que necesites puedes compartirlos entre ustedes ya que estarán disponibles en formato Pdf para descargar.

En general, nunca se debe gastar más dinero en exámenes pasados que en un libro de texto - y los exámenes pasados son técnicamente mucho más valiosos que cualquier otro libro de texto (en mi opinión). Debes conseguir estos papeles, de una forma u otra.

¿Cuántos?

Aunque por lo general te recomiendo que mejor repases ligeramente una gran cantidad de exámenes pasados que solo uno o dos a fondo, este enfoque también tiene sus limitaciones. Una buena aproximación general que recomiendo es hacer al menos cinco años de exámenes (tanto de mayo como de noviembre). Esto suma hasta diez exámenes separados - lo cual es una cantidad considerable de práctica. Por supuesto, esto variará de un tema a otro. Por ejemplo, para las materias del Grupo 1, no tiene mucho sentido examinar exámenes de más de 3 años, mientras que para las Matemáticas de HL no te harías ningún daño trabajando diez años de exámenes si realmente quieres ese 7. Una buena regla para seguir es asegurarse de que repases tantos exámenes pasados que empiezas a ver preguntas repetidas. Sólo entonces te sentirás cómodo y familiarizado con lo que las preguntas te piden hacer.

Evita llegar al pasado muy lejano con los exámenes si sabes que ha habido un cambio serio en el programa de esstudios/estructura del examen. Por ejemplo, la Prueba 1 de Economía NS 1 solía ser de opción múltiple hace una década. No tiene mucho sentido analizar demasiados de esos exámenes de opción múltiple porque ya no existen en esa materia. Dicho esto, el hecho de que haya habido un ligero cambio en el método de examen no significa que debas ignorar los trabajos por completo.

Hay pocos sentimientos peores que aquel de haber hecho un examen en el que una de las preguntas era increíblemente similar a un examen pasado que decidiste no hacer. Dudo mucho que te sientas demasiado seguro al entrar en un examen si no has aprovechado la oportunidad de repasar todos los exámenes pasados que pudiste conseguir (o al menos echarles un vistazo a ellos correctamente). Asegúrate de no arrepentirte - haz suficientes exámenes pasados.

Exámenes Pasados vs. Esquemas de Calificación

Algunos de ustedes se preguntarán qué es más importante, ¿el examen o el esquema de calificación? Ambos son de igual importancia y no se puede tener uno sin el otro. No tiene sentido recorrer examen tras examen si no hay forma de comprobar si tus respuestas son correctas. Del mismo modo, no puedes simplemente hojear las respuestas en los esquemas de calificación si no tienes idea de lo que decía la pregunta (a menos que el esquema de calificación tenga las preguntas incluidas).

Finalmente, debes tener tanto el examen pasado como el esquema de calificación para cada examen que te interese. Sin duda pasarás más tiempo con el esquema de calificación que con el examen porque querrás ver exactamente lo que los examinadores están buscando. No obstante, consigue también los exámenes pasados en caso de que quieras hacer un examen de prueba o quieras sentir la estructura del examen.

¿Cómo "hacer" el Examen Pasado?

Contrariamente a lo que te hayan dicho tus profesores, no es un crimen tener el esquema de calificaciones contigo mientras respondes a las preguntas de un examen pasado (¡a veces!). Esta es una de las mejores formas de estudio y un método que es muy poco utilizado por los estudiantes.

En un mundo ideal sería que completaras cada examen correctamente en el tiempo previsto y sólo después sacaras el esquema de calificaciones para ver qué errores cometiste. Pero no vivimos en un mundo ideal. No tienes tiempo para hacer simulacros de exámenes de 3 horas para decenas de trabajos en 6 asignaturas diferentes y luego pasar por cada uno de ellos con el esquema de calificaciones. Tu preparación ni siquiera comienza realmente hasta que se envíen todas las evaluaciones internas, así que en el mejor de los casos tendrás un mes o dos de pura preparación.

Entonces, ¿qué es lo mejor que puedes hacer cuando hayas conseguido los exámenes y los esquemas de calificación? Bueno, depende en gran medida de ti y de lo que funcione para ti individualmente. Personalmente, me di cuenta de que para temas como Economía y Geografía necesitaba el esquema de calificación cerca de mí. También solía tener un pedazo de papel a mi lado, echarle un vistazo a la pregunta, anotar una respuesta aproximada y luego comprobar con el esquema de calificación si lo hice bien.

Para Matemáticas y Física, sin embargo, me di cuenta de que al mirar las respuestas antes de terminar la pregunta, me estaba engañando a mí mismo. En consecuencia, normalmente mantenía el esquema de puntuación alejado hasta que me quedaba totalmente confundido o encontraba algún tipo de respuesta. La clave para tener en cuenta es que necesitas estar constantemente escribiendo. No te engañes pensando que puedes ir y acostarte en tu sofá, pasando el papel en una mano y el esquema en la otra. Tu estudio debe ser activo.

Por mi experiencia, me di cuenta de que escribir respuestas con palabras claves y frases cortas a preguntas de exámenes pasados me ayudó a aprender el material mucho más que simplemente reflexionar sobre la respuesta y echar un vistazo al esquema de puntuación. Recuerda cuál es tu objetivo final: comprender el material y ser capaz de responder a las expectativas del examinador. El trabajo con exámenes y esquemas de calificación debe hacerte sentir más seguro. Si coges un examen pasado y tienes miedo de lo que te digan las preguntas, claramente aún no estás preparado.

No subestimes el poder de esta técnica. Los esquemas de calificación son todo cuando se trata de ganar 7 en tus materias. No sólo dan respuestas ejemplares, sino que también hay una clara explicación para los examinadores que dan las calificaciones. Tienes todo lo que hace posible un examen perfecto. Mientras más te acerques a esta perfección, más cerca estarás de ese 7. Aprenderás lo que se necesita para que tu examen sea digno de una buena nota. Aprende a hablar la jerga del examinador. Busca palabras y frases clave, memoriza ciertas definiciones de modelos y aprende a darles a los examinadores lo que buscan.

En el momento en que estaba a la mitad de mis exámenes, tenía exámenes y esquemas de calificación por todas partes, junto con las respuestas modelo que yo mismo escribí. La mesa, el dormitorio, el baño, la cocina - todo estaba cubierto de exámenes pasados. Si te rodeas de esta información, es menos probable que la olvides. Al consultar constantemente los exámenes pasados y los esquemas de calificación, te aseguras de que no te sorprenderá nada de lo que pueda aparecer en el examen real.

NM/NS

Algunos de ustedes se preguntarán si tiene sentido revisar los exámenes pasados de un nivel que no necesariamente están cursando. Esto a veces está bien si eres un estudiante de nivel superior que busca una mayor comprensión de las preguntas y el programa de estudios, pero no te recomendaría que revises los exámenes de nivel superior si eres un estudiante de nivel medio. No estarás "desafiándote a ti mismo". Probablemente te enredas y te asustas porque no eres capaz de responder a la mayoría de las preguntas. Yo, por ejemplo, evité mirar los trabajos de Física de NS porque los de NM ya me parecieron bastante exigentes y adecuados. Por el otro lado me familiaricé mucho con la mayoría de los trabajos de Geografía de NS disponibles, por eso empecé a repasar algunos trabajos de NM (lo que estaba bien porque la diferencia entre NM y NS no era tan grande). Piénsalo con lógica y no pierdas el tiempo haciendo exámenes que no te sirven.

Petición para la Publicación de los Exámenes Pasados del IB

Otorgar a los estudiantes acceso a los exámenes pasados ha sido una misión mía durante la última década, tanto que empecé una petición que le pide al IBO que dé acceso a los materiales disponibles a los todos los estudiantes, creo que esto es lo único justo que hay que hacer y explico por qué en esta petición de change.org, que he enlazado aquí:

www.change.org/p/international-baccclaureate-organization-make-past-papers-and-markschemes-freely-available-smartib

También puedes encontrarla buscando en change.org la `IB Past Paper Petition'. Por favor, si pudieras leer la petición y firmarla estaríamos un paso más cerca de conseguir que todos los futuros estudiantes tengan acceso a estos materiales esenciales.

El objetivo de este capítulo era hacer que aprecies el potencial que ofrecen los exámenes pasados y los esquemas de calificación. Los candidatos más exitosos hoy en día dependen en gran medida de las preguntas de exámenes pasados simplemente porque se trata de una estrategia inmejorable. Tus profesores probablemente no estarán de acuerdo en que aprender de exámenes pasados y esquemas de calificación es una técnica de estudio más efectiva que aprender de libros o apuntes, pero ellos no han hecho los exámenes. Confía en mí. A menos que hayas hecho absolutamente todos los exámenes pasados posibles, no estarás listo para presentarte a los exámenes y obtener ese grado 7. No puedo insistir lo suficiente en eso, pero confío en que tengas buen juicio para ver la lógica detrás de esto.

22. Técnicas para el Examen [Parte I]

Aunque debes tener en cuenta que necesita técnicas de repaso específicas para cada materia, queda mucho por decir sobre la técnica para los exámenes en general. Tu éxito en los exámenes no sólo dependerá de lo bien preparado que estés en cuanto al material, sino también de lo bien que te desempeñes bajo presión. Para manejar esto tendrás que dominar algunas técnicas. La mayoría de ellas son sencillas, pero muchas se olvidan o se subestiman fácilmente.

Gestión del Tiempo

Tienes que ser capaz de distribuir tu tiempo proporcionalmente a lo largo de toda la duración del examen. Esto incluye unos minutos al principio para la lectura y al final para la corrección. Cualquiera que sea el tiempo que dediques a escribir y trabajar debe ser repartido a lo largo de todo el examen. Afortunadamente, el IB ha hecho esa tarea aún más simple ya que ahora indican cuántos puntos vale cada pregunta y sub-pregunta. Para la mayoría de los exámenes es lo mismo año tras año, sin embargo, presta mucha atención a esto ya que indican cuántos minutos necesitarás dedicar a la pregunta. Si necesitas menos tiempo para contestar una pregunta de lo que habías previsto pasa a la siguiente pregunta ya que puedes necesitar ese tiempo extra.

Tienes que terminar tu examen de principio a final, dejando ni una pregunta en blanco. Si no contestas todas las preguntas que te ponen puedes considerar tú 7 como perdido. Cuando el examinador vea que dejaste preguntas en blanco, esto inmediatamente envía una señal de que no has administrado bien el tiempo. Este error es cometido cada año por innumerables estudiantes brillantes y la única razón es la mala organización y el mal uso del tiempo - algo que no se espera de los mejores candidatos.

No hay absolutamente ninguna razón por la cual no deberías tener suficiente tiempo para terminar el examen. Escucho esta excusa todo el tiempo, pero la verdad es que tuviste suficiente tiempo, sólo que no lo usaste inteligentemente. Una cosa es dejar una pregunta en blanco porque no tenías ni idea de cómo responderla - algo que tampoco recomiendo hacer. Pero es una cosa totalmente diferente si no respondiste las últimas preguntas porque te equivocaste con el tiempo.

Términos de Instrucción

Estos 'términos de instrucción' son palabras y frases específicas que el IB usa en sus preguntas de examen y cada uno requiere un diferente tipo de respuesta. Los examinadores del IB no sólo están tratando de calificarte por tu conocimiento de la materia, sino que quieren poner a prueba tu capacidad para responder a la pregunta que te han planteado.

Esto no es algo exclusivo de los exámenes IB. En la universidad y también en algunas aplicaciones de trabajo, se pondrá a prueba tu capacidad de entender lo que te piden. No tiene sentido responder cómo sucedió algo si se pregunta por qué sucedió. Acostúmbrate a leer las preguntas con mucha atención y a responderlas al respecto porque es una habilidad que volverás a necesitar con frecuencia.

Tu éxito en identificar y responder a estos términos de instrucción dependerá en gran medida de tu práctica con exámenes pasados. Sin embargo, ninguna cantidad de preparación puede evitar que seas descuidado. Por esta razón, asegúrate de volver a comprobar lo que se está preguntando. Si hay tiempo disponible, te recomiendo que resaltes o subrayes el término de instrucción para que no olvides lo que tienes que responder. No hay nada peor que escribir una respuesta explicando algo cuando simplemente se te pidió que lo definieras.

La lista completa y la explicación de los términos de instrucción se encuentran en el programa de estudios/guía de la materia en cuestión. Estos pueden ser encontrados en línea, o preguntándole a tu profesor. Los términos difieren de un tema a otro. Por favor, asegúrate de que entiendes bien los términos de instrucción antes de entrar en los exámenes.

Materiales Adicionales

Junto con tu amuleto encantados y tu bolígrafo favorito, te recomiendo que lleves un reloj que funcione bien para que puedas manejar bien tu tiempo. Esto varía según el gusto personal, pero sé que a algunos les gusta tener relojes de pulsera, mientras que otros traen relojes digitales, e incluso he visto que algunos traen temporizadores de cuenta regresiva que estaban preprogramados para contar la duración del examen. Debes tener en cuenta que aunque ya haya un reloj en la sala de examen se te puede asignar un asiento en la parte trasera. Tal vez tu vista no es tan buena como pensabas que era y como resultado luchas por ver la hora. No corras ningún riesgo. Trae algún tipo de dispositivo de tiempo contigo. Pero ojo, no se permite Smartwatch o el reloj de tu celular (obviamente).

Siempre tengo un poco de paranoia cuando se trata de calculadoras que no funcionan bien en los exámenes, así que recomiendo que traigas una calculadora de repuesto (no necesariamente una gráfica) o al menos un par de baterías de repuesto para los exámenes basados en la calculadora. Por supuesto que necesitas uno o dos bolígrafos de repuesto por si se le acaba el que tiene. Además, trata de traer unos resaltadores porque puedes usarlos para recordarte a ti mismo de los términos clave de una pregunta, tal como se mencionó anteriormente en este capítulo.

Responde Toda la Pregunta y Nada Más

Esto se explica solo. Al responder a cualquier pregunta de los exámenes IB, tu respuesta de dirigirse a la frase exacta de la pregunta y darle al examinador exactamente lo que está buscando. Para todos mis exámenes yo llevé uno o dos marcadores para poder resaltar las palabras clave en la frase de la pregunta. Por ejemplo, si una pregunta de matemáticas dice "dar la respuesta en cm^3" yo destacaría la parte de cm^3. Sé que esto puede parecer un poco absurdo y una pérdida de tiempo, pero te sorprendería ver cuántos candidatos "olvidan" ciertas partes de la pregunta. Un ejemplo común es cuando una pregunta te pide que "expliques por qué" y escribes un excelente ensayo sobre "cómo". Al resaltar la parte de "explicar por qué", reducirás significativamente las posibilidades de que se produzca este tipo de error.

Por lo general, no hay absolutamente ninguna razón por la cual escribir más de lo que se requiere. Si la pregunta vale dos puntos significa que el examinador probablemente busca dos puntos clave, ni más ni menos. No tienes tiempo para escribir todo lo que sabes. Tienes que escoger las partes más valiosas de la información y respetar tu propio límite de tiempo. No hay puntos "adicionales" y no recibirás crédito extra por escribir lo que no se requiere. Recuerda, la clave es escribir eficientemente y ganar a las máximas calificaciones con el mínimo de tonterías.

Menos, es Más - Normalmente

Hay algunas excepciones a los párrafos anteriores. En el improbable escenario de que te tropieces con una pregunta que no sabes cómo responderla completamente a veces (¡muy raras veces!) escribir algo que sí sabes sobre el tema puede darte unos puntos. Esta técnica es muy beneficiosa si se usa sabiamente, pero también puede ser muy arriesgada y perjudicial para tu tiempo si abusas de ella. Puedo darte un buen ejemplo. Supongamos que te dan una pregunta de "definir" que vale dos puntos. Esto normalmente significa que hay que dar dos puntos concretos para obtener la máxima puntuación. Supongamos que sólo puedes recordar uno. Mientras que normalmente yo sugeriría que no pierdas el tiempo y que simplemente pases a la siguiente pregunta, habrá momentos en los que un poco más de "relleno" podría darte ese otro punto. Expande tu primer punto o añade alguna otra información (como un ejemplo de lo que te preguntan) que pueda, tal vez, darte el punto restante.

Recuerda que no te rebajarán por escribir más. Pero puedes perder tiempo valiosísimo. Existe la creencia general de que los examinadores sólo leerán los primeros puntos que usted haga e ignorarán el resto si aún no has dicho nada que deje pensar que sabes la respuesta. Personalmente, creo que esta opinión es demasiado general para aplicarse a todos los examinadores de todas las materias. Tu mejor opción es seguir escribiendo " adivinanzas bien fundadas " hasta que creas que tienes buenas probabilidades de obtener la mayoría de las calificaciones. No perderás puntos, pero tampoco podrás ganar ninguno. Recuerda que te enfrentas a un acto de equilibrio entre escribir más basura que tal vez te de algunos punticos y tener más tiempo para responder a preguntas posteriores.

23. Técnicas para el Examen [Parte II]

Date Espacio a Ti Mismo

Una de las primeras cosas que debes hacer cuando te sientas en tu mesa de examen es colocar cuidadosamente todos tus utensilios. No querrás estar haciendo un examen de tres horas encogido incómodamente en un espacio de trabajo minúsculo. Coloca la hoja de examen en un lado y el cuaderno de respuestas al lado. Arregla tu estuche y todos tus materiales en algún lugar ordenado en la esquina. Tu espacio de trabajo no debe ser un desastre gigante ya que esto podría afectar negativamente a tus respuestas.

Comienza con lo que Sabes

Si el examen tiene varias partes te aconsejo que empieces con las partes en las que te sientas más cómodo y las que te resulten más agradables. Esto no sólo asegurará que no pierdas el tiempo intentando hacer preguntas más complicadas, sino que también te sentirás más seguro y optimista sabiendo que ya has contestado muchas preguntas correctamente. No hay una regla estricta que regule dónde debes comenzar y terminar tu examen por secciones, así que no lo hagas en un orden estrictamente cronológico. Haz lo que te parezca más divertido primero y deja las cosas más complicadas para después.

Letra

¿Tienes una letra que necesita su propia piedra de Rosetta? Si es así, deberías hacer al menos un pequeño esfuerzo para mejorarla o te arriesgas a que tu examen sea descifrado con enojo y posiblemente rebajado a una puntuación inferior. Sugiero que cuando estés haciendo exámenes pasados en tu preparación empieces a concentrarte también en la claridad de tu letra. Personalmente no he oído hablar de ningún caso en el que el examen de un estudiante fuera simplemente ilegible, pero estoy seguro de que existen. Si te das cuenta de que tu velocidad de escritura es significativamente más lenta escribiendo con letra clara, entonces es mejor que no pierdas tiempo en mejorar drásticamente tu letra. Pero si tus profesores necesitan recordarte constantemente que escribas más limpio, por favor, hazles caso. Nada es más frustrante para un examinador que decodificar tu caligrafía mala.

Salir Temprano

Hay muy pocas cosas en el mundo que me frustran y me enfurecen más que ver a los candidatos levantarse y dejar los exámenes con mucho tiempo sobrando. Se te da el límite de tiempo por una razón - ¡aprovecha! Debes ser increíblemente irresponsable para rendirte y dejar el examen con una hora de sobra. No hay absolutamente ninguna - pero ninguna - razón para que te vayas antes de que se acabe el tiempo. No creas que puedes cruzar los brazos en tu escritorio y poner la cabeza abajo para una siesta. Eso sería igual de imbécil. No me importa si piensas que has contestado todas las preguntas y si has corregido lo suficiente. A menos que estés 100% seguro de que tienes el 100%, ni siquiera consideres salir temprano. Y no, no eres "cool" o "rebelde" por irte con tiempo de sobra.

Revisión y Corrección

No olvides dejar unos minutos al final de tu examen para revisar tus respuestas. Esto es más importante en los exámenes no basados en ensayos, como los de Matemáticas y los temas del Grupo 4. Incluso en los exámenes de Economía, volver y revisar que tus diagramas estén bien etiquetados podría darte algunos puntos extra. No estoy sugiriendo que revises que no hayas olvidado ningún puntico en la "i", pero al menos asegúrate de que la mayoría de los exámenes sean legibles y de que no cometas errores tontos. Los pocos puntos que consigas en la corrección de tus respuestas pueden resultar vitales si te encuentras en el límite entre dos notas. Perderás y obtendrás la mayoría de tus puntos al principio y al final de tu examen - así que empieza con pie firme y siempre vuelve y corrige al final.

Ignorar las Distracciones

Aunque se supone que los exámenes se realizan en completo silencio, puede haber momentos en los que las distracciones son simplemente inevitables. Por ejemplo, el niño que está sentado a tu lado y que nunca ha oído hablar de los medicamentos para la tos y que no para de toser como si se fuera a morir. O el estudiante que accidentalmente deja caer su lápiz sólo para que ruede por todo el salón. Recuerdo que para uno de mis primeros exámenes de Matemáticas el clima en la mañana era terrible. Llovía y tronaba muy fuerte. El hecho de que nuestro edificio de exámenes tuviera medio techo hecho de vidrio, ofrecía un sonido envolvente Dolby-Digital muy surrealista. Probablemente fue la cosa más frustrante de encontrar cuando tratas de enfocarte en un trabajo de Matemáticas NS.

Tienes que aprender a trabajar con las distracciones. No te frustres y golpees el escritorio. Tampoco debes empezar a quejarte y atacar a tu coordinador por tener tantas distracciones. Sólo haz tu examen y concéntrate en lo que tienes al frente. Haz lo que sea necesario para despejar tu mente y relajarte. ¿Quizás invertir y acostumbrarse a usar tapones para ahogar el ruido?

Checklist Antes de Entrar al Examen

¿Hiciste lo siguiente antes de entrar a tu examen?

- ¿Trajiste dos lápices y dos bolígrafos?
- ¿Están bien afilados / rellenos?
- ¿Tu calculadora está cargada?
- ¿Tienes al menos 1 litro de agua por cada 2 horas que dura el examen?

Puede parecer obvio, pero el año pasado, cuando hice los exámenes, olvidé algunas de esas cosas debido al estrés y, por lo tanto, no obtuve la mejor puntuación que podría haber obtenido. Créeme, querrás tener agua cuando estés mirando una pregunta de física de 20 puntos. El punto es que te ahorres la miseria y asegúrate de haber preparado tu material y el agua antes. Sin embargo, no tomes tanta agua que tengas que hacer una pausa para ir al baño y desperdiciar el valioso tiempo del examen - este es un error que muchos estudiantes también cometen.

Te irá bien.

¡Buena suerte con los exámenes!

24. Ganar el Examen de Literatura (Grupo 1)

(artículo contribuido)

Las siguientes secciones del libro tratarán de cubrir en mayor detalle los aspectos específicos de cada grupo y materia del IB. Comenzamos con el grupo 1: estudios de lengua y literatura.

Prueba 1

Esta es una breve explicación sobre la mejor manera de practicar Español y prepararse para los exámenes, pero primero un pequeño relato sobre mi amor-odio con la materia. Nunca fui particularmente bueno en Español. A pesar de que me esforcé mucho, siempre me resultó difícil desempeñarme tan bien como los demás estudiantes, sobre todo me resultó difícil romper la barrera de los 6-7 (lo que hice durante los exámenes, pero no con mis evaluaciones externas). Si hubiera sabido lo que sé ahora, habría podido conseguir un 7 sólido sin ningún problema. Mi promedio de trabajo en clase fue de 6, sin embargo sorprendentemente recibí 7 en ambos exámenes (19/20 y 20/25). Me faltaron no más 3% para un 7, así que si hubiera hecho ese pequeño esfuerzo extra para obtener una mejor calificación en mis Evaluaciones Internas que obtuvieron 13/20 y 16/20 hubiese podido cruzar el límite para obtener el 7.

Bueno, el primer paso para ser bueno en español es, por supuesto, escuchar y participar en las discusiones en clase, además de leer los libros y textos que te asignan y hacer tu trabajo a tiempo. Además de estos consejos, algunas cosas que me resultaron muy útiles fueron:

1) Para aprender el tema, es necesario conocer a los autores, su estilo, su motivación y a otros autores que se parezcan. Al hacer esto podrás explorar y reflexionar sobre conceptos muy avanzados en tus ensayos. Podrás justificar

las opciones del autor en cuanto al tema, los recursos literarios y por qué exploraron el tema en cuestión. Hay un esfuerzo para esto y serás capaz de alcanzar las mejores puntuaciones en los ensayos.

2) Practicar, practicar, practicar. No te preocupes si tus ensayos no son perfectos, a medida que se acercan los exámenes, deberías cronometrarte haciendo ensayos (exámenes pasados), obtener retroalimentación de tus profesores y mejorar usando esa retroalimentación. El punto es mejorar cada vez un aspecto de tu redacción (esto puede incluir cosas como la organización, la inclusión de figuras literarias, el estilo). Yo pude pasar de 13/20 a 19/20 en dos meses. El objetivo debe ser hacer por lo menos cinco ensayos de práctica para cada prueba.

La Prueba 1 es un análisis (comparativo para NS) de uno o dos textos no vistos en clase. Esta sección del libro provee varias ideas para desarrollar las habilidades necesarias para la Prueba 1. También he preparado una pequeña lista de consejos, que te ayudarán a prepararte para el examen de una manera más enfocada.

Descriptores de Calificaciones Finales

El primer consejo crucial es algo que tu deberías hacer para todos las materias - consigue la guía oficial de la materia y lee los Descriptores de Calificaciones para la Prueba 1. Son tablas que describen qué un trabajo de cada nota debería o no debería tener. No voy a replicarlos por miedo a que se violen los derechos de autor, pero ya sabes dónde encontrar este documento. Te dará una idea de lo que el examinador está buscando y simplemente escribiendo una frase relevante que "responde" a uno de los descriptores podría conseguirte un o dos puntos fáciles.

Los Basics

En la Prueba 1 de NM se pide a los alumnos que comenten uno de los dos textos en una hora y media. En la Prueba 1 de NS se pide a los alumnos que comparen y contrasten uno de los dos pares de textos en un plazo de dos horas. Los textos para el análisis pueden ser textos completos o fragmentos de obras de mayor tamaño. También existe la posibilidad de comentar un texto visual o un extracto de una pieza más larga. Los posibles tipos de texto para el análisis incluyen: publicidades, columnas de opinión, folletos, fragmentos de autobiografías o diarios de viaje.

Uno de los textos de una de las parejas puede ser un texto literario. Cada texto individual se presenta con dos preguntas orientadoras. Los estudiantes de NS no tendrán preguntas orientadoras. Prueba 1 vale el 25% de la calificación final. Se evalúa externamente.

En primer lugar, seas quien seas, vivas donde vivas, tomes las materias que tomes y sea cual sea tu comida favorita, quiero que sepas que eres capaz de lograr esto.

Eres capaz de lograr esto porque eres lo suficientemente valiente como para estar haciendo el programa de bachillerato más difícil que se ofrece en el mundo. La técnica que estoy a punto de explicar me fue mostrada por mi profesora de Lengua A (ella es increíble). Nos ayudó mucho a mis compañeros y a mí y espero que te ayude a ti también.

El Método P.E.A.E.

Voy a mantener las cosas cortas y simples porque sé que estás muy ocupado. Entonces, ¿Qué es PEAE?

P = Punto

E = Evidencia

A = Análisis

E = Enlace

Es realmente simple y directo. Esencialmente, lo que trato de hacer aquí es descomponer un texto aparentemente complejo y prolijo de una manera en la que podamos entenderlo mejor y comunicarlo efectivamente en nuestro ensayo. Permíteme darte un ejemplo:
Imagina que quieres analizar el siguiente párrafo:

En Los Ángeles no hay quien haga nada a no ser que tenga coche. Yo, por mi parte, soy incapaz de hacer nada a no ser que beba. Y la combinación de bebida-conducción es francamente imposible en esa ciudad.

En cuanto te aflojas el cinturón de seguridad o se te cae el cenicero o te hurgas la nariz, bueno: te espera la autopsia en Alcatraz y el interrogatorio lo dejan para después. Allí tienes la sensación de que a la menor indisciplina, a la menor variación, oirás el grito de advertencia por los altavoces, verás una serie de imágenes amenazadoras y un cerdo transportado en helicóptero dejará caer una cuenta sobre tu felpudo.

De modo que, ¿qué puede hacer un pobre chico como yo? Sales del hotel, el Vraimont. El perfil urbano de la zona baja de la ciudad está marcado por el verde salivazo de Dios. Tanto si te vas a la derecha como si caminas hacia la izquierda, no eres más que una rata en un río veloz. Tal restaurante no sirve bebidas, tal otro no sirve carne y el de más allá no sirve a los heterosexuales. Puedes conseguir que te laven el chimpancé con champú, puedes lograr que te tatúen el pijo, con servicio de veinticuatro horas al día, pero ¿lograrás que te sirvan el almuerzo?

-Fragmento de "Dinero" por Martin Amis

Realmente no importa de dónde provenga esto: de hecho, será mejor si no sabemos el contexto pues así serás capaz de darle un buen uso a esta técnica. Empecemos.

El punto que quiero hacer es que Amis (el autor) utiliza hipérboles para reflejar efectivamente la personalidad del narrador (un hombre con un gran ego llamado John Money)

(2) La evidencia que usaré es:

"En cuanto te aflojas el cinturón de seguridad o se te cae el cenicero o te hurgas la nariz, bueno: te espera la autopsia en Alcatraz y el interrogatorio lo dejan para después" para describir el peligro de conducir en Los Ángeles.

Y

"Tal restaurante no sirve bebidas, tal otro no sirve carne y el de más allá no sirve a los heterosexuales" para describir los variados y distintos sabores de la ciudad

(3) Mi análisis es el siguiente (en términos súper ásperos, pero no te preocupes, vamos a pulir todo esto cuando lo juntemos):

Amis indica la personalidad pomposa y sincera de su personaje haciendo mención de acciones aparentemente pequeñas e intrascendentes (rascarse la nariz, dejar caer un cigarro)

Este uso de hipérboles puede también ser visto cuando se refiere a los usualmente distintos restaurantes de nicho: Amis yuxtapone de manera cómica 1 quisquilloso de estos restaurantes (tal restaurante no sirve... etc.) y puede comunicar efectivamente el disgusto de su personaje manteniéndose simultáneamente en tono con su personalidad.

(4) Finalmente, enlaza todo de nuevo a tu tesis. Yo más o menos ya lo hice en mi último párrafo mencionando "manteniéndose simultáneamente en tono con su personalidad". Lo que tratas de hacer aquí es asegurarte de que este pequeño argumento tuyo este haciendo algo para elevar

tu tesis teniendo sentido cohesivo y estructural con respecto a todo tu ensayo. Como en este caso no tenemos una tesis (obviamente no puedo escribir todo un ensayo ahora, pero entiendes el punto)

Puede también ser visto que 1) Amis utiliza hipérboles para reflejar efectivamente la imagen de su narrador (John Money) con la manera en la que el texto está escrito. En efecto, 2) cuando describe los peligros de conducir en Los Ángeles, Money asevera que "En cuanto te aflojas el cinturón de seguridad o se te cae el cenicero o te hurgas la nariz, bueno: te espera la autopsia en Alcatraz y el interrogatorio lo dejan para después". 3) Amis indica la personalidad pomposa y sincera haciéndole mención de que acciones aparentemente pequeñas en intrascendentes (rascarse la nariz, dejar caer un cigarro) pueden causar grandes accidentes automovilísticos, esbozada en una manera humorosa y entretenida (te espera la autopsia en Alcatraz y el interrogatorio lo dejan para después"). Este uso de la hipérbole también puede ser vista cuando se refiere a los normalmente distintivos restaurantes de nicho de los Ángeles. Amis yuxtapone de manera cómica los quisquilloso de estos restaurantes (este otro no sirve) y es capaz de comunicar el disgusto de su personaje manteniéndolo en sintonía con su personalidad. 4) inserta el enlace de regreso a la tesis, así: Todo esto nos lleva a la idea principal de que Amis está utilizando una amplia variedad de técnicas literarias para enfatizar ciertos aspectos del personaje John Money para el lector.

Esto puede parecer un manera extremadamente mecánica de escribir, pero las transiciones pueden ser mucho más fluidas y puedes interconectar tus citas mucho mejor que como yo acabo de mostrarte. Esto es solo una básica y rudimentaria manera de escribir: a veces escucho a mis amigos diciéndome que se pierden mucho leyendo los textos y que no pueden estructurar su escritura y yo les aconsejo este método para superar ese problema.

¿Prosa o Poesía?

Muchos estudiantes descubren que les gusta analizar un poema para la Prueba 1 porque es más fácil escribir sobre el lenguaje metafórico con poemas y son (normalmente) cortos, lo que les da más tiempo para releer y analizar en comparación con un fragmento de dos páginas de una novela. Probablemente sentirás que tienes una facilidad para uno u otro, pero si un párrafo te parece perfecto, entonces hazlo. Se puede argumentar que con poemas es más fácil hacer observaciones simples y añadir sus propias connotaciones.

¿Cuánto tiempo debo planear?

Estructurar el ensayo y apuntar cosas importante toma aproximadamente 20 minutos dependiendo de la dificultad de la obra. Yo no recomendaría más de 25, o te arriesgas a sacrificar la calidad/cantidad de tu ensayo (pero por la misma razón, considéralo una inversión en la calidad de tu trabajo, así que no lo hagas en 5 minutos).

Consejos adicionales

- ¡Recuerda los grandes 5 (estructura, recursos estilísticos, tono/modalidad, contenido/tema, receptor/propósito)! Escribe sobre cada uno de ellos y serás el mejor. También recuerda respirar y tomar un descanso cuando pasó la mitad del tiempo. Relájate un minuto y aclara tu mente. Lee los textos varias veces y no te conformes automáticamente con el tipo de texto que prefieras ya que podría ser que puedas escribir y analizar más con el otro texto.

- Anotar cosas como - ideas repetidas, figuras literarias, enlaces en estructuras de frases o temas, puntuación... cualquier cosa que tenga un propósito (y lo bueno de la poesía es que todo se hace por una razón). Sin embargo, no olvides llevar estas ideas más allá en tu anotación que simplemente anotarlas - desarrollar enlaces, temas o motivos discutidos por el autor, negaciones en el texto, suposiciones/conclusiones tentativas, etc. Este es el paso más importante y te ahorra tiempo, energía y estrés una vez que empieces a escribir.

La conclusión realmente trae a la luz los resultados analíticos de tu ensayo de tal manera que incita una discusión profunda sobre el texto. Incluiría frases breves (¡y si yo digo breve es porque deben ser breves!) que recojan los hallazgos de cada párrafo y luego tendría una frase final que resumiera lo que yo creo que es el argumento principal del autor/poeta dentro del texto. La conclusión me toma más de 20 minutos. Creo que una buena habilidad para el lenguaje definitivamente ayuda escribir un buen párrafo final. Escribir una conclusión no es algo que se hace después de haber escrito los párrafos sin planificación previa. Todos tus párrafos deberían dirigirse un poco hacia la conclusión y la conclusión debería vincular todos los párrafos juntos para apoyar firmemente tu tesis.

Por último, trata de conseguir ayuda de tu profesor, o de quien creas que podría imitar a un examinador. Escribe un ensayo de prueba y míralo tú mismo objetivamente o pregúntale al que encuentras que lo mire por ti para señalar tus debilidades. (Cuando hagas ensayos de práctica te sugiero que pongas el tiempo a unos 10-15 minutos menos que el tiempo de examen real.)

Hazlo dos o tres veces. Averigua qué errores son insignificantes que puedas manejar y qué errores son cosas importantes que necesitas practicar para hacerlo mejor.

Prueba 2

La Prueba 2 consta de seis preguntas de ensayo, de las cuales sólo una debe ser contestada durante el tiempo previsto. El ensayo será escrito sobre los textos literarios de la Parte 3 del programa. Por lo tanto, es una prueba de comprensión de la literatura en contexto. Aunque las preguntas cambiarán de examen en examen, siempre se centrarán en la conexión entre estilo, forma, autor, propósito y público. Por lo tanto, la selección de buenos textos de la Parte 3 es muy importante.

Las siguientes páginas brindan una visión general de los requisitos, los criterios y consejos para la redacción de ensayos de la Prueba 2. Además de familiarizarse con estas páginas, debes estudiar las preguntas de los exámenes pasados, practicar la escritura bajo condiciones de examen e investigar y analizar detalladamente tus textos literarios.

Aunque parezca que un cuarto de tus puntos IB se determina en una breve sesión, de hecho, puedes hacer mucho para prepararte para este examen para que no sea tan estresante. Una planificación cuidadosa y una estrategia clara son ya la mitad del reto. Lo que uno escribe es sólo la punta de un gran iceberg.

Los Básics

Contesta 1 de 6 preguntas de ensayo. Los estudiantes de NM y NS reciben exactamente las mismas 6 preguntas.

El ensayo debe responder a una pregunta con relación a dos textos literarios que fueron estudiados para la Parte 3 del programa.

El ensayo debe responder a una pregunta relacionada con 2 o 3 de los textos literarios estudiados de la Parte 3.

La calificación de la Prueba 2 vale el 25% de la nota final.

CÓMO ESTRUCTURAR TU ENSAYO:

A. Párrafo introductorio
  a) Motivador (abordar la pregunta o declaración)
  b) Resumen de los trasfondos (breve exposición de los textos y de los autores)
  c) Tesis (¿qué intentas demostrar?)

d) Enfoque (¿cómo comprobarás tu tesis? aquí es donde expones tus argumentos)

B. Argumentos (cada párrafo del desarrollo tiene esta estructura - el objetivo es escribir 3-4 párrafos)
 a) Punto (frase temática)
 b) Evidencia (cita o descripción)
 c) Análisis (con especial atención a las técnicas literarias)
 d) Enlace (volver al tema de la pregunta)

C. Conclusión
 a) Recapitulación de la Tesis (usando diferentes palabras/frases)
 b) Resumen de los principales argumentos (no incluir nueva información)
 c) Frase Final (debe dejar al examinador satisfecho de que hayas cubierto todas las áreas, pero también debe intentar provocar una mayor investigación, o una nueva dimensión de la observación de la pregunta).

Esta es la estructura que debes seguir. Una pregunta común que los estudiantes tienen es sobre cómo deben mencionar sus citas mientras escriben sus ensayos. Lo que me gusta hacer es integrarlas fluidamente en mis párrafos; esto requiere práctica, pero aquí hay algunos ejemplos de mis escritos:

Natsume identifica las complejidades y los detalles de la cultura británica que le parecen totalmente extraños viniendo de Japón; nota el impecable sentido de la moda que le rodea: *"manadas de mujeres caminan por ahí como leonas con cuernos y redes en la cara"* y nota una clara diferencia de altura *"pero cuando nos cruzamos a toda prisa veo que es unos cinco centímetros más alto que yo"* (Natsume en Phillips, R161). La experiencia de Natsume como extranjero en Gran Bretaña, según Caryl Philips, *"le ayudó a convertirse en el escritor plenamente maduro y extraordinariamente dotado en el que se convirtió posteriormente"* (Phillips, R161).

Espero que puedan ver lo que estoy tratando de hacer; observen que cada cita complementa naturalmente el flujo del párrafo. Nunca necesitas declarar explícitamente que estás a punto de usar una cita; más bien, sólo tienes que insertarla dentro de tu cuerpo tan bien como puedas.

La tesis de tu ensayo también es muy importante; muchos profesores de lengua A me han dicho que para medir la calidad de un escritor examinan su tesis. Mientras más claro y convincente sea, más credibilidad ganarás como escritor en sus ojos. Recuerda que debes tratar de argumentar; o todo tu ensayo no tendrá realmente ningún significado o sustancia (cada palabra que escribas debería de alguna manera respaldar esa tesis).

TESIS MALA:
En esta novela, Kanye West argumenta que no podemos justificar el uso de drones y que su creciente prevalencia es perjudicial para los miembros de la sociedad.

BUENA TESIS:
Aunque puede haber ventajas considerables en el uso de los drones, West intenta demostrar que las preocupantes posibilidades de vigilancia masiva y pérdidas de civiles, específicamente en lo que respecta a los recientes incidentes en el Orange County, son, en última instancia, un camino demasiado precario para seguir.

Voy a ser honesto: deberías tratar de usar un lenguaje elocuente y florido para darle sabor a tus ensayos. Es sólo la verdad. Antes de que te presentes a ese examen, ingresa a www.thesaurus.com y trata de reemplazar algunas palabras comunes que usarías por otras bonitas y jugosas.
En cuanto a la transición entre párrafos, procura que sea clara y sencilla. 'Es posible ver la idea de...' o `Un argumento presentado es...' son bastante buenos.

Ahora miren: Voy a compartir un consejo muy valioso con todos ustedes:

Consigue que todo tu curso se una para crear un documento Google compartido con la siguiente tabla:

Temas	Libro A Citas + Análisis	Libro B Citas + Análisis

Luego, junto con tu curso, empieza a llenar la tabla.

Debería llegar a un punto en el que haya unos veinte temas y un montón de citas y análisis que lo respalden. Compartir es vivir y en este caso, compartir te dará buenas calificaciones.

Memorizar las citas puede parecer difícil, pero no tiene por qué ser tan difícil: lo que recomiendo es que pegues unas diez citas que puedas usar en tu casa. Literalmente, colócalas fuera de la ducha, tal vez, para que cada vez que bañes tu hermoso cuerpo también recuerdes esas citas. O colócalas en algún lugar cerca de tu cama para que te duermas pensando en Español.

25. El Comentario Oral: Consejos y Trucos

(artículo contribuido)

El Comentario Oral Individual (COI) es para muchos estudiantes una de las tareas más difíciles del IB. Se trata de un comentario oral de 8 minutos (muy parecido a la Prueba 1 de literatura) sobre un fragmento literario de aproximadamente 30 líneas, seguido de preguntas sobre el mismo fragmento. Tanto los estudiantes de NM como los de NS deben hacer un COI. La diferencia es que los estudiantes de NS también tienen que discutir durante 10 minutos con su profesor sobre uno de los dos textos que han estudiado en clase. Entonces, ¿cómo puedes prepararte adecuadamente para el COI?

Consejos para el Comentario Oral

Escucha en clase cuando analizan los poemas. Si tomas apuntes detallados sobre los poemas en clase y le haces preguntas al profesor si hay alguna sección que no entiendas o que hayas descuidado, esto hará que las etapas finales de tu preparación para el COI sean mucho más fáciles. Escuchar las discusiones en clase sobre los poemas también reducirá significativamente las posibilidades de llegar a analizar una parte específica de un poema y no tener notas o análisis preparados (solo imagina que te pase eso en el COI final).

Es conveniente conseguir una copia impresa limpia de cada poema, con el poema en el centro de la página y con mucho espacio entre las líneas. Así podrás hacer anotaciones en los bordes (usando una variedad de fuentes como tus notas de clase, tus propias interpretaciones y el Internet). Debe ser fácil de leer y útil para estudiar. Al colocar el poema en el centro de la página con anotaciones a su alrededor, puedes tener toda la información esencial ahí misma.

Deberás revisar estas anotaciones lo suficiente hasta que puedas reproducirlas de memoria. Si te dan el mismo poema en el COI, deberías ser capaz de recordar el 90% de tus anotaciones de memoria en el momento en que entras en tu COI. El día del COI esto te ayudará a perder menos tiempo analizando el poema y considerando técnicas y más tiempo preparando y construyendo tu respuesta oral.

La Discusión del Fragmento

Lee el fragmento del texto con mucha atención - y más de una vez. Leer el fragmento por lo menos dos veces te ayuda captar algunos de los temas complejos que se pierden en la primera lectura cuando te enfocas en la trama y no en temas más amplios y figuras literarias.

Además, deberías tener una buena colección de notas. En promedio, puedes tener hasta 20-30 páginas de notas para los textos más extensos. Cosas como el análisis de la trama, la estructura, el contexto, el análisis de los personajes, el análisis temático/simbólico deben ser cubiertas en los apuntes. Esto le dará una comprensión holística y diversa de los textos y también le dará la opción de referirte a todos los aspectos del texto durante la discusión.

Tienes que estudiar bien a base de estas notas. No tiene ningún sentido pasar muchas horas creando notas maravillosas si no las entiendes y recuerdas. Debes hacer un esfuerzo consciente para repasar cada uno de los dos textos al menos cinco veces antes de la reunión final del COI. Así tendrás un conocimiento profundo de las principales características del texto y serás capaz de recitar ciertas frases para apoyar tus respuestas.

También es una buena idea practicar una discusión tipo COI con un amigo. Preferiblemente deberías hacer algunas pruebas del COI en la semana previa al evento. Puedes hacerlo en persona o incluso por teléfono. Si tienes una lista de preguntas listas, será un buen ejercicio. Las preguntas no tienen que ser perfectas - sólo lo suficiente para permitir que tu pareja practique respondiendo a las instrucciones orales y mostrando su conocimiento del texto. Este ejercicio les conviene a ambos. Hacerlo tú mismo obviamente te muestra tus propios defectos y te hará saber dónde necesitas mejorar, pero actuar como examinador puede ayudarte a entrar en la mente del examinador para que puedas saber mejor qué tipo de cosas debes cubrir en tu comentario inicial y cómo responder a las preguntas. Todo es cuestión de práctica.

Consejos Generales

1) Si estás estudiando poemas, debes conocer la historia del poeta, los temas/motivos importantes, las preocupaciones poéticas y el contexto general detrás del poema en cuestión. Por lo general, todas estas cosas contribuyen a formar una introducción coherente durante la cual también pasas algún tiempo pronosticando la tesis. La forma en que normalmente organizaba mis presentaciones fue así:
- Discutir el título y el autor.
- Resumir el texto brevemente (tanto a nivel literal como subjetivo, pero este último sólo ligeramente).
- Discutir el contexto que sea RELEVANTE para el poema (por ejemplo, para "Dos hermanas de Perséfone" de Sylvia Plath probablemente te tendrás que referir a la alusión explícita a la mitología griega).
- Presentar la tesis (normalmente, pongo la tesis al final. La tesis debe prefigurar tu análisis y tus puntos de entrada).

2) Si estás estudiando textos dramáticos u obras de teatro, te sugiero que vuelvas a leer el libro varias veces. Yo mismo llegué a anotar cada página de la novela y a tomar apuntes importantes de los motivos, diálogos y puntos clave de la trama de cada capítulo. Por supuesto, esto ayuda cuando la obra está dividida en capítulos o secciones, pero si no lo está, siempre puedes crear tu propia organización y estructura para la obra en cuestión. Igualmente esto fortalece tu comprensión del trabajo. Dado que realmente sólo tienes una semana para prepararte sugiero que primero te familiarices con el texto. Es

cierto que puedes obtener un extracto de una novela y no ser capaz de localizarla inmediatamente. Aun así, debes esforzarte al máximo y contextualizarte.

3) A lo largo de tu análisis, también es muy importante incluir los efectos principales de las características que estás discutiendo. Por ejemplo, se podría decir: "los comentarios racistas y la dicción mordaz se utilizan para representar un cambio en el carácter de Juan". O podrías ampliar el análisis y decir esto: "los comentarios racistas y la redacción mordaz utilizada por John no sólo pretenden retratar a John insensible al racismo, sino también la prevalencia del apartheid durante la década de 1950". No es el mejor ejemplo, pero amplía el análisis e indica que estás bien informado sobre el tema.

4) En la conclusión debes hacer un impacto en el examinador. No seas esa persona que dice "En conclusión, el poema X utiliza varios dispositivos literarios como "Y" y "Z" para desarrollar su tesis". Eso es basura. Más bien, trata de sintetizar tu análisis en un todo y darle un significado más amplio. ¿Qué significa todo esto? ¿Cuál fue el propósito de Sylvia Plath al escribir este ensayo? ¿Con qué otras obras de Plath se relaciona este trabajo? Como lector, ¿qué podemos sacar de ella? Recuerda siempre que la literatura es una herramienta poderosa. Con sólo lápiz y papel, una persona puede evocar una respuesta emocional de toda una población o provocar un cambio. Considera las implicaciones mayores de cada obra, incluso cuando pienses que realmente no hay mucho -- te juro que siempre se pueden encontrar algunas.

5) Averigua cómo se acerca tu profesor al COI. Bueno, técnicamente hablando las reglas: el COI establece que se te debe presentar una serie de sobres, cada uno de los cuales contiene un extracto totalmente desconocido para ti de cualquiera de los textos/poemas, etc. que has estudiado. Sin embargo, un gran porcentaje de colegios IB parecen implementar versiones alternativas de las reglas, incluyendo algunas en las que te permiten elegir los textos que utilizarán e incluso las en que te permiten elegir tu extracto. Es evidente

que, si tu profesor te va a permitir escoger la novela que quieres conseguir, tienes una ventaja (y puedes ahorrarte memorizar las líneas argumentales de 4 novelas), así que debes saber cómo tus profesores quieren interpretar las reglas y por lo tanto debes sacar el máximo provecho de lo que consigas

6) Conoce la cronología de tus textos. Si tu colegio no te ha dado la opción de elegir el fragmento, te darás cuenta de que no tienes ni idea de lo que te van a dar hasta que lo recibas. La buena noticia es que tus profesores deben, según los criterios del IB, seleccionar un extracto de significado dentro de la novela. La mala noticia es que no siempre es muy obvio el paradero de la novela y se espera que pongas el fragmento en su contexto dentro de la obra. En consecuencia una gran parte del tiempo de preparación deberías dedicarte a releer todo el texto para tener muy claro lo que sucede en cada momento. Para algunos libros esto es fácil, pero para otros con líneas de tiempo muy irregulares (todos sabemos a qué tipo me refiero) es muy difícil, así que asegúrate de poner tu esfuerzo donde lo necesites y no en otro lado.

7) Familiarízate con el estilo del autor. Una excelente manera de prepararse para el COI es familiarizarse con los tipos de características literarias y temas más comunes dentro de un texto. Por lo tanto, una buena idea para su preparación es echar un vistazo a las obras, mirar detalladamente los estilos del autor para varias cosas y conocer algunos casos clave en los que se utiliza el estilo. Para dar un ejemplo (porque me doy cuenta de que no es muy buena la explicación), Jane Austen siempre introduce personajes con unas pocas palabras clave descriptivas que hacen que el lector forme una visión de un personaje, normalmente antes de oírlo hablar o verlos hacer algo. Así que, sabiendo que este es un aspecto de su estilo y que es posible que aparezca una introducción o descripción de un personaje en mi COI, me aseguraría de que sepa de por lo menos un caso clave de que esto ocurriera, de modo que pudiera referirme a él en mi COI.

Mira todos los aspectos del estilo de escritura para que sepas lo suficiente sobre la forma general en que el autor escribe para que puedas decir algo sobre casi cualquier página del libro/poema, etc. Siempre se quiere demostrar un buen conocimiento de la novela/el poema en su totalidad.

8) Usa tu tiempo de preparación bien. Te deben dar 20 minutos para prepararte para el examen y durante este tiempo es absolutamente obligatorio que lo aproveches al máximo. Lo más importante es no entrar en pánico. El pánico te quita minutos valiosísimos. Es mejor terminar temprano y revisar tu trabajo que entrar en pánico por 5 minutos y pasar los siguientes 15 minutos escribiendo frenéticamente. Idealmente, a menos que seas una persona tan fría que no tengas nervios, es una buena idea tener un plan. Personalmente sugiero la más simple que es pasar por el fragmento línea por línea después de leerlo una o dos veces.

Lo importante es que recuerdes que probablemente sólo tienes tiempo suficiente para tomar apuntes una vez, así que las primeras notas que tomes serán probablemente las mismas que uses 20 minutos después. No hay tiempo para escribir bien limpiecito con adornos y colores. ¡Pero si es importante escribir legiblemente! Repasar el extracto subrayando las cosas no va a ser necesariamente tan útil si cuando estés en el examen no puedes recordar/leer tu propia letra o por qué exactamente lo subrayaste. Por lo tanto, todos los puntos deben estar en un formato que te resulte fácil de entender en el momento necesario. Además, aunque tengas poco tiempo, como mencioné antes, es importante poner las cosas en contexto y relacionarlas con otras partes de la novela y otras partes del fragmento, así que, si ves que lo mismo sucede dos veces dentro de tu fragmento, conéctalos de tal manera que recuerdes mencionarlas ambas cosas a la vez a medida que avances. De esa manera tu comentario parece mucho más estructurado de lo que sería en caso contrario con sólo 20 minutos para prepararlo.

9) Imagínate que lo que dices es un ensayo escrito y estructúralo al respecto. Literalmente imagina que estás escribiendo un ensayo en vez hablarlo ¿Qué necesitas en cada ensayo? Introducción, desarrollo, conclusión. No olvides la introducción (incluyendo el contexto cronológico del fragmento dentro de la obra) ni la conclusión. Sugiero que apuntes el contenido de estos en lugar de inventarlos en el momento que lo necesites, porque los nervios pueden hacer cosas terribles cuando se trata de espacios en blanco en la mente y el comienzo y el final de las presentaciones son ambos importantísimos para lograr un impacto general. Puedes hacer un excelente trabajo, pero si tienes una conclusión terrible es el final patético el que se queda en la mente de la gente.

10) ¡Muestra tu conocimiento externo! ¿Lees el fragmento y te acuerdas de un hecho/incidente relacionado mientras lees? ¡Dilo! Es muy importante que aclares el contexto (y tu excelente conocimiento de este), así que, si recuerdas algo relacionado, métalo en tu comentario oral. ¿Crees que algo que hace un personaje refleja algo que hace más tarde, antes, o siempre? Menciona también el otro evento. No pierdas mucho tiempo en eso, mantén todos estos puntos externos razonablemente breves, pero hagas lo que hagas, no se te olvide mencionarlos.

11) Debes lograr fluidez en tu presentación. Tienes que parecer muy competente y fluido. Generalmente, cuando el pánico ataca, la única manera de lograr esa fluidez (¡obviamente además de saber de lo que estás hablando!) es tomar excelentes apuntes para que cuando llegue el pánico puedas seguir en el buen camino. Te recomiendo que practiques con un extracto que elijas al azar antes de la cosa real. Luego, después de 20 minutos, trata de imaginarte lo que dirías basado en las notas que has hecho tú mismo después. Si los apuntes que tomaste no son suficientes para evitar que te pierdas vuelve a considerar la forma en que tomas apuntes y trata de encontrar una mejor forma.

12) Consejo final. Debes conocer TODAS las figuras literarias de memoria. No sólo los genéricos como metáforas, símiles, alusiones, etc. Debes conocer también cosas como el asíndeton, sinécdoque, antítesis, etc. No olvides que el análisis sintáctico también es importante, especialmente para poemas. Te ayuda también conocer la gramática (verbos infinitivos, catalogación, etc.).

26. Dominar Lengua B

(artículo contribuido)

La Lengua B para la mayoría de los estudiantes es una buena oportunidad para obtener un 6 o 7 fácilmente. Por conveniencia y coherencia, esta sección está escrita desde el punto de vista de alguien que toma Francés como Lengua B, sin embargo, casi todos los consejos se pueden aplicar a otros idiomas también.

La clave para que te vaya bien en la Lengua B es tener una mentalidad abierta y estar dispuesto a hacer el trabajo puesto por el profesor. Esta materia puede ser un fácil 7 o 6 si te esfuerzas y haces todas las tareas asignadas. Así es como pude conseguir un 7 en francés, hice mis tareas. Además, es importante usar en público lo que se aprende en clase. Para lograrlo, puede ser de tu interés conseguir un tutor de idiomas o, si viajas a un país de habla francesa, salir y socializar con la gente local. Si eres una persona tímida esto puede ser muy difícil de hacer, así que tener un profesor de refuerzo de francés es la mejor opción. Una hora de práctica extra de francés te ayuda a desarrollar tu vocabulario.

Además de practicar y hacer las tareas, maximiza tus notas en las evaluaciones internas como el Tache Ecrite (Tarea Escrita) y el comentario oral. Reúnete con tu profesor y pídele correcciones y consejos sobre cómo mejorar ambas evaluaciones. Esto debería llevarte a obtener mejores resultados, aunque no alcances tu verdadero potencial en el examen. Tener un tutor de francés ayudará con el Tache Ecrite y socializar en francés fuera de clase ayudará con el comentario oral. Sigue estos pasos y con toda seguridad conseguirás un alto puntaje en Francés B NM.

La tarea escrita es algo sobre lo que tienes control total. No la pospongas hasta el último momento, pide consejos a tu profesor temprano y permanece trabajando en ella durante por lo menos dos semanas. Lo que también puedes hacer es mostrar tu copia de la tarea escrita a otros profesores de francés de tu escuela; esto no es engañar al sistema ya que el IB dice claramente que tu profesor sólo puede darte tu opinión una vez. ¿Pero qué hay de otros profesionales que dan su apoyo en el colegio? Al final del día sólo intentas ceder en tu mejor trabajo posible. Valdrá la pena.

Obtuve un 7 en Francés B y a muchos de mis compañeros les fue muy bien en sus respectivas clases de Ab-initio también. Incluso si sientes que no entiendes francés o inglés (o cualquier idioma que estés aprendiendo), la clave para que te vaya bien en este caso es entender lo suficiente para que puedas entender la comprensión de lectura de la Prueba 1. Lo digo en serio; la Prueba 1 debería tener el máximo puntaje para muchos de ustedes.

Obtener un 7 en Francés NM no es tan imposible como parece. Es cierto que Francés B (incluso en NM) en el IB puede ser un curso desafiante e intimidante si no eres 1) fluido/nativo o 2) has estado en un intercambio lo suficientemente largo como para sentirte cómodo con tu francés (también si sólo es hablando) o 3. un genio del lenguaje que es naturalmente talentoso con los idiomas. Sin embargo, todavía es posible obtener un 7 en esta materia si no eres ninguno de los anteriores (yo). Requiere bastante esfuerzo, pero el trabajo vale la pena si uno se compromete.

Leer, leer, leer, leer, leer, leer. Sí, leer. Busca artículos en línea relacionados con los temas que estás estudiando en clase y saca todo el vocabulario y frases específicas que puedan ser útiles para escribir tareas o que puedan aparecer en la Prueba 1. Puedes crear listas de vocabulario para los temas principales (sólo aparecen en la Prueba 1) y hacer apuntes para los temas opcionales (para tener frases que puedas memorizar para la Prueba 2). Los apuntes son literalmente una tonelada de frases en un documento de Word, bajo subtítulos para clasificar los "subtemas" de cada tema. Una manera muy fácil de "estudiar" el francés, sobre todo porque no tiene ningún complique -

todo lo que tienes que hacer es escribir todas las frases que te gusten/que resaltaste.

Memoriza esas frases para tu Prueba 2. Generalmente, estudiarás 2 de las 4 opciones para la Prueba 2, así que si aprendes tantas buenas frases específicas para cada tema, tendrás el 50% de tu Prueba 2. Añade eso al vocabulario que has acumulado y lo convierte en 70%.

Aprende las estructuras gramaticales. Una buena Prueba 2 no tiene que tener lenguaje complicado, sólo tiene que ser preciso. Las estructuras lingüísticas "sofisticadas" pueden ser el subjuntivo utilizado correctamente y en el lugar correcto, o el uso correcto de un pronombre de objeto directo. Especialmente en NM, ellos están más preocupados por tu precisión. Eso es el 90% de tu Prueba 2.

Aprende los tipos de texto. Son cinco puntos fáciles que siempre debes recibir. Practica una variedad de tipos de texto para que seas libre de elegir cualquier pregunta sin importar el tipo de texto en el examen final. Siéntete cómodo con tu formulario de preguntas para entrevistas y con los requisitos de un folleto. Saber estructurar una carta formal e informal, un artículo y una entrada de diario. Siempre tendrás un favorito, pero todavía tienes que practicar - ¿qué pasa si tu tipo de texto favorito se combina con tu pregunta menos preferida en el examen final?

Practica una buena estrategia para tu Prueba 1. Aprende a manejar tu tiempo y acostúmbrate a la cantidad de tiempo (aproximadamente) que deberías estar gastando en cada artículo para que termines a tiempo para hacer una buena revisión. La Prueba1 puede ser muy difícil al principio cuando no has aprendido las estructuras gramaticales y el vocabulario, pero cuando empiezas a leer más, a escribir más y a hacer más Francés, la Prueba 1 es una forma de obtener notas fáciles que aumentan tus calificaciones.

Practica mucho a hablar francés. Participa en clase, busca un amigo con el que puedas hacer debates en francés una vez a la semana y consigue un tutor que te ayude a hablar. Hay muchas maneras de exponerse más al idioma y de hablarlo con más confianza. ¡Esto te ayuda muchísimo en el comentario oral individual! En cuanto al comentario oral, practica a describir fotos relacionadas con el tema opcional que estás estudiando en casa por ti mismo y luego practica a vincularlo de nuevo al tema para completar tu presentación. Es útil aprender frases que te ayuden a describir los diferentes elementos de la foto y frases de enlace que puede utilizar para complementar tu presentación. Las frases específicas de la materia son ideales para cuando tu profesor te hace preguntas sobre el tema, así que aprende y también sepa muy claramente cuál es tu opinión sobre ese tema, porque al IB le encanta cuando tienes una opinión

Haz tu tarea escrita la mejor posible. Tu profesor debería darte mucha orientación al respecto, por lo que es una fuente de puntos relativamente fácil ya que tiene un peso del 20%. Encuentra buenos artículos sobre un tema central con el que te sientas cómodo y limítate al tipo de texto que mejor conoces. Presta atención a los consejos de tu profesor y revisa bien tu trabajo antes de enviar la versión final.

Ganar el comentario oral

El comentario oral de francés puede dar mucho miedo. Para mí, quedó en segundo lugar en mi lista de evaluaciones internas que más miedo me dieron. Pero no te preocupes, porque incluso si nunca has estado en un intercambio estudiantil en Francia, no te gusta tu idioma B o simplemente no tienes un don para los idiomas, todavía puedes hacerlo bien, te lo prometo. (Pero tienes que trabajar duro para conseguirlo). Aquí están mis 7 consejos sobre la preparación y el estudio eficaz para el comentario oral:

1. Colecta tus apuntes, o si aún no los juntados, hazlo ahora.

2. Memoriza las frases clave, relevantes para el tema que estás estudiando, o sea el vocabulario específico del tema. Cuanto más tengas de esto, mejor. Todo esto te ayuda inmensamente en la discusión.

3. Las palabras y frases de enlace son indispensables. Debes ser capaz de establecer un vínculo entre la foto y el tema para mostrar al examinador tus conocimientos sobre el tema en cuestión. Frases de descripción fotográfica. Es obvio ahora que lo piensas, ¿verdad?

4. ¡Gramática! No hay nada peor que hacer un montón de errores gramaticales en comentario oral - mejor manera de perder puntos. No se te olvide revisar tu gramática ya que debes entender y ejecutar las estructuras con precisión. Cosas simples como la posición del adjetivo en la frase deben ser perfectas.

5. Practicar, practicar, practicar a describir fotos y vincularlas con el tema. Busca fotos en Internet, practícalas y grábalas tú mismo. Puedes solicitar ensayo de prueba con tu profesor o simplemente practicar con tus amigos o tu tutor. No hay nada más útil que esto...

6. Participar en clase. Suena irrelevante, pero cuando empieces a involucrarte en la discusión en clase te darás cuenta de que es mucho más fácil responder a las preguntas en la discusión del comentario oral. También es muy beneficioso tener esas discusiones con amigos y compañeros de clase.

7. Relájate. Trata de no pensar demasiado en eso y si no es necesario no hables de eso con tus amigos. Mientras esperas fuera de la salo lo más importante es mantener la calma y tal vez repasar algunas de las frases clave en tu cabeza. Habla con claridad y si necesitas llenar huecos intenta decir "euuuuuuu" en lugar de "um" (realmente te queda más fluido el francés así).

Materia Anticipada

En los primeros capítulos de este libro hemos tratado las materias anticipadas. Lengua B es una excelente opción para terminar una materia de IB en tu primer año, he visto a muchos estudiantes hacerlo y lo hacen con éxito. Deberías preguntarles a tu coordinador de IB y a los profesores de idiomas si esto es posible. Te ahorrará la molestia de estudiar 6 materias en la preparación para los exámenes finales y es posible que ya tengas una nota 7 ganada.

27. El Grupo 3

(artículo contribuido)

Las Ciencias Sociales pueden ser una de las materias más difíciles de estudiar ya que requieren mucha información y al mismo tiempo una evaluación crítica. Con Economía, por ejemplo, para obtener la máxima puntuación, es necesario conocer los tipos de diagramas de memoria, así como también todas las definiciones. No hay forma de evitarlo.

Sin embargo, lo que separa a los estudiantes que obtienen 6 de los que obtienen 7 es la evaluación. Los examinadores quieren ver una opinión; quieren ver que puedes evaluar los pros y los contras de un tema y luego decidir, con base en evidencia y ejemplos, cuál es la opción "correcta". Esto no sólo se aplica a la economía, sino también a todas las demás ciencias sociales. Aquí hemos analizado a algunos estudiantes que obtuvieron 7 en sus respectivas materias del Grupo 3 y cómo lo hicieron.

Economía

Esto no se puede enfatizar lo suficiente: haz preguntas de exámenes pasados. Si te acostumbras a contestar preguntas largas de ensayo al menos una vez por semana en tu materia del grupo 3, tendrás una gran ventaja sobre las personas que no lo hacen. Esto mejora tus habilidades de evaluación, te permite distinguir entre diferentes palabras clave en las preguntas (por ejemplo: evaluar, describir, analizar, comparar) y asegura que, en el momento del examen, no te sorprenderá algo inusual.

También recomendaría leer las noticias todos los días. Los ejemplos de la vida real son oro cuando apuntas a escribir un ensayo de 15/15 puntos. Además, leer las noticias te mantendrá actualizado en lo que sucede en el mundo, fuera del IB. De todas las materias del Grupo 3 que se pueden elegir para el IB yo diría que Economía es una de las más fáciles.

Obtener un 7 en esta materia no es para nada difícil, sólo tienes que seguir 3 reglas simples:

Practica escribir ensayos - busca exámenes pasados y escribe esos ensayos bajo condiciones cronometradas y luego dáselos a tu profesor para que te los califique. Poco a poco, encontrarás que tus errores están siempre en los mismos lugares (¡en mi caso, se me olvidaba definir!) y con el tiempo estos errores pueden ser corregidos fácilmente.

Entiende el contenido de la materia - en Economía no necesariamente tienes que memorizarlo todo, pero sí necesitas una buena comprensión de cada tema y cómo se relaciona con los otros temas para escribir bien esos ensayos.

Escribe un resumen de cada tema con frases clave - escribe tú mismo un conjunto de notas respecto al currículo de la materia. Intenta resumir todo lo que puedas para que sea más fácil de aprender y al hacerlo, descubrirás que entiendes mucho mejor el contenido. También puedes dibujar mapas mentales para ayudar a ordenar todas las conexiones entre los diferentes temas. Trata de escribir tus apuntes a medida que avances en clases, el programa de Economía es muy largo y te costará mucho trabajo terminar los apuntes antes de los exámenes.

Para obtener información completa sobre cómo hacer una buena evaluación interna en Economía, te recomendamos que consigas nuestro libro que se dedica a eso: The IB Economics Commentary: Examples and Advice de Alexander Zouev (versión en inglés disponible en Amazon).

Geografía

Para Geografía, la Prueba 1 es muy fácil si estudiaste. Por lo tanto, es importante maximizar tu puntaje en esta prueba. Aparte de memorizar algunos casos y ejemplos y saber las definiciones de algunos conceptos (lo cual es un deber importante, en esta etapa), sólo hay que analizar gráficos y diagramas.

Para eso, recomiendo la técnica 'OEE'. Esencialmente, dices algo que es Obvio sobre el gráfico, algo Específico (cita un punto de datos numérico) y algo Extraño. Esto casi te garantiza todos los puntos para esa pregunta.

También aconsejo estudiar mucho para la Prueba 3, la parte del curso que abarca Interacciones Globales. Esta es una parte del programa que intimida a muchos estudiantes. Si puedes aprender todas las definiciones y participar activamente en clase con tu profesor estás bien ya que esta prueba analiza esencialmente tu capacidad de recordar información.

La Prueba 2 es una lotería. Algunas opciones son fáciles, otras son muy difíciles. Personalmente, la opción de Turismo me pareció muy fácil y en verdad solo la estudié por mi cuenta dos días antes del examen (sin embargo, esto no es una recomendación para tu enfoque). Obtuve un 6 y por lo tanto por mi limitado tiempo de estudio, estaba feliz. Con el tiempo puedes maximizar el resultado de tu Prueba 1 y Prueba 3 en Geografía, la Prueba 2 no debería ser un gran problema.

La evaluación interna es algo en lo que debes trabajar duro. No lo dejes para el último minuto ya que los examinadores verán que solo has hecho el esfuerzo mínimo. Consigue retroalimentación de tu profesor y pregúntale cómo puedes mejorar. Pregúntales a tus compañeros y ayúdense mutuamente. Para ser completamente honesto, la evaluación interna de Geografía normalmente no es una gran preocupación para los estudiantes del IB, por lo tanto, siempre y cuando tengas todo bien planeado y no entres en pánico, estarás bien.

Intenta "perfilar" los países que utilizas para los ejemplos. Por ejemplo, hice un perfil de China porque China es un país en el que muchos de mis ejemplos se cruzan (política de hijo único, globalización, eliminación de residuos, etc.) y elaboré varias estadísticas sobre el mismo, como población, BIP, migración, etc. Lo hice con todos mis países que son muy relevantes. Puede ser de gran ayuda para tener una idea clara si surge algo. También ayuda a memorizar (para mí, puede que para ti sea diferente).

Memoriza ejemplos, conócelos de memoria. Sepa cómo deletrearlos bien, por ejemplo, el río Kissimmee. Debes poder escribir un buen párrafo sobre cada uno de ellos y para más puntos deberías memorizar números específicos: fechas, estadísticas, lugares, etc.

Otro consejo es que la pregunta de ensayo de la Prueba 1 básicamente cubre tres de los cuatro temas centrales. Entonces se pueden estudiar temas de ensayo para dos de los cuatro temas y una pregunta que se estudió debería aparecer en la Prueba 1. He estado utilizando este método para los simulacros dos simulacros que hice y todo salió bien. Pero si eres un "mejor prevenir que curar", siempre puedes aprender tres temas y omitir el tema que más odias.

Trata de aprender diagramas flexibles para dibujar en las preguntas de ensayo. Por ejemplo, las pirámides de población son buenas para muchos de los temas centrales como el Desarrollo o las Poblaciones en Transición, e incluso la Migración (por ejemplo, se puede dibujar Filipinas y tener un gran hueco y etiquetarlo como "Emigración Filipina", que puede vincularse a la Globalización también). Los diagramas realmente agregan valor a tu respuesta mirando el último criterio del esquema de puntuación.

Prepara tu mano para escribir mucho. Practica escribir ensayos bajo un límite de tiempo. Recuerda que las Pruebas 2 y 3 son el mismo día normalmente, son más o menos cuatro ensayos seguidos. Pon el cronómetro, saca un lápiz y practica, mucho antes de trabajar contra el tiempo.

Historia

La estructura del ensayo de Historia importa tanto como el conocimiento real. Puedes saber absolutamente todo, pero si no puedes comunicarlo de una manera convincente y clara, no obtendrás altas calificaciones. Para la Prueba 1 debes convertirte en una especie de "mago" para analizar todo tipo de fuentes. Para hacer esto debes estudiar muchos exámenes pasados y mejorar tus habilidades de recolectar información.

Para la Prueba 2, es igual de importante planear tu ensayo como escribirlo. Por lo tanto, recomiendo que dediques unos 5 minutos antes de empezar, a hacer un esquema claro de lo que vas a escribir. No olvides que la historia no se trata sólo de memorizar un montón de eventos en un orden particular. Hay que aprender a pensar críticamente, a analizar todos los aspectos de un evento; sus causas, implicaciones, consecuencias, motivos, etc.

Para obtener información completa sobre cómo obtener un 7 en Historia IB, te recomendamos que consigas nuestro libro *How to Write an IB History Essay: The Safe Hands Approach* de Joe Thomas (disponible en Amazon)

Gestión Empresarial

Es un hecho conocido que sólo el 4% de todos los estudiantes de Gestión Empresarial en todo el mundo alcanzan un 7. Este es una de las materias más difíciles para ganar un 7 - pero si llegas allí, pasarás cualquier programa de negocios de primer año a nivel universitario con facilidad. Dicho esto, pídele a tu profesor una hoja de términos de instrucción y los criterios de calificación para las respuestas. Por si acaso ibbusinessandmanagement.com dispone de una gran hoja de términos de instrucción que desglosa todos los términos favoritos de IB (comentar, identificar, analizar, en qué medida, evaluar, etc.), lo que cada término espera y el orden general de los puntos asignados a cada término.

Consigue todo el material que puedas de tu profesor y pide ver la guía del programa de estudios. También existe una guía de evaluación interna muy completa que describe los criterios y cómo estructurarla. Busca eso también. Entre más información tengas, mejores serán tus posibilidades de obtener una buena calificación. Además, para un 7 tienes que pensar más allá de lo que aprendes en clase, así que lee artículos de negocios y acostúmbrate a usar 'lenguaje de negocios'/terminología.

Resolver exámenes pasados será bueno en cuanto a la práctica de cómo estructurar las respuestas de acuerdo con los criterios de calificación. Es una oportunidad para acostumbrarse a la estructura de respuestas del IB y a mejorar tu capacidad de formular argumentos y respaldarlos. Pero hagas demasiados, puede que no sea el mejor uso de tu tiempo en el primer año ya que tendrás que concentrarte principalmente en comprender el contenido y los conceptos principales.

Puedes calificar tu propio trabajo, lo que también será conveniente para la evaluación interna. Lee tu ensayo y compáralo con el esquema de calificación, mira lo que te has perdido. Por ejemplo, ¿está la respuesta demasiado centrada en la explicación de hechos o cifras y no lo suficiente en el análisis o recomendaciones? Lo mismo aplica a los exámenes pasados y trabajos que tu profesor te pone. También vale la pena juntarse con tus compañeros de clase y tomarse un tiempo libre para revisar el trabajo de cada uno de ellos y ver lo que salió mal y lo que salió bien.

28. Vencer Biología

(artículo contribuido)

Las ciencias son fundamentalmente diferentes y es esta diferencia que hace que una sea más difícil que la otra. La biología es un juego de memoria; si puedes recordar todo, tienes garantizado un 7 ya que el pensamiento crítico involucrado es mínimo en comparación con las otras ciencias. Sin embargo, es muy fácil perder puntos simples, así que practica mucho con preguntas de exámenes pasados y entiende lo que la pregunta está preguntando.

Cómo garantizar un 7 en Biología

Aquí hay algunos consejos que me ayudaron a pasar por Biología NS y que podrían ayudarte a ti también.

Como sabrás, la biología es una materia muy cargada de contenido, pero no hay conceptos complejos que necesites entender. Es pura memorización, pero hay algunas técnicas que pueden hacer que el viaje por Biología NS sea menos estresante y más agradable.

Es importante que tomes apuntes limpios que sean estéticamente agradables. Esto puede sonar obvio, pero si tus notas son visualmente atractivas, te la pasarás mejor mirándolas. Mientras con más frecuencia los mires, mejor. A medida que avances en los temas, intenta resumir toda la información en una sola hoja de cuaderno. La síntesis de la información te ayuda a memorizar más eficazmente. También es esencial que repases los temas más de una vez y debes hacer varias hojas de notas diferentes por tema a medida que avanzas por el programa de estudios. Nunca deberías copiar exactamente del libro.

Usa diferentes métodos de estudio. Es importante que no sólo te límites a pequeñas cartas de memorización, sino que también te hagas grandes hojas de resumen. Utiliza dibujos, colores, letra limpia... Intenta ser lo más diverso posible para transformar la información del libro en algo que te pertenezca. Esto realmente ayudará a procesar y recordar toda la información. Biología es también una de esas materias en las que si tienes un amigo que hace apuntes muy limpios e impresionantes, deberías tratar de obtener una copia de ellos si puedes.

Es muy importante que te acostumbres a la estructura y estilo del examen. Recomiendo conseguir el Questionbank del IB. Mientras más preguntas hagas, mejor. Esto es muy importante para las grandes preguntas de 20 puntos. La lectura de las preguntas y la observación de los esquemas de calificación te ayudan a entender cómo piensan los examinadores. También es indispensable que repases tus respuestas utilizando los esquemas de calificación después de un examen de biología. Mientras más hagas esto, mejor serás capaz de escribir respuestas que se adapten a la pregunta formulada. Básicamente, trata de hacer la mayor cantidad posible de exámenes pasados; realmente ayuda.

Estudia con esquemas de calificación (especialmente para las preguntas de 20 puntos). Algunas preguntas como "explicar el proceso de traducción o transcripción genética" simplemente nunca cambian y se reciclan cada dos años. Recomiendo hacer esto para unas cuantas preguntas grandes por tema para que puedas estar seguro de que por lo menos una aparecerá en tu examen. Sin embargo, esto debe hacerse cerca del día del examen.

Pega tus apuntes en la pared de tu cuarto o baño para que las veas a cada rato. Aunque sólo sean 3 minutos mientras te cepillas los dientes. Esto es muy importante para diagramas ya que hay alrededor de 30 de ellos que debe memorizar.

La mejor manera de ganar el examen es conocer el material, así que te toca estudiar mucho. Lo más importante es encontrar una manera que funcione para ti. Personalmente, creo que reescribir los apuntes para que se vean más bonitos funciona mejor para mí. La otra parte importante es ser consistente, aunque sólo sean veinte minutos al día, realmente ayuda a mantener el material fresco en tu mente. El último consejo, que me han dado mis coordinadores, es que intentes establecer conexiones entre los temas y entre también las materias. Así que, por ejemplo, tanto en Química como en Biología, se hace una unidad de química orgánica, donde se puede intentar combinar los conocimientos.

Tienes que saber que hay tres tipos de preguntas de examen:

1) Preguntas de selección múltiple (Prueba 1): Eliges la respuesta entre cuatro opciones posibles. Léelas todas, elimina algunas respuestas para reducir las opciones. Siempre dé respuestas y nunca dejes preguntas vacías. Deja las difíciles para el final y concéntrate en las más sencillas.

2) Preguntas estructuradas (Prueba 2 y 3): Cada pregunta se divide en secciones. Las respuestas se escriben en espacios o en líneas. Si se te acaba el espacio, completa en otra parte de la hoja de examen, pero indica claramente dónde escribiste el resto de la respuesta. En la Prueba 3, se le permite tener papel adicional. La cantidad máxima de puntos que se puedan obtener está indicada al final de cada pregunta; útil para saber cuántos puntos y detalles incluir en las respuestas. Un ejemplo de este tipo de preguntas es la pregunta de análisis de datos (comienzo de la Prueba 2). Requiere que analices gráficos y compares resultados. (Véase Preguntas de análisis de datos).

3) Preguntas de respuesta libre (Prueba 2): Estas preguntas requieren respuestas largas y detalladas en una hoja separada. Tú eres el jefe del estilo de respuesta (mejor opción, tablas, diagramas bien anotados...). Por lo general, las preguntas te orientan. A veces (Sección B) se te dan opciones. Léelas atentamente para elegir la pregunta que más te convenga y sabes que puedes responder mejor. Siempre sigue una secuencia lógica al organizar tu respuesta y evita información irrelevante. Trata de hacer tu letra lo más legible posible.

Básicamente, el 50% de las preguntas requieren información que te toca memorizar. ¡Así que recarga tu memoria! Estas preguntas requieren respuestas directas: ENUMERAR, INDICAR, RESUMIR o DESCRIBIR. El otro 50% consiste en expresar ideas que son más complejas o que implican el uso de su conocimiento de cosas que no les han enseñado.

Estas preguntas usualmente comienzan con:

EXPLICAR - A veces se trata de dar el mecanismo detrás de las cosas con una cadena lógica de eventos; Es un tipo de explicación que explica el "cómo" siendo "por lo tanto" la palabra clave. Sin embargo, a veces implica dar razones o causas; una especie de explicación del "por qué" siendo "porque" la palabra clave.
DISCUTIR - A veces tienes que incluir argumentos a favor y en contra de algo. Trata de hacerlo de manera equilibrada. A veces, puede incluir una serie de hipótesis sin hacer una conclusión.
SUGERIR - Casi nadie te enseña esto. Usa tus conocimientos biológicos generales para encontrar respuestas. Si tiene sentido y es posible siempre te darán un punto.
COMPARAR - Exponer las semejanzas y diferencias entre dos (o más) elementos o situaciones refiriéndose constantemente a ambos (o a todos).
DISTINGUIR - Incluye sólo las diferencias en tu respuesta. Usa "mientras que" para ayudarte.
EVALUAR - Determinar el valor, la importancia o el efecto de algo. ¿Cuán útil es la técnica/modelo? ¿Cuáles son sus impactos sobre los demás/el medio ambiente/ecosistema? Usa tu propio juicio siempre y cuando sea válido y biológicamente correcto.
Otros términos de instrucción son más sencillos y probablemente responderás fácilmente.

Preguntas de Análisis de Datos

Sé que muchos de nosotros sufrimos con este tipo de preguntas. Lee la pregunta atentamente. Subraya cualquier palabra clave en la pregunta (a veces, hay hechos ocultos que los examinadores ponen para ver si prestas atención o no). Siempre subraya los términos de instrucción en las preguntas (discutidas anteriormente). Esto ayuda en caso de que te olvides o te equivoques.

Empieza con la pregunta, mira cuántos puntos da y resuelve al respecto (2 puntos significan mencionar al menos 2 aspectos importantes en la respuesta, 3 puntos son 3 aspectos y así sucesivamente). En el caso de gráficos, siempre lee el título del gráfico, cada eje y sus unidades. En caso de cálculos, muestra tu trabajo e indica siempre las unidades.

Analiza los datos presentados cuidadosamente muchas veces (pero ten cuidado con el tiempo). Familiarízate con ellos y empieza a resolverlos. Practica preguntas así en tu tiempo libre. Puede que sean muy aburridas, pero a largo plazo ayudan mucho.

Recursos

Yo recomiendo revisar una variedad de fuentes diferentes - prefiero usar Bioninja (http://ib.bioninja.com.au) y otros sitios web de Biología del IB en línea para tomar apuntes ya que los libros tienen demasiado o muy poco de ciertas partes del programa de estudios. Si tu profesor no es genial o simplemente no eres capaz de concentrarte en clase búscate a Alex Lee en Youtube - este canal básicamente me hizo sobrevivir y ganar Biología NS. I-Biology.net es otro tesoro de recursos de Biología IB.

Para ser honesto, hay tanta cantidad de recursos que sólo necesitas pasar un buen par de horas buscando por ahí y encontrando lo que más te convenga. Las guías oficiales de estudio de Biología del IB también son muy buenas, pero debes procurar que tu estudio sea siempre activo y no sólo leyendo/explorando.

29. Cascar Química

(artículo contribuido)

La química está a medio camino entre la biología y la física. Combina grandes cantidades de memorización con elementos de pensamiento crítico y análisis. Lo que esto significa es que incluso si conoces la teoría seguirás luchando cuando se trata de ciertos problemas complejos, más que en la biología. También te recomiendo que utilices los exámenes pasados y el Questionbank extensamente para ayudarte a revisar química.

La química es una de esas materias que a primera vista es muy difícil, esto se debe a la introducción de tantos contenidos nuevos. La cantidad de "cosas" que hay que saber es significativamente mayor en química IB que en cualquier curso de química pre-IB. Conceptos como orbitales atómicos, química cuántica y química analítica moderna son completamente nuevos y pueden ser difíciles de entender al principio, especialmente con una materia tan interrelacionada como la Química. Esto significa que necesitarás conceptos que aún no has estudiado para entender los que estás estudiando actualmente. Podría ser especialmente difícil para aquellos de ustedes a quienes les gusta entender los fundamentos de los principios (como a mí).

Hay algunas maneras de resolver este problema y mejorar tu comprensión de la química. En primer lugar (el método menos recomendable), sería simplemente memorizar todo lo que se te enseñan y esperar que una vez que hayas repasado la mayoría de los temas las cosas comiencen a juntarse (normalmente lo hacen, sin embargo, necesitarás repasar ciertos conceptos). La alternativa es ir más allá del alcance del curso. Esto significa leer a continuación en tu libro y discutir lo que has aprendido con tu profesor para entender lo básico y lo fundamental y vincular las ideas entre sí.

Una vez que eres capaz de vincular conceptos entre sí (lo que suele ocurrir al comienzo del segundo año de química del IB), el tema se vuelve mucho más fácil. No tomes esto como una excusa para no trabajar durante el primer año, de hecho, deberías poner mucha energía durante el primer año en obtener una comprensión muy sólida de los conceptos básicos que te permitirán entender y desempeñarte mejor con conceptos más difíciles.

Como siempre, te recomiendo que descargues el Questionbank para practicar lo que has aprendido. te sugiero que empieces a utilizarlo 3 o 4 días antes de cualquier prueba. Repasa todas las preguntas y entiende los conceptos. Cuando se trata de química no hay mejor manera de estudiar que tomar notas rápidas mientras lees y respondes a los problemas del banco de preguntas al final de cada capítulo/tema.

Mira las especificaciones, hay algunos ejemplos que realmente tienes que aprender de memoria (como los usos médicos de algunos isótopos). No puedo enfatizar esto lo suficiente. Cuando lo repases, repasa los detalles y pregúntate si entiendes cada punto. Mi profesor perdió un montón de puntos, así que usé a Richard Thornley para aprenderlos (revisa el canal de YouTube, es un salvavidas).

Si eres bueno en aprender cosas de memoria, o tienes tiempo para hacerlo, te recomiendo que aprendas toda la química orgánica. Es un tema de aprendizaje de memoria, pero si aparece en el examen, puedes obtener fácilmente la puntuación completa en cualquier pregunta sobre química orgánica ya que en realidad no es necesario aplicar muchos conceptos, si es que hay alguno.

Aprende a hacer los cálculos. La ecuación de Henderson-Hasselbach es muy valiosa para la sección de ácidos, pero no está en el cuadernillo de fórmulas. Recomiendo aprender esa ecuación de memoria, porque he visto algunas preguntas de 4 puntos en las que simplemente puedes conectar los números a la ecuación HH (hay una forma más larga de hacerlo también, si te estás preguntando por qué son 4 puntos).

30. Resolver Física

(artículo contribuido)

Física tal vez sea una materia que requiere relativamente poca memorización; sin embargo, los conceptos que se enseñan son multidimensionales y se requiere un pensamiento crítico avanzado. Es posible que te piden que compruebes cosas usando fórmulas, o que derives ciertas fórmulas, o que expliques conceptos desconocidos a través de otros previamente estudiados. Es normal que utilices el Questionbank y los exámenes pasados para complementar tus estudios. Después de completar un capítulo en cada tema, formula algunas preguntas, reflexiona y continúa con el siguiente capítulo. Sugiero esta técnica con todas las ciencias, pero especialmente con la física.

Para mostrar la importancia de la práctica, hablaré de Pablo y lo usaré como ejemplo. Es un tipo inteligente que entró en Oxford, pero si no fuera por los 7 que recibió en física HL no lo hubiera logrado. Se le predijo un 7 en Historia y Economía, pero sorprendentemente no los obtuvo, sin embargo, su práctica y trabajo duro para la física dio sus frutos en la forma de un 7. Unas semanas antes de los exámenes Pablo venía a mi casa los viernes (tiempos duros requieren de medidas duras, como no ir de fiesta los viernes) y nos poníamos a trabajar. Realmente no hay manera de evitarlo. Yo siempre había sido bastante bueno en las ciencias, así que Pablo me usó como recurso (no te preocupes, no me siento explotado). El practicaba los problemas del Questionbank y si alguna vez encontraba algún problema, pedía ayuda. Le ayudé donde pude (esto me ayudó a solidificar mi propio conocimiento) y donde no pude ayudarlo, fui e hice la investigación (esto me ayudó a detectar algunos vacíos en mi aprendizaje). Hicimos esto durante unas semanas hasta que se sintió seguro con Física y ambos salimos excelentes en los exámenes.

Les conté este ejemplo para resaltar dos puntos: primero, no hay manera de no estudiar y segundo, deben trabajar con sus amigos cuando sea necesario (dos cerebros son mejores que uno).

Es importante saber qué se te está preguntando, más específicamente cuánta información deberías incluir al extrapolar la edad del universo de la constante de Hubble o cuántos puntos de datos deberías probar para determinar si la correlación de la gráfica es correcta. Para ser bueno en esto, deberías echar un vistazo a los términos de instrucción de las ciencias. Solo es buscar en Google "términos de instrucción IB química/biología/física". (Los términos de instrucción se aplican a todas las materias y deberías entender todas las importantes y complicadas).

Sé ambicioso, es el IB y necesitas conseguir puntos siempre que puedas (esta idea se aplica a todas las materias). En las ciencias, la mejor manera de hacerlo es prestar especial atención a las evaluaciones internas y a la prueba 2 de los exámenes. Si pones la atención apropiada en las evaluaciones internas puedes obtener una puntuación superior al 90% (esto suena alto, pero recuerda usar todos los recursos a tu disposición: profesores, amigos e Internet). También hacer un especial esfuerzo por estudiar para las Pruebas 2 ya que son las que te dan el mayor porcentaje de la calificación final (36%). Esto implica aprender los términos de instrucción, practicar una buena organización de las respuestas y la administración del tiempo. También significa coger el libro y aprender a fondo las técnicas de análisis de datos que te pedirán en la primera parte de la Prueba. Si puedes acumular puntos en estas dos partes (Evaluación interna y Prueba 2) entonces te garantizo una calificación mayor a 4 y lograr ese 7 será aún más fácil.

Ejemplos

Los siguientes consejos para los exámenes no sólo aplican a las ciencias sino a todas las materias del IB. Las técnicas de memorización en su núcleo son muy similares, así que escucha atentamente y aplica todo lo que puedas.

Leer nunca es suficiente para memorizar o entender un concepto (a menos que seas un genio y supongo que no lo eres), debes tomar esa información, reformularla y aplicarla. Mientras más procese tu cerebro la información, mejor la conservarás. Por eso el aprendizaje es tan dinámico.

Solo leer no es suficiente. Para asegurar una comprensión completa, tienes que tomar apuntes, escribir en la página, resaltar y conectar conceptos sobre los cuales has leído. Yo suelo anotar cosas, dibujar flechas que enlazan ideas y resuelven problemas. También relleno los espacios en blanco o los pasos que podrían haber sido omitidos por el libro al comprobar las fórmulas. El punto es transferir tu proceso de pensamiento a la página

Tomar notas es sumamente importante. Pero ojo, copiar del libro no es suficiente. Debes añadir un nivel adicional de procesamiento a la copia. Esto puede incluir reformular lo que hayas leído, subrayar palabras clave, crear tus propios ejemplos, dibujar diagramas o explicarte a ti mismo conceptos que antes no entendías.

Invierto tiempo y energía en mis apuntes, para poder consultarlos en el futuro cuando haya olvidado el tema y los entienda de verdad. Evidentemente este es un proceso que consume mucho tiempo, así que se inteligente; prioriza los temas en base a cuánta dificultad tienes para captar conceptos, cuán técnico es, etc.

No olvides combinar las sesiones de tomar notas con sesiones de responder preguntas/hacer ejercicios (este es el paso más importante, nunca lo omitas). Sin embargo, antes de los exámenes (unos días) te deberías repasar tus notas, las preguntas que hiciste en el pasado y que te resultaron difíciles, así como todo el material que se proporciona en los exámenes (cuadernillos de fórmulas, etc.). Mira en tu cuadernillo de fórmulas y asegúrate de que entiendes todo lo que contiene.

Un truco que aprendí antes de los exámenes es que no todas las fórmulas útiles están incluidas en los cuadernillos de fórmulas (esto es más evidente para la química que para la física).

31. El Proyecto del Grupo 4

(artículo contribuido)

La idea aquí es muy simple: los estudiantes son divididos en grupos con representantes de por lo menos dos ciencias y se les dice que diseñen, ejecuten y hagan una presentación sobre un experimento basado en un tema dado. Básicamente te califican por trabajo en equipo y por lo bien que cada uno de los miembros del grupo entienda el experimento y los conceptos que hay detrás de él, no por el diseño del experimento, los resultados o cualquier otra cosa de ese tipo. El nuestro fue bastante agradable. Mientras trabajes bien con tus compañeros de grupo, todo debería estar bien.

El proyecto del grupo 4 es un trabajo que todos los estudiantes del IB tienen que hacer - es tan importante para ti hacer esto, ya que reprobarías el Diploma si no lo haces (pero técnicamente no cuenta para nada, no recibes puntos, es como CAS...) Como tal, tu escuela debería estar haciéndote saber de esto.

Para aquellos que no lo saben, el proyecto es inusual en el sentido de que el proceso del trabajo es mucho más importante que el resultado final. La idea es que trabajes con otros estudiantes de una manera multidisciplinaria. Esto puede sonar un poco extraño, así que lo explicaría de la siguiente manera: hay 3 fases en el proyecto....

1. La Fase de Planeación.

El objetivo de esta etapa es que cada pequeño grupo de estudiantes (aprox. 6) presente una sugerencia para el Título Global del Proyecto G4. Los estudiantes de los equipos de planificación deben cubrir las materias del G4 de la escuela si es posible.

Es importante que cada una de las personas DEBEN contribuir a este proceso. Es responsabilidad de cada uno considerar lo que su idea podría contribuir a los Títulos sugeridos. Por ejemplo, no tiene sentido sugerir un título si no se puede pensar qué podrían hacer los estudiantes de Física con él. En la mayoría de las escuelas, las asignaturas del G4 son Biología, Química, Física, Sistemas Ambientales y Sociedades y Tecnología del Diseño.

<u>Hormigón</u>

Biología: efectos médicos del polvo

Química: pureza de la piedra caliza, aditivos, agresiones químicas, proceso de solidificación.

Tecnología de diseño: materiales compuestos, elección del material

Sistemas ambientales: impacto de la extracción y el uso de arena, cemento, áridos

Física: fuerza, propiedades térmicas

<u>Análisis de materiales de construcción locales y/o tradicionales</u>

Biología: efecto de la eliminación del material en el medio ambiente local, apoyo al crecimiento de organismos, por ejemplo, insectos.

Química: lluvia ácida, salinidad, combustibilidad

Física: mecánica, estrés, transferencia de calor, ventilación, aislamiento.

<u>Efecto de la cafeína en el rendimiento físico</u>

Biología: efecto sobre la respiración, la presión arterial, la frecuencia cardíaca, el tempo de reacción y el equilibrio.

Química: fuentes y composición de la cafeína, determinando los niveles de cafeína en estas fuentes.

Física: medición de la energía generada (subir escaleras, etc.)

<u>Proyecto de esquí</u>

Biología: estructura esquelética, músculos, pérdida de temperatura, antropometría.

Química: calidad de nieve, nieve artificial, ceras, materiales

Tecnología de diseño: edificios, materiales

Sistemas ambientales: destrucción de bosques, erosión, impacto económico

Física: aerodinámica, fricción, gravedad, estructura, pérdida de calor, aislamiento.

<u>La ciencia en el teatro</u>

Biología: reducir el estrés de los intérpretes

Química: crear efectos especiales seguros

Tecnología de diseño: diseño de nuevos decorados, iluminación

Sistemas ambientales: mejora de la calidad del aire

Física: creación de nuevos efectos de iluminación

<u>Factores que influyen en el rendimiento en una carrera de 400 metros</u>

Biología: latidos del corazón, biorritmos, sueño, fatiga, estrés.

Química: bebidas isotónicas y dieta

Tecnología de diseño: diseño y materiales para pista, calzado, envases de bebidas deportivas

Física: elasticidad, amortiguación, viento y temperatura.

2. La Fase de Preparación.

Por lo general, los estudiantes se ponen en grupos pequeños (aprox. 3-4) para hacer el trabajo real. Harán una breve investigación en equipo. Es necesario dividir el trabajo y cada miembro del equipo debe asumir la responsabilidad de esta parte.

Es esencial recordar que el resultado real no es importante, es el hecho de que los estudiantes realmente trabajaron juntos e hicieron que sucediera algo.

3. La Fase de Presentación.

Aquí es donde la escuela normalmente pide que den una presentación para explicar lo que hicieron y hace preguntas durante unos minutos al final.

Comentarios finales:

El único GRAN consejo para el proyecto del Grupo 4 es que lo disfrutes, no trates de evitarlo o no hagas nada. Trabaja duro porque estos extraños momentos no ocurren mucho. Disfruta el trabajo y comprométete con lo que estás haciendo - entonces debería ser divertido y deberías obtener excelentes notas. También ten en cuenta que cuenta para el 0% de tu calificación general (sólo tienes que "pasar la prueba") así que no te preocupes demasiado.

32. Descifrar Matemáticas

(artículo contribuido)

Los consejos de este capítulo se refieren principalmente a Matemáticas de NS - sin embargo, casi todo aplica también a Estudios Matemáticos y Matemáticas NM.

No hay otra manera; tienes que estudiar y practicar. Conocer la teoría no es suficiente, especialmente cuando estás haciendo Matemáticas NS. A lo largo de los dos años de matemáticas estuve constantemente sacando notas entre 4 y 5 en mis exámenes y hasta saqué un 28% en la Prueba 1 en los simulacros. No hace falta decir que pensé que iba a reprobar el IB, sin embargo, usé este estrés y pánico a mi favor. Comencé a estudiar muy intensivamente y en un período de 3 meses pude registrar alrededor de 120 horas de estudio de matemáticas, lo que equivale a una hora y media de matemáticas cada día, gracias a lo cual obtuve un 6 en mis exámenes finales.

Así organicé mis estudios de matemáticas:

Utilicé el libro de Matemáticas NS de Cambridge, e hice la mayoría de los ejercicios de ahí (también los fáciles y repetitivos ya que estos te enseñan pequeños trucos). También pasé un tiempo extra haciendo los problemas más complicados y no me rendí, aunque no me saliera. Este libro me permitió aprender realmente todos los trucos que necesitarás para resolver problemas imposibles del IB. Te recomiendo que compres este libro y lo utilices como fuente primaria de práctica.

Al terminar cada capítulo, me dirigía al QuestionBank y creaba una mini prueba con preguntas relevantes. Tienes que acostumbrarte al formato del IB y entender cómo podrían intentar de engañarte (al principio sólo podía entender una de cada tres preguntas, pero al final pude entender cada una de ellas). Esto, sin embargo, no significaba que yo pudiera resolverlas todas). También debes entender cómo funciona el esquema de calificación, porque si no muestras tus cálculos podrías perder puntos, aunque tu respuesta sea correcta. Por último, tus profesores suelen darte preguntas de exámenes pasados, así que, si tienes suerte algunos de los que has hecho podrían volver a aparecer (es bueno para la predicción de tu nota final). Cualquier pregunta que no entendía, la marcaba y le pedía ayuda a mi tutor de matemáticas o al profesor de la clase. (Tuve un tutor durante todo el año; te recomiendo que también te consigues uno si puedes pagarlo).

Finalmente, intenta hacer todas las preguntas del examen, incluso si sólo entiendes la primera mitad del problema, intenta resolverlo. El esquema de la marca IB funciona de manera misteriosa y siempre se pueden obtener algunos puntos aquí y allá. Estos puntos pueden ser la diferencia entre un 5 y un 6 o un 6 y un 7.

54%. Ese fue el porcentaje que saqué en el simulacro. Cuando tus profesores dijeron que eres capaz de tomar Matemáticas a Nivel Superior, nunca explicaron que eso significaba pasar de ser un estudiante de puros 7 a obtener apenas la mitad de los puntos en un examen. Nunca es fácil que tu percepción tus capacidades se destrocen como lo hace el primer texto de Matemáticas NS y nadie te prepara para el inevitable cuestionamiento de tu inteligencia. Como cualquier estudiante de Matemáticas NS te dirá, todos nos hemos planteado la misma y antigua pregunta durante el curso de 2 años. ¿Soy lo suficientemente bueno para esto?

La clave del éxito en Matemáticas NS, sin embargo, es tomar la prueba con el 54% marcado de rojo y pegarlo en la pared. La clave es mirarla y asociar con ella un sentido de determinación. Siempre estaré más preparado que esta vez. Al principio es difícil, pasar de ser un estudiante modelo de matemáticas a tener un puntaje tan bajo, pero como con la mayoría de las debilidades, el primer paso para mejorar es darse cuenta de que uno tiene una debilidad.

Aun así, es fácil decir que te prepararás, trabajarás y mejorarás, pero no seguir adelante. La cosa más difícil es hacer algo y seguirla rigurosamente, en lugar de engañarse a sí mismo con una falsa sensación de confianza. Recuerda, la confianza por sí sola te da una puntuación de cero puntos. La práctica, por otro lado, es mucho más valiosa.

04h30 A.M. El sol no ha salido y los pájaros no están cantando porque ellos, como el resto del mundo, están dormidos. ¿Por qué no lo estás tú? A veces es muy fácil no reservar suficiente tiempo para practicar matemáticas. A veces estás demasiado cansado después del entrenamiento de baloncesto, o ensayo de la banda, o simplemente haciendo todas tus tareas, para sentarte y abordar un problema que continuamente se te escapa. La comodidad y la claridad cognitiva son lo que hacen que la mañana sea perfecta para las matemáticas. Un buen trabajo de 90 minutos cada mañana de 0430-0600 fue la única razón por la que pude superar mi 54% y obtener una excelente nota en los exámenes finales. Usando un momento del día en el que normalmente estás libre y tu mente está despejada, eres capaz de cosechar la máxima recompensa en términos de mejora en tus matemáticas. Al principio será difícil despertarse pero cuando tus puntajes empiecen a subir, apreciarás cada minuto de falta de sueño.

Consejos Generales

Consejos para estudiar:
- Tu **comprensión** fundamental es muy importante. Enfócate en aprender las técnicas que puedas necesitar. Puede haber algunas técnicas/trucos/soluciones que tus libros no cubran y puedes aprenderlas haciendo exámenes pasados.
- Los números complejos y los planos suelen tener grandes preguntas en la Sección B y con un poco de práctica, son muy sencillas. Yo recomendaría aprender bien estos temas. El cálculo aparece un poco, al igual que las estadísticas, pero por mi

experiencia, los números complejos y los planos son los más comunes.

- En general, creo que los libros para Matemáticas NS tienen algunas limitaciones - las preguntas que se hacen en ellos y en los exámenes reales son muy diferentes. Digo esto porque he aprendido muchos más "trucos" para resolver preguntas de los exámenes que de los libros. Como tal, sentía que hacer la tarea de mi libro a veces no era muy productivo. Mira si puedes persuadir a tu profesor para que haga que tus tareas sean las preguntas de exámenes pasados en lugar de las preguntas de los libros. Véase el siguiente punto.

- Cuando empieces a repasar los temas te recomiendo que uses el QuestionBank. Escoge los temas con los que te sientas menos cómodo y concéntrate en ellos. Cuando te sientas cómodo con ellos, puedes empezar a hacer exámenes pasados. Está bien repetir exámenes pasados para realmente profundizar tu comprensión, algunas preguntas son como recicladas, pero con números diferentes (por ejemplo, números complejos con expansión binomial). Llegarás al punto en el que algunas preguntas son tan fáciles que deberías omitirlas y hacer las preguntas que no parecen fáciles de resolver.

- Como siempre, concéntrate cuando estés estudiando. Elimina cualquier fuente de distracción como tu teléfono, etc.

- Hay algunas pequeñas partes que hay que aprenderse de memoria, tales como las ecuaciones para las sumas y los productos de los polinomios. Apréndete las ecuaciones para ellos - si te toca una pregunta al respecto en el examen probablemente será muy sencilla, pero si no las conoces pierdes algunos puntos fáciles.

- Trabaja duro en tu Exploración Matemática y trata de obtener la más alta calificación que puedas. Obtuve 17/20 en mi IA, lo que realmente me ayudó. Es

bueno entrar al examen sabiendo que tienes ya una buena base de puntos.
- Trabaja con amigos. Es posible que usted no siempre tenga el mejor enfoque, o incluso el correcto, para una pregunta y es posible que ellos sí lo tengan. A veces es al revés. Sin embargo, si puedes explicar una pregunta a un amigo y si puede entenderla, entonces significa que comprendes bien el tema.
- Es muy difícil de embutirse todo el conocimiento de matemáticas una noche antes del examen y yo no lo recomendaría para nada. Comienza a estudiar temprano para estar en buena forma para el examen.

Consejos para los exámenes:
- En el examen real, tienes 5 minutos de tiempo de lectura. Aprovecha este tiempo para mirar cada pregunta y hacer una nota (mental) de las preguntas que son más fáciles. Cuando puedas empezar a escribir, haz primero esas preguntas y luego el resto del trabajo. Ya que has visto todas las preguntas brevemente antes de empezar, tu cerebro pensará en el fondo sobre estas preguntas. Puedes tener una sensación repentina de "¡Ya sé!" para algunas de las preguntas más difíciles, incluso si no estás en esas preguntas. Dos razones más para hacer esto: se gana impulso y confianza y si no terminas a tiempo, maximizas la cantidad de puntos que puedes conseguir.
- No te asustes cuando veas una pregunta que no sepas inmediatamente cómo hacerla, pero sáltala y guárdala para más tarde. Había una pregunta en mi examen de matemáticas sobre una cabra que me hizo tropezar. Sólo hice parte de la pregunta, pero mirando hacia atrás, no era una pregunta tan difícil y sabía todas las matemáticas que necesitaba para resolverla.
- Si está atascado mira el cuadernillo de fórmulas. El cuadernillo de fórmulas es tu mejor amigo. Es muy posible que veas una fórmula que de repente te hace

entender lo que la pregunta quiere. Si no sabes que hacer, mira el cuadernillo de fórmulas y muchas veces te dará una idea.

- Dibuja un diagrama para ayudarte a imaginar el escenario - esto es particularmente útil cuando haces trigonometría, números complejos, estadísticas o vectores y planos.
- Si alguna vez haces una sustitución, lo cual pasa mucho, pon corchetes alrededor de lo que has sustituido. Esto te ayuda a evitar errores de cálculo. Los signos negativos son molestos y hacer esto hace que las cosas sean un poco más claras. Es un buen hábito para acostumbrarse.
- Aprende a usar bien tu calculadora. En la prueba con calculadora hay algunas preguntas muy fáciles si sabes cómo usar calculadora. Son muy rápidas y fáciles de hacer.
- Lo más importante. **Lee la pregunta completa.**

33. La Exploración Matemática [Parte I]

Este capítulo te ayudará a alcanzar una nota mínima de 5 (como 12/20) con facilidad. Para conseguir esa nota mágica de 18/20 tendrás que esforzarte un poco. Esta guía te garantizará que cuando apuntes a esas notas superiores no pierdas ningún punto por no haber cumplido con las exigencias implícitas y explícitas del IB, sin importar cuán pequeñas o grandes sean.

Otro punto para tener en cuenta es que esta guía está escrita específicamente para los estudiantes de Matemáticas de NS, pero todos los puntos discutidos también se aplican a Matemáticas NM (he pedido consejo hasta a los estudiantes de Matemáticas NM que han sido buenos). Sin embargo, añadiré una sección extra al final resaltando las principales diferencias entre la exploración de Matemáticas NS y de Matemáticas NM.

Criterio A, Comunicación:

Nivel	Descriptor de nivel
0	La exploración no alcanza ninguno de los niveles especificados por los descriptores que figuran a continuación.
1	La exploración tiene cierta coherencia.
2	La exploración tiene cierta coherencia y muestra cierta organización.
3	La exploración es coherente y está bien organizada.
4	La exploración es coherente, está bien organizada, y es concisa y completa.

Este es probablemente el criterio más fácil para alcanzar una calificación alta, así que sigue los siguientes puntos:
- **Legibilidad, el arte de hacer tu trabajo fácil y divertido de leer:**
  o Revisa tu trabajo; busca errores ortográficos y asegúrate de mantener tu lenguaje conciso y efectivo. Fíjate en el flujo del texto y revisa que tus oraciones estén bien estructuradas y sean fáciles de seguir. Te sugiero que después de que te hayas corregido, pídele a uno de tus

amigos que repase tu trabajo (diles que estén atentos a todo lo anterior).
- Usa un lenguaje interesante, pero no llenes tu trabajo con términos irrelevantes y extravagantes que no pertenezcan ahí.
- Manten las cosas concisas; no hables de cosas que no tienen nada o muy poco que ver. Trata de evitar repetirte y trata de no escribir más de 12 páginas.

- **Estructura, para evitar que los examinadores se enreden:**
  - Pon un índice al principio y aprende como hacer y usarlo en MS Word. Esto significa que debes familiarizarte con los Estilos de Texto (por ejemplo, encabezado 1, encabezado 2, título, etc....).
  - Usa el constructor de ecuaciones incorporado en Word cuando uses matemáticas en tu exploración. También recomiendo cambiar el color (negro para texto estándar, azul para ecuaciones matemáticas).
  - Introducción, Cuerpo, Conclusión. La introducción debe contener las razones por las que estás interesado en el tema, el objetivo de tu exploración, la importancia de tu tema a nivel global y una visión general del mismo. El cuerpo debe tener todos los cálculos sustanciales (obviamente) y la conclusión debe tener un resumen de la exploración y una reflexión.

- **Citas, para evitar reprobar el IB:**
  - Usa citas del estilo MLA (o APA u otros métodos reconocidos por el IB) en cualquier texto o trabajo que extraigas de libros, del Internet o de cualquier otro medio que emplees.

- **Explicar: muéstrale al examinador que sabes de qué estás hablando:**
  - Casi cada paso matemático en la exploración debe tener al menos una línea de texto que explique lo que hiciste.
  - Si usas cualquier conocimiento matemático que no sea del IB, debes explicarlo.
  - Si utilizas cualquier conocimiento no matemático (por ejemplo, física o economía), debes explicarlo a fondo para que tu examinador tenga el mismo nivel de comprensión.

Criterio B, Presentación Matemática:

Nivel	Descriptor de nivel
0	La exploración no alcanza ninguno de los niveles especificados por los descriptores que figuran a continuación.
1	La presentación matemática es, en cierto grado, adecuada.
2	La presentación matemática es, en su mayor parte, adecuada.
3	La presentación matemática es adecuada en su totalidad.

Aquí es donde la gente pierde puntos por estúpidos, así que presta atención.

- **Haz tu trabajo bonito, para evitar cualquier confusión:**
  - Asegúrate de usar la función de escribir ecuaciones en Word (aprende a usarla, es bastante simple y directo).
  - Usa un texto diferente para las ecuaciones matemáticas; pon texto en cursiva y cambia su color.
- **Usa la forma de notación apropiada:**
  - Nunca uses la notación que algunos programas de cálculo y de computación emplean para denotar 10^x usando Ex; en su lugar escríbela como una potencia de 10. Así que 3E3.5 se convertiría en $3 \times 10^{3.5}$.

- o Simplemente usa la forma de notación matemática correcta y cuando tengas dudas pregunta a alguien.
- **Etiqueta todo:**
  - o Si estás usando ecuaciones genéricas, debes etiquetarlas con una línea de texto. Esta etiqueta debe contener el nombre de la ecuación (así como cualquier otra cosa que te parece apropiada).
  - o Asegúrate de etiquetar las tablas y gráficos utilizando la herramienta de citación proporcionada por MS Word. La cita debe demarcar cada elemento citado por una etiqueta única y una breve explicación (por ejemplo, Tabla 1: datos del experimento de crecimiento de la planta // Diagrama 1: Diagrama de tiempo vs aceleración).
  - o Cuando utilices una tabla o un diagrama, asegúrate de que estén correctamente construidos. (Piensa en las evaluaciones internas de tu ciencia)
    - Tablas: Todas las filas están correctamente tituladas, se indican las unidades (si es necesario) y todos los datos tienen las cifras significativas apropiadas.
    - Diagramas: Etiquetar todos los ejes, título y dar unidades de medida.
- **Definición de términos: definir palabras extravagantes y complejas:**
  - o Define términos matemáticos que no son de conocimiento común y otra terminología científica o matemática compleja. En caso de duda, define.

Criterio C, Compromiso Personal:

Nivel	Descriptor de nivel
0	La exploración no alcanza ninguno de los niveles especificados por los descriptores que figuran a continuación.
1	Hay indicios de un compromiso personal limitado o superficial.
2	Hay indicios de cierto compromiso personal.
3	Hay indicios de un importante compromiso personal.
4	Hay numerosos indicios de un excelente compromiso personal.

Este criterio es un poco más engañoso de lo que parece a primera vista. 4 puntos por demostrar que te importa: ¿en serio? Bueno, así es como funciona: si demuestras que te importa y que has puesto mucho esfuerzo en tu trabajo, puedes conseguir un máximo de 2-3/4. Para conseguir esos cuatro tu trabajo tiene que ser muy bueno; no sólo tienes que demostrar que estás "personalmente comprometido", sino que tu exploración también tiene que ser de alta calidad. Considero que estos criterios son los "criterios holísticos" en los que los examinadores pueden marcar por capricho

- **El interés es oro (muéstralo o fíngelo):**
    - En la introducción explica por qué tu exploración es importante para ti personalmente y por qué elegiste el tema. Si no tienes buenas respuestas, simplemente miente y trata de vincular el problema que estás analizando con una anécdota personal.
- **Elige un tema interesante: lo hace más interesante para ti y para tu examinador:**
    - No selecciones un problema estándar (por ejemplo, resolver un cubo de Rubik o problemas genéricos como ese). Trata de explorar nuevos problemas y haz que tu tema sea más interesante. Al demostrar que te has tomado el tiempo para investigar algo inusual, estás demostrando a tus examinadores que estás comprometido y dispuesto a aprender, que te dará una buena puntuación en este criterio. Voy a hablar

sobre la selección de la tesis más adelante en esta guía.
- o Extiende tus matemáticas más allá de lo obvio. Trata de ver cómo se pueden implementar las matemáticas que intentas usar. Muestra la solución genérica (con genérica, me refiero a la solución "más obvia" o "estándar") y dedica tiempo a intentar una solución no genérica. Incluso si no puedes hacer las matemáticas directamente, habla sobre métodos alternativos para resolver tu problema y describe en detalle cómo se haría. Esto le muestra al examinador que estás pensando más allá de lo requerido. Confía en mí, hazlo.

Criterio D, Reflexión

Nivel	Descriptor de nivel
0	La exploración no alcanza ninguno de los niveles especificados por los descriptores que figuran a continuación.
1	Hay indicios de una reflexión limitada o superficial.
2	Hay indicios de una reflexión significativa.
3	Hay indicios contundentes de una reflexión crítica.

No hay una cosa más típica del IB que reflexiones y evaluaciones. Debes ser eficiente con tus palabras y hablas constantemente sobre cualquier suposición que hagas.

- **Mejorar la exploración**
    - o Discute las limitaciones con las que te encontraste al hacer tu exploración. Estas limitaciones podrían ser, pero no se limitan a las siguientes: Limitaciones de tiempo (¿qué hubieras hecho con más tiempo?, ¿qué hubieras ampliado?), falta de tecnología o software (¿cómo te hubieran ayudado las mejores herramientas?), limitaciones en las habilidades matemáticas (si fueras un

supermatemático, ¿qué hubieras hecho de otra manera).
- Menciona qué otros tipos de matemáticas podrías haber usado para mejorar la calidad de tus exploraciones. Ten en cuenta que a lo largo del proceso de reflexión tendrás que explicar las cosas en un lenguaje sencillo, pero también debes describir y mostrar pequeños fragmentos de matemáticas, aquí y allá.

- **Aplicaciones locales y globales**
  - Debes expandirte sobre por qué elegiste este tema y qué implicaciones tiene para ti personalmente y, lo más importante, para la humanidad en general. Esta sección debe ser una continuación detallada del razonamiento que usted comenzaste en la introducción (explicando por qué tu exploración es importante a nivel mundial), sin embargo, esta vez incluye tus hallazgos de la exploración en el análisis.
  - Explica detalladamente cómo las matemáticas y los problemas que has explorado se aplican en el mundo real. Utiliza estos términos para guiarte: implicaciones, aplicaciones, limitaciones, comparación y contraste. Piensa en el pasado, presente y futuro y cómo ha cambiado tu exploración con el tiempo (tanto en el desarrollo como en la relevancia).

- **Conclusión**
  - Elabora una conclusión breve que envuelva todos tus hallazgos, conectándolos con la reflexión. La reflexión servirá como una conclusión en sí misma; por eso no se necesita más que un párrafo para concluir las cosas.

Criterio E, Uso de las Matemáticas

Nivel	Descriptor de nivel
0	La exploración no alcanza ninguno de los niveles especificados por los descriptores que figuran a continuación.
1	Se utilizan unas matemáticas algo pertinentes.
2	Se utilizan unas matemáticas algo pertinentes. Se demuestra una comprensión limitada.
3	Se utilizan unas matemáticas pertinentes y acordes con el nivel del curso. Se demuestra una comprensión limitada.
4	Se utilizan unas matemáticas pertinentes y acordes con el nivel del curso. Los aspectos matemáticos explorados son parcialmente correctos. Se demuestran cierto conocimiento y cierta comprensión.
5	Se utilizan unas matemáticas pertinentes y acordes con el nivel del curso. Los aspectos matemáticos explorados son, en su mayor parte, correctos. Se demuestran un conocimiento y una comprensión buenos.
6	Se utilizan unas matemáticas pertinentes y acordes con el nivel del curso. Los aspectos matemáticos explorados son correctos. Se demuestran un conocimiento y una comprensión sólidos.

Este es el criterio más difícil de cumplir. Hasta ahora teóricamente se podía puntuar bastante bien sin tener mucho conocimiento matemático, sin embargo, las cosas aquí empiezan a cambiar.

- **Seleccionar un objetivo**
    - La selección de la tesis/objetivo de la exploración es una de las partes más difíciles, pero más importantes de la exploración. Debes hacer una de las siguientes cosas (créeme, si no lo haces, tendrás una mala nota): o seleccionas un problema original y lo resuelves con matemáticas tradicionales, o seleccionas un problema tradicional y lo resuelves con matemáticas originales (o un problema original con matemáticas originales).
    - Te sugiero que tomes un problema y lo modeles en la vida real (el Cálculo usualmente es útil aquí). Yo modelé el consumo de combustible de un cohete en órbita. Estoy seguro de que casi todos mis cálculos eran incorrectos, pero aun así

conseguí 18/20 puntos. El hecho es que realmente no importa si obtienes la respuesta correcta; ¿cómo lo sabrán (a menos que haya una respuesta conocida a tu problema)? Mientras tus matemáticas sean correctas, todo está bien. Te recomiendo que de concentres principalmente en problemas de modelos matemáticos. Estos son los mejores y más fáciles de puntuar (siempre y cuando sigas esta guía).

- **Obtener una nota mayor a 4/6 (dependiendo d tu objetivo)**
  - No puedes sacar más de un 4/6 aplicando las matemáticas del libro de matemáticas. Lo que hice en mi exploración fue usar integración, integración compleja. Lo más importante es que me lo enseñé a mí mismo (aún no lo habíamos repasado en clase) y lo mencioné en mi introducción (expliqué que había aprendido por mi cuenta ya que la exploración fue escrita antes de mis clases de integración) para demostrar que estaba yendo más allá. Utiliza conceptos avanzados que te enseñan en el curso y aplícalos de una manera interesante. Alternativamente, puedes aprender nuevos teoremas y conceptos matemáticos y aplicarlos (un problema es que la mayoría de la gente aprende nuevas matemáticas y no las explora con suficiente profundidad causando bajas calificaciones). Si seleccionas un nuevo dominio de matemáticas, asegúrate de investigarlo lo suficientemente bien (deberías ser capaz de ir más allá de copiar una página de Wikipedia).
  - No te compliques demasiado sin ninguna razón. Usar fórmulas al azar aquí y allá no te ayudará. En realidad, la aleatoriedad de estas fórmulas hará que el flujo de la exploración

se rompa, lo que bajará tu calificación para la comunicación.

- **Mézclalo un poco:**
  - Dentro de una exploración puedes probar diferentes métodos matemáticos para resolver un problema y compararlos. Este tipo de exploración obtendría una alta puntuación en reflexión y si las matemáticas están bien usadas, también obtendría una alta puntuación en los criterios matemáticos.
  - Para lograr esto en mi exploración, combiné soluciones algebraicas con las tecnológicas (usando un software genial). Esto es muy bueno si se hace correctamente (debes incluir las soluciones manuales y algebraicas) sin embargo, obtendrás una puntuación muy baja si todos los cálculos se realizan utilizando un computador.

Nivel Superior vs Nivel Medio

Todo es exactamente igual entre las dos exploraciones en términos de los requisitos del IB y los criterios. La mayor diferencia viene con las matemáticas que aplicas y su relevancia. Algo que obtendría un puntaje alto en una exploración de NM no necesariamente lo obtendría en una exploración de NS (pero NS generalmente obtendría un puntaje extremadamente alto en el caso de NM). Por lo tanto, es importante que utilices las matemáticas apropiadas y que busques la profundidad apropiada en tu exploración. Las matemáticas que aplicas deben estar siempre en el límite superior de dificultad de lo que estás estudiando, o hasta más allá de él.

34. La Exploración Matemática [Parte 2 - Ejemplo]

(artículo contribuido)

Tomemos por ejemplo una exploración de un modelo matemático, uno en el que queremos modelar las carreras de Fórmula 1 y calcular la estrategia óptima. Queremos tomar dos estrategias opuestas y modelar su comportamiento, compararlas y obtener una solución óptima. Ten en cuenta que los siguientes puntos son sólo resúmenes de posibles temas de discusión:

Introducción:

- Por qué me interesa la Fórmula 1 o una anécdota personal (puedes mentir).
- Si se desarrollan mejores algoritmos para la Fórmula 1, es probable que tengan un efecto global. La tecnología y las innovaciones de la Fórmula 1 se utilizan a menudo en contextos comerciales. Si se encuentran estrategias de conducción eficientes, podrían aplicarse a los vehículos inteligentes (especialmente ahora que los carros sin conductor están saliendo a la luz) - Observa que estoy tratando de relacionar la importancia del tema con los acontecimientos actuales y a un nivel global.
- Una presentación general de la Fórmula 1, sus reglas e historia - No más de cuatro líneas.

Resumen:

- Las variables que se tendrán en cuenta y las cosas que no se tendrán en cuenta: los tiempos de parada en el pit-stop, el peso del combustible y su efecto sobre la velocidad, la aceleración y la desaceleración en las curvas, la velocidad y su efecto sobre el desgaste de las llantas (y su relación con el número de paradas en el pit-stop). Cosas que no se tendrán en cuenta, recorrido exacto por la pista (demasiado difícil de medir), tiempos de repostaje (ya no está permitido, todo el combustible tiene que ser precargado en los carros). Hablo tanto de cosas que están en mi capacidad de cálculo como de cosas que no lo están. Me aseguro de simplificar el problema para poder aplicarle las matemáticas. Luego puedo reflexionar sobre las simplificaciones que se hicieron y ganar puntos en el criterio de reflexión.

- Se crearán dos estrategias distintas, la estrategia A y la estrategia B, que luego se compararán y se desarrollará una estrategia intermedia (la óptima). Fíjate que estamos exponiendo claramente el problema y diciendo lo que vamos a hacer. También es una buena idea referirse a las técnicas que vamos a utilizar. Además discutimos todos los parámetros que vamos a utilizar y cómo están vinculados (breve resumen).
    - Estrategia A: Se elegirá la velocidad más eficiente para el consumo de combustible, se considerará su efecto en el consumo de combustible, el desgaste de las llantas y las paradas. Todos estos datos serán agregados en un tiempo para una vuelta arbitraria. La eficacia de las estrategias se considerará para diferentes tipos de vías.
    - Estrategia B: Se elegirá la velocidad más rápida, su efecto en el consumo de combustible (cantidad inicial de combustible), el desgaste de las llantas, las paradas serán consideradas. Todos estos datos serán agregados en un tiempo para una vuelta arbitraria. También se tendrá en cuenta la longitud de la vía. La eficacia de las estrategias se considerará para diferentes tipos de vías.
    - Estrategia C: La integración y la optimización se utilizarán en gran medida

para encontrar una solución óptima para terminar en el tiempo más rápido.

Matemáticas:

- Se considera la opción A. Se aplican todas las matemáticas. Las matemáticas que aplicaría en general sería el cálculo, en particular los campos de la integración y la derivación. Yo echaría un vistazo a los libros de cálculo e intentaría aplicar las matemáticas desde allí. También buscaría en Internet aplicaciones interesantes de cálculo.
- Se considera la opción B
- La evaluación compara A y B. Se exploran más matemáticas para combinar las dos estrategias y desarrollar una solución opcional C. Dividir el problema en partes más pequeñas y aplicarle un cálculo simple puede realmente producir resultados interesantes, especialmente cuando todo se combina en un modelo general. Esto puede darte una alta calificación en los criterios matemáticos si demuestras una buena comprensión del problema y aplicas soluciones de una manera original.

Evaluación:

- Discutir los posibles defectos de mis hallazgos, como el hecho de que los valores utilizados para el desgaste de las llantas y las curvas de consumo de combustible podrían haber sido erróneas. Tienes que ser crítico con tu propia investigación, desarmarla. Es absolutamente posible que digas que tus resultados fueron inválidos, esto muestra que entiendes la complejidad del problema (obtendrás muchos puntos para tu pensamiento crítico y para llevar a cabo una "investigación/exploración").
- Aspectos que se podrían añadir a mi exploración en la estrategia de carreras de Fórmula 1 son los cálculos

de la ruta a lo largo de la pista. Si mis habilidades matemáticas fueran mejores, podría crear un algoritmo para el cálculo de rutas. Sin embargo, este es un arte y equipos de Formula 1 pasan años optimizando las estrategias. Debes discutir las posibles áreas de expansión y mejoramiento
, también si no son alcanzables. Debes tener al menos dos puntos alcanzables y un punto de expansión no alcanzable.

- Yo hablaría de la aplicación global de mi exploración. Los algoritmos de eficiencia podrían definir cómo deben moverse los automóviles para lograr una eficiencia óptima. Esto tiene posibles aplicaciones en coches inteligentes (coches con control de velocidad constante y detección de carriles) o sin conductor. Los algoritmos de eficiencia también se pueden aplicar a otros sistemas inteligentes que se mueven, tales como: robots, VANTs, etc.... Vincula tu exploración a un dominio estrechamente relacionado y a unos pocos distantes.
- El cálculo utilizado en esta exploración de modelización se utiliza en muchos campos de la modelización de movimientos, como la aeronáutica, los viajes espaciales e incluso la balística. Discute la aplicación general de las matemáticas que usaste en el mundo real. Debe ser corta, no más de tres frases.

Cita tus fuentes
- Cita tus fuentes (Usa APA o algo así)

Como enfrentarse a la exploración

Entender:

Lee los criterios y toda la información que hay en esta guía. A lo mejor lee dos veces para que sepas exactamente lo que se espera de ti. También debes consultar constantemente la guía y los criterios para refrescar tu memoria. Trata de conseguir tantas exploraciones viejas de otros alumnos como sea posible - en línea, o pídele ayuda a tu colegio.

Lluvia de ideas:

Piensa en tus intereses y pasatiempos, apúntalos en un mapa mental y empieza a conectar las cosas entre sí. Escribe cualquier idea o dominio de exploración que pueda ser interesante. Cuando ya hayas apuntado algunos problemas interesantes, piensa en las matemáticas que podrían aplicarse a ellos. Echa un vistazo rápido a tu libro de matemáticas y al Internet para medir la dificultad. Si las matemáticas parecen demasiado difíciles e imposibles de hacer, no lo hagas y busca uno diferente.

Un método alternativo para seleccionar una tesis es buscar primero los conceptos matemáticos que quieras utilizar, por ejemplo, un área de las matemáticas o una teoría en particular. Después deberías investigar cómo se puede aplicar esta teoría o pensar en algunos problemas de la vida real. Trata de pensar fuera de lo común y pensar en ideas originales. Tendrás que sentarte y pasar un tiempo pensando seriamente en una tesis (es una de las cosas más difíciles).

Investigación:

Dedica mucho tiempo a convertirte en un experto tanto en tu problema como en las matemáticas que le aplicarás. Usa el Internet para buscar información sobre tu problema en particular. YouTube, archivos, Wikipedia (ya sabes qué hacer). Sin embargo, para las matemáticas deberías buscar información en las siguientes fuentes: profesor, libros YouTube, CEMA y otros sitios web. Puede que te lleve algún tiempo familiarizarte con una nueva área o teoría matemática, pero asegúrate de entender lo que estás estudiando.

Matemáticas:

Antes de escribir el ensayo real, debes tener los cálculos listos. Tómate unos días para trabajar en los cálculos. Sugiero que pidas a otros profesores de matemáticas e incluso a otros estudiantes que revisen tu trabajo. Para obtener un 7 o un 6 alto necesitas pasar unos días trabajando en las matemáticas, sin embargo, si estás apuntando a un 5, puedes pasar por todas las matemáticas requeridas en unas pocas horas.
Si no puedes resolver las matemáticas deberías regresar unos pasos atrás y buscarte una tesis diferente.

Escríbelo todo:

Antes de empezar a escribir algo debes releer los criterios y la guía. Ahora aplica toda la información que aprendiste en las últimas páginas y hasta el final de tu exploración. Esta es la parte más aburrida, pero también la más fácil del proceso.

Conclusión

También deberías poder conseguir al menos un 5 sin mucho esfuerzo si sigues los consejos anteriores. No depende mucho de tus conocimientos matemáticos. Sólo asegúrese de marcar todas las casillas y estará listo. De hecho, la guía estaba estructurada como una lista de control, así que revísala y pon un chulo cada punto cuando lo tengas hecho.

Te aconsejo que te mantengas atento a los problemas de modelación; estos pueden puntuar muy bien ya que las matemáticas utilizadas no son demasiado complejas y pueden crear profundidad en tu Exploración.

En general, la Evaluación Interna de Matemáticas es muy simple, sigue las pautas indicadas anteriormente y lo lograrás. Elige algo que te interese, para que puedas invertir tiempo en tu trabajo sin aburrirte.

35. Hackear tu Calculadora

El propósito de este capítulo es meterte en tu cabeza que tu calculadora puede ser una herramienta de gran importancia - si la utilizas bien y con todo su potencial. Desafortunadamente, debido a que hay tantos tipos diferentes de calculadoras gráficas, será difícil profundizar en las funciones secretas de cada una, pero trataré de brindar recursos donde pueda.

El mejor recurso que se puede encontrar para todos los usos básicos de la calculadora en el IB (Casio fx-9860G, Texas Instruments modelos TI-84, Texas Instruments modelos TI-nspire) está en el sitio web de Haese Mathematics. Busca en Google 'Haese Mathematics IB calculator instructions' para encontrar un documento Pdf de 30 páginas que trata ampliamente casi todo lo que tienes que saber sobre tu calculadora.

También hay otro documento Pdf escrito por Andy Kemp que trata específicamente el modelo de calculadora TI-nspire. Puedes encontrarlo buscando en Google 'IB Mathematics Exam Preparation for Calculator Papers'. Además, hay libros que tratan este tema pero puede que sean un poco caros.

También hay dos excelentes videos de YouTube, ambos de más de 40 minutos, pero son geniales si quieres entender cómo sacar el máximo provecho de tu calculadora. La primera es del Centro Educativo HKEXCEL y se llama `How to ace your GDC calculator for IB Math' y la otra es del canal mathsl1 y se llama `IB Math SL GDC Techniques for Paper 2'. Creo con todo mi corazón que todos los estudiantes del IB deben ver estos videos ya que te enseñan casi todas las técnicas de manera súper buena.

Consejos básicos para la calculadora

1. Los gráficos mostrados en la calculadora pueden ser engañosos, así que verifica si lo que ves tiene sentido.

2. Comprueba que su GDC tenga baterías nuevas antes de los exámenes finales.

3. Como no se permite una calculadora en la Prueba 1 de Matemáticas, las preguntas de este examen se centrarán en soluciones analíticas y algebraicas. Es necesario que practiques estos y simples cálculos aritméticos y algebraicos ya que no podrás confiar en una calculadora.

4. En la Prueba 2, si resuelves una ecuación por medio de un gráfico en tu calculadora debes presentar un dibujo claro y etiquetado del gráfico en tu trabajo e indicar exactamente qué ecuación has resuelto en tu calculadora.

5. Aunque se "requiere" una calculadora para la Prueba 2, no pienses que tendrás que usar la calculadora en cada pregunta de la Prueba 2.

6. No utilices ninguna notación de calculadora en tus soluciones escritas.

7. Si usas tu calculadora para obtener una respuesta a una pregunta de la Prueba 2, debes escribir claramente la "configuración" matemática apropiada para el cálculo que realizarás en tu calculadora.

8. Inevitablemente, habrá algunas preguntas en la Prueba 2 en las que será más eficiente encontrar la respuesta utilizando tu calculadora en lugar de un método analítico. No pierdas tiempo valioso por responder una pregunta mediante un largo método analítico cuando puedas obtener la respuesta rápidamente con tu calculadora.

La Calculadora en la Exploración y la Monografía

Si tienes la oportunidad de usar los gráficos de la calculadora en tu exploración matemática o en tu Monografía de matemáticas (haces una), deberías hacerlo. Se ve muy impresionante y muestra a los examinadores que estás usando las herramientas a tu disposición. Tu calculadora debería haber venido con un puerto USB y software para extraer los gráficos / cálculos - explora estas posibilidades.

Cuadernillo de Fórmulas

Quiero dedicar una sección de este capítulo a enfatizar también la importancia de conocer tu cuadernillo de fórmulas como la palma de tu mano. Durante los exámenes es absolutamente esencial que los estudiantes sepan dónde encontrar rápidamente cada fórmula. El ahorro de tiempo al saber dónde encontrar las ecuaciones necesarias en el folleto de datos y cómo realizar accesos directos en la calculadora te da más tiempo para resolver las preguntas y comprobar tus respuestas. No quieres pasar más tiempo buscando esa ecuación sólo para darte cuenta de que no está en el cuadernillo de fórmulas, o tampoco quieres no saber cómo realizar una función esencial en tu calculadora.

Familiarizarse con el cuadernillo de fórmulas es aún más importante si se considera que faltan varias ecuaciones útiles en el cuadernillo de fórmulas y que se incluyen varias ecuaciones difíciles de recordar. Por lo tanto, los estudiantes deben saber qué ecuaciones tendrán que memorizar y cuáles están ahí para buscarlas. Por ejemplo, en el cuadernillo de fórmulas de Matemáticas NS y Ampliación de Matemáticas NS existe la fórmula para el ángulo entre dos vectores, pero no entre dos planos o entre un vector y un plano.

Cuadernillo de Fórmulas de Smartib

Estamos desarrollando cuadernillos de fórmulas IB para la aplicación smartib. Esperamos que esto se publique muy pronto.

36. Sobresalir en Artes Visuales

(artículo contribuido)

Este año obtuve un 7 en Artes Visuales NS y tengo algunos consejos importantes. Yo busqué consejos en todo el internet cuando estaba estudiando y todo lo que conseguí fue un programa de estudios (o tal vez la repetición de lo que los profesores han dicho...). Así que aquí va:

1. Imagínate que no estés haciendo el Bachillerato Internacional ni ningún trabajo equivalente. El Bachillerato Internacional, como debes saber, no tiene temas prescritos; los profesores suelen intentar que te pongas límites. ¡Resiste! Es lo único bueno del curso de artes visuales.

2. La cultura es una palabra tan grande en el IB, pero no tiene que significar adoración y corrección política. Si realmente eres un "estudiante del mundo" y un pensador y todo eso no tengas miedo de criticar otra cultura así como la tuya también. No serás sancionado por tener una opinión mientras sepas de lo que estás hablando. Tampoco te concentres demasiado en ese tema, he visto a mucha gente obsesionada con el aspecto cultural y es tan falso y forzado. Si no lo sientes no estás realmente interesado, entonces no lo hagas. Mi trabajo era todo universal - aparte de literalmente 4 páginas de mi diario de trabajo sobre el vudú.

3. Otros Artistas: menciona muchos, pero te lo ruego, no fuerces ni te obsesiones. ¡Algunos proyectos vienen de ti! ¿Por qué todo debería ser una inspiración de Picasso o Rothko, etc.? No debería funcionar así: tú tienes el control. Cuando mencioné a los artistas, por lo general era por cómo trabajaban, por el método o por cómo pensaban que eso era inspirador; traté de explicarlo bien y también por qué mi trabajo no se parece en nada al de ellos y no tiene nada que ver con el tema. Si conoces bien la historia y teoría del arte leyendo en tu tiempo libre, visitando galerías, etc., esto puede funcionar para ti.

4. Trabajo de taller es lo que te hace conseguir un 7 o eso creo yo, sea cual sea la Opción que tomes. Eso es lo que te hace un artista de verdad - Conozco a una chica que obtuvo un 5 - ¡Me sorprendió! Sus diarios de trabajo fueron las cosas más bellas, originales y sorprendentes que he visto (yo sí que estaba celoso), nunca he visto algo mejor ni siquiera a nivel universitario pero las obras finales fueron casuales. Recomendaría la escultura académica (escultura de esculpir), que consume mucho tiempo, pero te recomiendo que lo hagas si eres un pintor o dibujante seguro, también es algo divertido y te da un descanso de todo el trabajo en papel.

5. DIARIOS DE TRABAJO. La parte más difícil para mí ya que odiaba tener que seguir un formato prescrito (generalmente odio las reglas que no inventé yo) y soy un perfeccionista horrible. Seré honesto con ustedes; rompí muchas páginas, pegué muchas y repinté sobre otras. No creo que los errores sean algo muy bueno. Para mí es una debilidad, la experiencia de aprendizaje es cuando aprendes a usar mejor la página y cuando tu próximo diario tenga menos de esos errores (sí, mi profesor estaba enojado, pero ¿acaso no odia todo el mundo las páginas feas?). Pero no hagas lo que yo hice de obsesionarme por una página y hacerla 10 veces más aunque lo más probable es que después de la segunda vez no mejore mucho y sea sólo una pérdida de tiempo.

6. Si tú también odias los diarios de trabajo, tengo una recomendación, lleva una libreta de apuntes/mini diario de trabajo sin reglas donde realmente puedas trabajar cómo y cuándo quieras. Escanea las páginas que son interesantes y bonitas o que tienen ideas interesantes y pégalas en tu diario real. Esto me funcionó genial con cada una de las páginas y sirvió perfectamente para el profesor, examinador. + para presentar en la entrevista, exponer y enviar al profesor (si su escuela lo requiere como la mía) cuenta como trabajo extra, es muy personal y muestra tu seriedad.

7. La entrevista no es difícil - si conoces tu tema, la mía terminó siendo menos sobre todo mi trabajo que sobre mi actitud hacia el arte. Puedes dirigir la conversación en la dirección que desees hablando de cosas que harán que el examinador se interese en preguntarte más a fondo.

Consejos para el Diario de Trabajo

Uno de los mayores problemas de los estudiantes que he visto en el IB con Artes Visuales son sus diarios de trabajo. A continuación quiero dar consejos sobre cómo hacer increíbles páginas de diarios de trabajo que se relacionan con los trabajos de tu estudio. Toda la información a continuación es de mi experiencia personal y de ver a otros estudiantes IB en Artes Visuales que han recibido 6 y 7 en su calificación final. Además de dar consejos simples, he revisado el programa de estudios y trataré de demostrar cómo los consejos y las sugerencias dadas se relacionan con lo que se dice en el programa de estudios acerca de los requisitos, objetivos, resultados, etc.

Criterios de investigación para puntaje completo (FRAGMETNO DEL PROGRAMA DE ESTUDIOS OFICIAL DEL IB)

- Los alumnos examinan y comparan la obra de artistas procedentes de distintos contextos culturales.
- Demuestra el desarrollo de un rango apropiado de habilidades, técnicas y procesos efectivos al hacer y analizar imágenes y artefactos.
- Demuestra estrategias de investigación coherentes, enfocadas e individuales sobre las características visuales, las ideas y sus contextos, un rango apropiado de diferentes enfoques hacia su estudio y algunas nuevas conexiones entre ellos.
- Demuestra una profundidad y amplitud considerable a través del desarrollo y la síntesis exitosa de ideas y conexiones bien explicadas entre el trabajo y el de los demás.

- Demuestra el uso efectivo y preciso del vocabulario especializado de las artes visuales.
- Utiliza una variedad apropiada de fuentes y las menciona adecuadamente.
- Presenta el trabajo de manera efectiva y creativa y demuestra una observación, reflexión y discriminación crítica y efectiva
- Presenta una estrecha relación entre la investigación y el estudio.

Las páginas de tu diario de trabajo, no importa cuán creativas sean, no serán sólidas si las páginas no contienen también explicaciones para tus dibujos, lluvia de ideas, etc. Por lo tanto, **por cada cuanto de dibujos/borradores que pones en tu diario de trabajo, debes tener una cantidad sólida de textos/explicaciones en la misma página para acompañarlo.**

En tu entrevista, es una buena idea presentar tu diario de trabajo y recorrer las páginas mientras explicas tu trabajo. La cámara puede hacer zoom para filmar de cerca cosas específicas de las que estás hablando. A algunas personas les gusta llenar una página con dibujos de su lluvia de ideas y luego escribir otra página sobre ellos. Pero esa no es la manera más efectiva. Cuando el entrevistador mira una de las páginas de tu libro de trabajo, quiere poder leer cómo se relacionan tus borradores con tu plan de trabajo, inspiración, ideas, artistas que estás investigando, etc. Debe ser una VERDADERA INVESTIGACIÓN. Además de tu lluvia de ideas, experimentación, borradores y dibujos, los entrevistadores quieren ver que usted has investigado las técnicas que aplicaste o los artistas que imitaste. Cada trabajo de taller que hagas tendrá una cantidad adecuada de EXPLICACIONES INVESTIGATORIAS.

El objetivo de los diarios de trabajo es fomentar la investigación personal en las artes visuales, que debe estar estrechamente relacionada con el trabajo de taller realizado.

La importancia relativa de los diarios de trabajo depende de si el estudiante ha elegido la opción A o la opción B.

Los diarios de trabajo deben incorporar investigación contextual, visual y crítica. Deben funcionar como documentos de trabajo y apoyar la investigación independiente del estudiante y la práctica de taller. Los diarios de trabajo ofrecen una oportunidad para la reflexión y el descubrimiento y desempeñan un papel clave para que las ideas tomen forma y crezcan. Deben contener material visual y escrito que aborde los aspectos contextuales, visuales y críticos de la investigación. También deben reflejar los intereses del estudiante e incluir investigaciones de primera mano sobre temas e ideas relacionadas con las artes visuales. Debe haber un equilibrio en la investigación entre la discusión analítica y la discusión abierta, ilustrando el pensamiento creativo del estudiante.

Cantidad Y Calidad

Muchos estudiantes piensan que pueden hacer un mínimo de páginas del diario de trabajo, siempre y cuando la calidad sea suficiente. Si quieres sacar 4, eso sirve.

Si quieres sacar más de 4, debes hacer MÁS QUE EL MÍNIMO. Cuando presentes tus trabajos de taller y tus diarios de trabajo en tu vídeo, el examinador querrá poder ver más páginas que las que has entregado como páginas principales. Quieren ver las investigaciones, experimentos y dibujos que enviaste, **también si no utilizaste las habilidades** recién aprendidas o la información factual en los trabajos de taller. Esto demuestra al entrevistador que no sólo cumples con los criterios del programa de Artes Visuales, sino que estás haciendo un esfuerzo extra. Para un trabajo de taller puedes dedicar 3 páginas de tus diarios de trabajo pero el entrevistador querrá ver más. Aunque tengas una página extra, dos, cinco o quince, **es muy importante que muestres conocimientos adicionales** que no has entregado. Después de todo, estás dando vuelta en tus páginas principales, no en todas las páginas relacionadas con uno de tus trabajos principales.

Deberías llenar unas 2 páginas del diario por semana. Así que hagamos las cuentas: si hay aproximadamente 36 semanas en un año escolar y el Programa de Artes Visuales del IB es de dos años, tienes 72 semanas de escuela. 72 x 2= 144. Por lo tanto, deberías tener un mínimo de **144 páginas llenadas en el diario de trabajo** cuando llegue el momento de tu entrevista. ¡Esto es mucho, pero es alcanzable!

AREAS A CONSIDERAR

- Hay cinco funciones comunes del arte: **Personal, Social, Espiritual, Educativo y Político**. Tus trabajos taller deben esforzarse por abarcar más que una de estas áreas, pero no estás obligado a tratar todas las áreas.
- **Relevancia Personal:** expresar sentimientos personales. Tal vez el artista quería recordar a los receptores la tragedia personal de la familia o tal vez sólo quería decirles que apreciaran lo que tienen y que vivieran cada día como si fuera el último.
- **Relevancia Social y Cultural:** reforzar y mejorar el sentimiento compartido de identidad de los miembros de la familia, la comunidad o la civilización, por ejemplo, en ocasiones festivas, desfiles, bailes, uniformes, fiestas o eventos importantes.
- **Relevancia Espiritual:** expresar creencias espirituales sobre el destino, de la vida controlada por la fuerza de un poder superior etc.
- **Relevancia Educativa:** símbolos y signos para ilustrar conocimientos no expresados con palabras.
- **Relevancia Política:** reforzar y mejorar el sentimiento de identidad y la conexión ideológica con opiniones políticas, partidos y/o personas específicas.

Así es como generalmente configuro las páginas del diario de trabajo para mis trabajos de taller. Es un esquema fácil de seguir y me mantiene organizado. También le demuestra al entrevistador que tengo un entrenamiento consistente cuando busco un nuevo trabajo de taller. Esto es de mi experiencia personal. El IBO no recomienda ni requiere tal organización. Además, si encontraste tu propio esquema que funciona para ti, éste no es necesariamente mejor. La manera final depende de ti.

Tu profesor pide más o menos DOS páginas de diario de trabajo buenas y creativas por semana con un proyecto cada CUATRO semanas, por lo tanto, diseñé mi propio esquema que me da 6+ páginas de cuadernos de dibujo. El resto de las páginas las suelo llenar con otros artistas, experimentos etc. (dependiendo de lo que siento que me falta en mi libro de trabajo)

Organización y Explicación

1. **Páginas de Introducción** - Presenta el TEMA/IDEA/PROBLEMA que vas a explorar, investigar y crear. Explica por qué estás interesado en esa idea. Esto puede incluir una definición del problema, información de fondo, algunos borradores pequeños de cómo visualizar el problema/tema/idea.
2. **Páginas de Inspiración (Artistas)** - Presenta a los artistas que te inspiran. No todas las obras de taller tendrán una página para le artista porque puedes usar la inspiración de un artista para más que una obra de estudio o puede que no hayas tenido un artista específico que te haya inspirado para ese trabajo específico. También puedes encontrarte inspirado por un evento histórico, una excursión, una colección de fotos, un evento de la actualidad...... Escribe brevemente información objetiva sobre el artista. Dibuja algunas de sus obras o pégalas si es demasiado difícil imitarlas. Explica cómo su arte te ha inspirado y cómo planeas usar esa inspiración en tu(s) trabajo(s) de estudio (este escrito debe ser en su mayoría). No

es necesario imitar la técnica del artista para utilizarla como una figura inspiradora. Podrías haberte inspirado en los temas a los que se dirigen, el tipo de arte que crean, su moral y/o creencias, etc. ¡Debes mencionar qué aspecto del artista te inspiró!

3. **Páginas de Lluvia de Ideas** - Las páginas de lluvia de ideas deben convertirse en 3-4 páginas dependiendo de lo simple o compleja que sea la idea del trabajo de taller. Escribe sobre ideas de técnicas, ideas de medios, áreas a las que quieras dirigirte, etc. Deberías dar más de 3 ideas de composición diferentes que tengas en mente sobre la creación del trabajo de taller y cómo te imaginas la pieza final. Otra buena idea es dibujar los materiales que estás pensando usar, en lugar de pegar los dibujos de estos. Al final de la página de lluvia de ideas, escribe sobre las ideas que más te interesan. Usa colores, resaltador, etc. para indicar ideas secundarias versus ideas principales.

4. **Páginas de Experimentación** - Ensaya en tu libro de trabajo con los medios/colores/técnicas/ tus deseos de incorporar en tu obra de estudio. La página de experimentación normalmente se convierte en dos o tres páginas. Convierte la experimentación en la parte principal de la página y deja un rincón de la página para que te expliques (si te gustan los medios/técnicas, cómo te fue en la experimentación, define lo que quieres decir con mala o buena experimentación, si quieres usar esta técnica para tu trabajo de taller o si te has decidido por otra, por qué o por qué no, por qué elegiste este medio/técnica, etc.). Escribe tu explicación en formato de párrafo o frases clave. No escribas las preguntas que estás contestando y luego las respuestas.

5. **Páginas de Proceso** - pídele a alguien que tome fotos al azar a lo largo de la creación de tu trabajo de taller para que puedas pegarlas en tu página de proceso. Reflexiona sobre las fotos (qué estás

haciendo en las fotos, si tienes problemas, si te va bien, si estás satisfecho con tu progreso, etc.).
6. **Página de reflexión** - Cuando tu obra de taller esté lista es bueno tener una página de reflexión sobre tu trabajo. Toma una foto de tu trabajo final y pégala, luego escribe tus pensamientos. Habla de las cosas buenas y malas, de las dificultades, de tus gustos y disgustos, de cómo has mejorado tu habilidad en un determinado medio o técnica, si estás satisfecho con tu trabajo y por qué o por qué no, qué harías diferente si tuvieras que volver a hacer la obra, etc.

Cuando escribas en tu Diario de Trabajo, no olvides que el IB es un curso ACADÉMICO y que tus apuntes deben reflejar eso. Describe tus sentimientos, pensamientos, éxitos y fracasos, comenta sobre tu propio progreso y tus ideas, pero NO uses lenguaje coloquial o inglés informal. Recuerda que este es tu Diario de Trabajo - no está escrito para amigos – y lo leerá un examinador del IB.

EL LENGUAJE DEL ARTE

La gente en todo el mundo habla muchos idiomas diferentes. Para aprender un nuevo idioma, es necesario aprender nuevo vocabulario y un nuevo conjunto de reglas para juntar esas palabras. El lenguaje de las artes visuales tiene su propio sistema. Están ordenados de acuerdo con principios básicos. A medida que aprendas estos elementos y principios básicos, aprenderás el lenguaje del arte. Aumentará tu capacidad de entender, apreciar y disfrutar el arte y de expresarte claramente cuando discutas o produzcas obras de arte.

En tus diarios de trabajo deberías demostrar un aumento en el conocimiento sobre el lenguaje del arte. Esto se hace a través de páginas de investigación y páginas de experimentación. Tus investigaciones y experimentos no siempre tienen que estar relacionados directamente con la obra de taller en la que estás trabajando. Podrían ser simplemente para un mayor conocimiento y posibles ideas para futuros trabajos.

Elementos del Arte
- Línea
- Color
- Forma
- Espacio
- Valor
- Figura
- Textura

Principios de Diseño
- Patrón
- Equilibrio
- Proporción
- Variedad
- Énfasis
- Ritmo
- Movimiento
- Cohesión

Propiedades en Arte
- **Tema** - es la imagen que los espectadores pueden identificar fácilmente en una obra de arte. El tema puede ser una o varias personas; puede ser un evento, un objeto, un símbolo, etc. En este tipo de obras, los elementos del arte mismo se convierten en el tema.
- **Composición** - la forma en que los principios del arte se utilizan para organizar los elementos del arte.
- **Contenido** - el mensaje que la obra comunica. El mensaje puede ser una idea o un tema, como la unión familiar, o emociones como el amor, la soledad, la felicidad, el orgullo, etc.

Tu diario de trabajo debe demostrar, con el tiempo, una alta calidad de comprensión del lenguaje del arte con respecto a los elementos o el arte, los principios del diseño y las propiedades o características básicas de una obra de arte. No esperes tener un vocabulario y comprensión increíbles al principio de tu estancia en IB Artes Visuales. Estas son habilidades que usted desarrollará con el tiempo. Los entrevistadores quieren ver un desarrollo en tus habilidades. Entonces, ¿qué se hace para demostrar un aumento en el conocimiento del Lenguaje del Arte?

Consejos para Desarrollar tus Conocimientos sobre el Lenguaje del Arte:

Páginas de Investigación - cuando investigues sobre un artista busca nuevo vocabulario (palabras artísticas relacionadas con la forma de arte que estás viendo). Cree una página en el diario de trabajo sobre el tema y escribe sobre él. Una cosa que siempre añadía era una esquina en la página llamada: " Términos nuevos", donde apuntaba las palabras nuevas que aprendí y su breve definición. Crea páginas de investigación a lo largo de tu diario de trabajo que no estén relacionadas con la obra de taller en la que estás trabajando.

Páginas de Experimentación - cuando experimentes con una nueva técnica o un nuevo medio, debes revisar la terminología real para ellos. Como en las páginas de investigación debes apuntar el nuevo vocabulario y sus breves definiciones. Esto demostrará al entrevistador que has detectado un nuevo vocabulario relacionado con un medio y una técnica específica y que has tomado conciencia de ello. Deberías usar ese nuevo vocabulario durante el resto de tu diario de trabajo cuando uses esa técnica o medio. Al entrevistador le gusta ver cómo aprendiste palabras nuevas e importantes y te esfuerzas por usarlas cuando expliques tu propio arte.

PREGUNTAS PARA ANALIZAR LAS OBRAS DE OTROS ARTISTAS

Primera Reacción - anota tu primera impresión de la obra de arte
- ¿Te gustó?
- ¿Cómo te hace sentir?
- ¿Te recuerda a algo que ya habías visto antes?

Descripción - apunta lo que puedes ver en esta obra de arte
- Figuras, colores, formas, objetos, fondo, etc.
- Imagínate que se lo estás describiendo a una persona ciega. Hazlo con el mayor detalle posible.

Análisis Formal - apunta tus observaciones con más detalle, observando estos aspectos específicos de la obra de arte:
- **Colores:**
    - ¿Qué tipo de paleta ha utilizado el artista: ¿brillante u opaca, fuerte o débil?
    - ¿Son los colores en su mayoría complementarios, primarios, secundarios o terciarios?
    - ¿Qué colores se usan más y cuáles menos en esta obra de arte?
    - ¿Se usan los colores de diferentes maneras en diferentes partes de la obra de arte?
    - ¿Se han aplicado los colores planos (directamente del tubo), o se han mezclado colores diferentes?
- **Tonos:**
    - ¿Hay un uso de luz/sombra en esta obra de arte?
    - ¿De dónde viene la luz? ¿Dónde están las sombras?
    - ¿Las formas de la obra de arte están modeladas de manera realista (se ve en 3D)?
    - ¿Existe un amplio rango de contraste tonal (reflejos muy claros y sombras muy oscuras) o el rango tonal es bastante estrecho (en su mayoría tonos similares)?

- **Uso de Medios:**
    - ¿Qué medio se ha utilizado?
    - ¿Cómo ha utilizado el artista el medio? (¿aplicado grueso o fino? ¿Cómo se puede saber?)
    - ¿Puedes ver pinceladas, marcas o texturas? Describe la forma y la dirección de las pinceladas/marcas. ¿Qué tamaño de cepillo/lápiz se usó?
    - ¿Fue pintado, dibujado, esculpido rápida o lentamente? ¿Qué te hace pensar eso?
- **Composición:**
    - ¿Qué tipo de formas se utilizan en esta obra de arte? (redondeado, geométrico, curvo, etc.)
    - ¿Hay una mezcla de diferentes tipos de formas o todas las formas son similares?
    - ¿Hay partes de la composición llenas de formas y otras vacías o las formas están repartidas uniformemente por toda la obra de arte?
    - ¿Se repiten o hacen eco de algunas formas en otras partes de la obra de arte?
    - ¿Toda la composición parece llena de energía y movimiento, o parece quieta y tranquila?
    - ¿Cómo creó el artista este movimiento o quietud?
    - ¿Cuál es el centro de interés en la composición?
    - ¿Cómo el artista llama tu atención?
- **Ambiente/Emoción:**
    - ¿Qué crees que el artista quería que sintieras cuando veas esta obra de arte?
    - ¿Qué usó para crear un ambiente? (piensa en los colores, formas, tonos, etc.)
    - ¿Cómo ha logrado crear este ambiente?

Interpretación - tus pensamientos personales sobre la obra
- ¿Qué crees que el artista está tratando de decir en esta obra de arte? ¿Qué significa?
- ¿Cuál es el tema o idea principal detrás de esta obra?
- Si estuvieras dentro de esta obra de arte, ¿qué estarías sintiendo / pensando?
- ¿La obra de arte tiene una forma narrativa (cuenta una historia)? ¿Es una obra de arte religiosa?
- ¿Es abstracto? ¿Es realista? ¿Por qué?
- ¿Cómo le explicarías esta obra de arte a alguien más?

Evaluación - basado en lo que observaste, da tu opinión sobre la obra de arte con razones.
- ¿Es exitosa o no? ¿Por qué?

PREGUNTAS DE REFLEXIÓN SOBRE TU TRABAJO DE TALLER
- ¿Cómo te sientes en general con tu trabajo de taller?
- ¿Define lo que quiere decir con "buen" o "mal" trabajo de taller?
- ¿Qué dificultades tuviste?
- ¿Cómo superaste estas dificultades?
- ¿El trabajo de taller se ve cómo te lo imaginaste?
- ¿Qué harías diferente si pudieras hacerlo de nuevo?
- ¿Cuál es el aspecto que más te gusta de tu obra?

MÁS IDEAS PARA PÁGINAS

Cuando entré en el programa de Artes Visuales del IB estaba realmente confundido por todas las cosas que puedo poner en mi diario de trabajo. Al principio del primer año, experimenté mucho con diferentes tipos de páginas para ver qué comentarios recibiría de mi profesor. Al final de mi primer semestre, hice una lista de buenos tipos de páginas que recibieron buenos comentarios. Continué utilizando esa lista cada vez que sentía que me faltaba algo en mi diario. Para todos ustedes que no están seguros de lo que pueden incluir en sus propios diarios de trabajo, aquí está la lista que hice:

- **Página de Artista** - una página en tu diario que explora a un artista específico. Esta página suele contener un título creativo (nombre del artista decorado, nombre de la obra decorada, etc.), una breve biografía, las razones por las que elegiste a este artista, la forma en que planeas utilizar los conocimientos que obtuviste de ese artista en tus futuras obras, borradores o fotografías de las obras del artista, etc.
- **Página de Análisis de Arte**- esta no es una "Página de artista". Se centra únicamente en una obra de un artista específico y analiza esa obra en profundidad. Esta página es típicamente escrita con un breve dibujo del trabajo que se está analizando y una imagen del trabajo original. Para más información, consulta las "Preguntas para analizar las obras de otro artista" en este capítulo.
- **Página de Experimentación de Técnicas** - esta es una página llena de tu experimentación con una técnica específica. Comúnmente, esta página se convierte en 2 o 3 páginas. La razón de esto es porque a veces se puede experimentar con la misma técnica utilizando diferentes medios, por lo que se puede optar por experimentar con 2-3 medios diferentes, cada uno en su propia página. Debes reflexionar sobre tu experimentación en cada página, no sólo en la última.
- **Página de Experimentación de Medios**- esta es una página llena de tu experimentación con un medio específico. Comúnmente, esta página se convierte en 2 o 3 páginas. La razón de esto es porque a veces se puede experimentar con el mismo medio utilizando técnicas diferentes, por lo que se puede optar por experimentar con 2-3 técnicas diferentes, cada una en su propia página. Debes reflexionar sobre su experimentación en cada página, no sólo en la última.

- **Página de Investigaciones (distinta a la de artistas)** - esta página es casi como la "página de artistas", pero en lugar de investigar a un artista se investiga a un símbolo, un objeto, una persona, un tema, etc. En esta página, por lo general, dibujarás el objeto, símbolo, etc. que se está investigando y escribirás nueva información que hayas aprendido sobre él. Una buena manera de escribir en la "página de investigación" sería dar varias definiciones del objeto que se está investigando: definición de diccionario común, origen e historia de las palabras, definición de diccionario médico, diccionario de ciencias, citas famosas que utilizan ese objeto, etc. Finalmente, formula tu propia definición a partir de las definiciones investigadas para demostrar cómo piensas usar el objeto, símbolo, etc. en tu(s) trabajo(s) de taller.
- **Página de Práctica** - similar a las páginas de experimentación, sin embargo está relacionada con un trabajo de taller. Si piensas usar un nuevo medio con el que no estás familiarizado para un trabajo de taller, es una buena idea tener de 1 a 3 páginas experimentales de ese medio o técnica antes de comenzar tu trabajo real. Si la experimentación es demasiado grande para realizarla en tu diario de trabajo toma fotos mientras experimentas y pégalas en una página de tu diario. ¡Debes reflexionar sobre la experimentación!
- **Página de Enlace con TdC** - para los estudiantes que están en el Programa de Diploma IB (no en el programa de certificado), es importante conectar su experiencia en Artes Visuales de IB con su clase de TdC. Esta página es simplemente una página en la que escribes sobre una posición que tomas con respecto a un determinado tema debatible / controvertido relacionado con el arte, dando argumentos, dando ejemplos de obras de arte para defender tus argumentos y dando una conclusión. Las

obras de arte de ejemplo que utilizas pueden ser tanto en forma de imágenes como de bosquejos. Por supuesto, siempre es preferible dibujar, pero a veces es difícil imitar las obras de arte, así que puedes usar fotografías. Generalmente, deberías tener un par de estos tipos de páginas en tus años de Artes Visuales del IB. Si tienes 2 o 3 para el momento de la entrevista, ¡perfecto!

Algunas ideas para preguntas para tu página de TdC:

- ¿Qué es el arte?
- ¿El arte es original?
- ¿Es importante que las obras de arte sean originales? ¿Por qué?
- La vida imita al arte mucho más que el arte imita a la vida. Explica.
- ¿Es el arte una mentira o una verdad? Explica.

BUENOS HÁBITOS

Trabaja en tu Diario ¡TODOS LOS DÍAS! ¡Acostúmbrate, a partir de hoy! Varias buenas páginas del diario distribuidas a unos pocos días de trabajo son siempre mejores que varias horas de trabajo nocturno apresurado. Investigar, dibujar y diseñar las páginas de diario será un excelente descanso creativo para ti de otros tipos de estudios académicos - ¡deberías disfrutarlo! ¿No es por eso por lo que elegiste este curso?

Cuando termines una página del diario, pon la fecha incluyendo el año. Esto muestra claramente tu progreso a lo largo del programa.

Cuando escribas en tu diario de trabajo usa un bolígrafo negro y escribe claramente. Tenemos que fotografiar páginas para enviarlas a los examinadores y ellos tienen que ser capaces de leerlas. Debe ser fácil de leer (piensa en libros de dibujos cuando eras niño... ¿qué te gustaba leer?)

Cuando dibujes algo a partir de observaciones escribe automáticamente dónde estabas y por qué decidiste dibujar eso. Anota las condiciones climáticas o la iluminación, si corresponde. Toma fotos también y pégalas en la página.

Cuando usas un libro o el Internet para información o imágenes COPIA la URL inmediatamente. Lo mismo ocurre con las revistas, los periódicos, las películas, etc. Tienes que referenciar TODO.

Tus diarios de trabajo deben reflejar tu enfoque y estilo personal. No son álbumes de recortes ni cuadernos de dibujos. No botes las páginas que no sean tan buenas ya que esto impide que tu profesor y el examinador vean tu progreso. Los examinadores no buscan una bonita presentación, sino un diario bien trabajado, bien usado y bien considerado. También si no te gustan los resultados de tu estudio puedes aprender de tus errores. Y esto en realidad será más interesante para el examinador, en lugar de pretender que lo hiciste todo perfectamente la primera vez. Tendrás que usar la mayor parte de tu tiempo de clase para trabajar en tu obra para poder hacer la mayor parte de tu trabajo en el diario fuera de clase.

PARA EMPEZAR....

Para el diario busca un cuaderno de formato A4 con papel de cartucho blanco razonablemente grueso. Este es el mejor tamaño ya que cabe fácilmente en el maletín del colegio y las páginas no son demasiado grandes. Debes elegir un cuaderno bueno que no se vaya a desarmar rápidamente.

Pon tu nombre y dirección en el interior de la portada. También un número de teléfono - si lo pierdes... ¡lo querrás de vuelta! Recuerda FECHAR y NUMERAR cada página a medida que avances.

ÚLTIMO CONSEJOS

NO LO HAGAS:

- Si te equivocas en una página de tu diario, no la arranques, sino escribe sobre tu error en la misma página, sobre lo que hiciste mal, por qué fallaste y sobre lo que aprendiste.

- No sientas que tu arte necesita basarse en algún tema filosófico profundo, o en algún gran evento en la sociedad (por ejemplo, el calentamiento global, el racismo, el asalto sexual, los derechos de la mujer, etc.). Está muy sobre utilizado y a veces te quedas sin ideas, pero si tienes muchas ideas para algo así, hazlo. Por ejemplo, me senté durante años tratando de pensar en un tema que los entrevistadores pensaran que era profundo y profundo, al final, encontré un tema sencillo en el que podía mirar en la historia, la sociedad y conectarlo personalmente. Terminé tomando el "café" como un tema que usé siempre y me permitió ver cómo se desarrollaba, problemas sociales, adicciones, etc.
- No uses brillantina en tu diario. No se considera profesional. Si quieres que algo luzca brillante, busca una pintura específica o intenta hacer el efecto por ti mismo.

SI LO HAGAS:

- Siempre deja 1-2 páginas en blanco al principio de tu diario para hacer una tabla de contenidos. Algunos estudiantes lo dejan al final, no hagas eso. El entrevistador del IB debe ser capaz de abrir la primera página tú diario y encontrar lo que quiere.
- Numera tus páginas cuando hayas terminado un cuaderno.
- Pon fechas. Se están volviendo más estrictos en IB en cuanto a tener fechas en cada página. Lo estarán buscando.
- Citar todo. Cualquier cosa que obtengas de libros, internet, etc. necesita ser citado. Simplemente escribe el nombre del libro o la URL de Internet debajo de la imagen o información que estás citando o resumiendo. A veces sólo pongo las referencias en una pequeña caja al final de la página.

37. Perfeccionar la Monografía [Parte I]

No se puede negar que entre todas las responsabilidades del estudiante IB la Monografía es la más temida y odiada. Este trabajo de investigación obligatorio de 3,500 a 4,000 palabras levanta muchas cejas cuando se presenta por primera vez a los estudiantes del IB. ¿Esto suele ir seguido de una pequeña voz en tu cabeza que te dice ,,4.000 palabras sobre CUALQUIER COSA en dos años? ¡Eso es fácil!" Bueno, eso es lo que piensas, ¿no? ¿Por qué, entonces, tantos estudiantes IB se encuentran al principio de su último año sin un borrador o siquiera una idea para el título?

Hagamos los cálculos. Digamos, hipotéticamente, que si te dan exactamente un plazo de un año para terminar la Monografía (suele ser más o menos así). Son 365 días. Ahora digamos que eres un superdotado y quieres escribir 4.000 palabras (el límite superior). Según mis cálculos, 4.000 divididos por 365, son alrededor de 10,95 palabras por día. Eso es todo. Si escribes 10.95 palabras por día durante un año habrás completado tu Monografía. Espero que la mayoría de ustedes pueda manejar once palabras al día.

No te dejes engañar - no estoy diciendo que extiendas la redacción a un período de un año - simplemente estoy tratando de mostrarte lo poco que son 4,000 palabras en un año. Como parte de la licenciatura en Economía y Administración en Oxford, se me pidió que escribiera un ensayo de 3.000 a 4.000 palabras por semana. Sí, así es, una Monografía por semana y después de haberlo hecho durante las primeras semanas, se hizo más y más fácil hasta el punto en que 4.000 palabras parecían nada. El IB, en un intento de prepararte para esto, generosamente te da más de un año para escribir tu "obra maestra".

Tus objetivos dependerán en gran medida de lo que quieras lograr con tu Monografía. Considerando que realmente estás leyendo este libro en su totalidad, asumo que te tomas en serio la obtención del A que necesitas para obtener los tres puntos adicionales y acercarte a ese mágico 45. Bueno, entonces estos capítulos no te decepcionarán. Si, por otro lado, eres alguien que sólo necesita aprobar el diploma IB con los requisitos mínimos (lo que implica aprobar la Monografía), también has venido al lugar correcto.

Entonces, ¿cuál es el problema? ¿Por qué tantos estudiantes luchan por escribir lo que parece ser un simple ensayo "extendido" en tanto tiempo? Bueno, hay algunas trampas a lo largo del camino y esperamos esta guía en las siguientes páginas te enseñe cómo evitar esas trampas y tener tu Monografía lista en poco tiempo.

Qué Materia

Aunque no hay restricciones reales sobre la naturaleza de tu ensayo, debe estar dentro de un tema que el IB ofrece (publicado por el IB). Por favor, no seas un sabelotodo y trata de escribir un ensayo en una materia que no tomes. Sí yo sé eso está permitido y lo he visto suceder, a veces con un éxito mediocre, pero generalmente con un fracaso total. Un ejemplo típico: estás obsesionado con la historia de la Primera Guerra Mundial, pero tu colegio no enseña historia, pero insistes en que la lectura externa que hagas en tu tiempo libre te dará una gran idea y una base para un ensayo. Escribes 4.000 palabras de algo que crees que es realmente brillante y se las das a un profesor de que no es profesor IB para que las marque. Piensa que es genial. Luego lo envías al IB y te das cuenta de que te perdiste por completo las directrices de la Monografía de Historia y terminas obteniendo una generosa calificación de D.

Otro ejemplo, más común, es alguien realmente apasionado por la religión y quiere hacer un trabajo de Religiones del Mundo. Lo más probable es que termines siendo increíblemente sesgado y quizás digas cosas muy controversiales. Probablemente me arrepentiré de decir esto, pero las Monografías y el IB no se dedican directamente a la religión (a menos que se trate de la simple apreciación y aceptación de las creencias de los demás). Algunos colegios han comenzado a prohibir a sus estudiantes que escriban Monografías fuera de sus propias materias (probablemente debido a la falta de supervisores disponibles). Mira, haces seis asignaturas ¿es tan difícil encontrar algo que te interese tan ligeramente dentro de esas seis?

Entonces, ¿a qué grupo deberías dirigirte? Mi consejo personal es que no hagas la monografía en Español o en idiomas a menos que realmente tengas una pasión por la literatura y hayas sido mencionado o de alguna manera recompensado por sobresalir en tus trabajos literarios. La razón es simple: escribir un excelente ensayo literario es increíblemente difícil porque es demasiado competitivo y muchos estudiantes que creen que son excelentes escritores y que se lo han dicho muchos profesores son de hecho promedio en comparación con los niños fuera de tu colegio. No te conviertas en uno de esos estudiantes que dicen: "Simplemente tomaré uno de mis trabajos anteriores de Español que escribí sobre no sé qué el año pasado, le añado 2.000 palabras más y.... ¡voilà! ¡Monografía completa!" Así no funciona. La Monografía no es realmente un ensayo extendido - no se puede alargar el análisis normal de una obra literaria y esperar que te vaya bien. El problema con los ensayos del Grupo 1 es que muchos no revelan mucho juicio personal y abusan de la información histórica y biográfica. Se requiere un equilibrio muy sutil y esto es muy difícil de mantener. Los informes de Monografía muestran que los estudiantes utilizan fuentes secundarias en lugar de opiniones y el vocabulario muchas veces es un problema, junto con la estructura y las citas. Se supone que la Monografía es un trabajo de investigación, por lo que le sugeriría que la hagas sobre la literatura porque hay poca investigación por hacer.

Los temas del Grupo 3 parecen ser muy populares para la Monografía y quizás con razón. Prácticamente no hay limitaciones sobre lo que se puede escribir en Geografía, Economía, Gestión Empresarial, Historia, etc. Si coges un tema del Grupo 3 en el que estés realmente interesado mira si hay algo en lo que siempre hayas pensado pero que nunca hayas investigado a fondo. Habla con tus profesores y coordinadores sobre las estadísticas de estas materias. Para materias como Economía y Gestión Empresarial siempre hay una gran demanda; sin embargo, no siempre hay éxito. Recuerdo que un profesor de Economía me dijo que, aunque es fácil obtener un B o un C en una Monografía de Economía, tienes que conseguir un buen material para obtener un A. Por favor, no caigas en la trampa de "Oh, mi padre tiene su propia empresa, así que ¡qué mejor manera de hacer investigación en economía que escribir un ensayo sobre su empresa! El hecho de que tengas acceso a miles de documentos para una empresa de un amigo o familiar no significa que esto te ayude a escribir un excelente ensayo en Economía o Gestión Empresarial.

Un área problemática común con las monografías de Economía es se hace poca investigación individual y poco análisis de teoría económica. Además, como lo harías con tu Evaluación Interna de Economía, no olvides definir todos los términos económicos clave. Debes evitar a cualquier costo las preguntas subjetivas de "Qué pasaría si..." porque esto no encaja bien con los Criterios de Evaluación de la Monografía. Y por favor, por tu propio bien, limita el tema de la Monografía a una especie de pequeño estudio de caso.

Con respecto a las Monografías de Historia, el problema es como uno esperaría: la fiabilidad de las fuentes secundarias (probablemente sería una buena idea NO usar demasiados websites). No olvides que tu bibliografía para un ensayo de Historia será probablemente el doble de larga que la bibliografía de cualquier otra materia - así que prepárate para hacer algunas citas serias. Debes evitar los tradicionales "argumentos a favor" seguidos de "argumentos en contra" y, a continuación, una conclusión que consista en "ambos lados del argumento son igualmente válidos". Claramente sería peor presentar un argumento unilateral, pero también hay que evitar ser demasiado neutral.

¿Qué hay del Grupo 4 entonces, las ciencias? Al principio parece que la tarea sería similar a un informe de laboratorio más largo de lo normal. No te ilusiones. Escribir una Monografía en una ciencias es muy exigente ya que no sólo requiere que tengas la habilidad literaria que se encuentra en cualquier otra Monografía, sino que también debes ser capaz de manejar el proceso de llevar a cabo experimentos, tomar datos y hacer un buen análisis. Mi consejo personal: si eres un excelente científico de laboratorio con mucha experiencia escribiendo informes de laboratorio y realizando numerosos proyectos de investigación y tienes una idea para un tema que no se discute con mucho detalle en el programa de estudios, entonces dale. Tal vez más que con cualquier otro grupo, escribir una Monografía en el Grupo 4 requiere que tengas una idea clara de lo que quieres investigar. Tienes que saber exactamente lo que estás haciendo y tener una idea muy clara de lo que va a pasar. Suena un poco exigente, pero no tiene sentido mirar „el efecto de la luz solar en la duración de una erección "¡Si, obviamente no hay relación entre las dos variables! Estarías perdiendo el tiempo comenzando a escribir una Monografía sobre una relación científica que dudas que realmente existe. La otra cara de la moneda, sin embargo, es que estarías perdiendo el tiempo haciendo un experimento cuyo resultado ya está bien documentado en los libros de texto estándar. Por lo tanto, te enfrentarás a un dilema.

Además, es muy difícil escribir un ensayo que sea solamente de química, sin pasarse demasiado a la biología o la física. Podrías terminar con un ensayo que se relacione muy poco con tu materia específica de ciencias. Una vez más, los informes oficiales del IB afirman que muchos ensayos científicos no tienen un nivel satisfactorio de aportes personales - tal vez el uso de equipos de laboratorio sofisticados limita la cantidad de aportes personales que uno puede tener. También se corre el riesgo de llegar a una conclusión demasiado general y el análisis de las fuentes y los métodos utilizados muchas veces son demasiado débiles debido a la información tan específica que se necesita.

Ah, una Monografía en el Grupo 5: matemáticas, tal vez el área más olvidada para monografías. Además, a menos que estés tomando Matemáticas NS, también puedes olvidarte de escribir una Monografía en matemáticas. Si eres un estudiante de Matemáticas NS que no está luchando demasiado con el contenido y realmente disfruta de las matemáticas, sigue mi consejo. ¡Haz la monografía en Matemáticas! Confía en mí, probablemente será la mejor decisión que tomarás durante tu programa IB. Sí, parece una tarea difícil- ¿cómo se pueden escribir 4000 palabras sobre un tema que se refiere principalmente a los números? Pero cuando investigas un poco, lees varios ensayos matemáticos y te convences a ti mismo de que escribir una monografía en matemáticas no será más o menos desafiante que cualquier otra materia, deberías empezar a preocuparte menos por el concepto en su totalidad. No se espera que hagas una contribución al conocimiento en el mundo matemático. No te preocupes, no esperarán que encuentres el siguiente número primo más grande o que resuelvas el Teorema de Fermat.

Hay una cantidad increíble de recursos disponibles para cualquier persona interesada en hacer una monografía en matemáticas. Realmente me sorprende lo pocos estudiantes que lo intentan o por lo menos piensan en hacerlo. En mi año, fui yo y sólo otro estudiante quien intentó la EE en matemáticas (en nuestra escuela). Fue quizás el trabajo más agradable y, al mismo tiempo, el más exigente que tuve que hacer para el IB - pero al final del día, fue algo de lo que honestamente pude estar orgulloso. No se necesita una licenciatura en matemáticas para poder escribir una monografía en matemáticas. Puede que sea más exigente que una monografía en otras áreas, pero su voluntad de desafiarse a sí mismo no pasará desapercibida por los examinadores. Hay que tener en cuenta que el límite mínimo de palabras para la monografía en matemáticas se ha modificado a unas 2.500 palabras (lo cual no es nada realmente), pero también se necesita una cantidad significativa de matemáticas en el texto (lo cual podría ser un problema).

¿Y el Grupo 6? Bueno, no conozco a muchos que hayan hecho una Monografía en artes visuales, artes teatrales o música, pero si sientes que tienes una mini crítica de arte viviendo dentro de ti, entonces piénsalo. Si planeas obtener un título universitario en artes, entonces esta puede ser una oportunidad para ver cómo sería hacer investigación y análisis detallados en esa área. Recuerda que hay un gran elemento de creatividad que hay que involucrar, así que, si te parece que tus clases y tareas del Grupo 6 no son interesantes, entonces quizás sería una buena idea no hacer una Monografía en esa área. No pienses que para tu monografía de arte puedes solamente analizar la historia del grafiti o que para tu ensayo musical puedes escribir la biografía de 50 Cent - tiene que ser de una calidad que espera de ti como estudiante IB.

En conclusión debes analizar tus clases de Nivel Superior y decidir qué materia se ajusta mejor a tus necesidades y capacidades. Sé que el énfasis en la monografía y las materias difieren de un colegio a otro, por lo que si estudias en un colegio que realmente es intensivo en ciencias, pero le falta excelencia en matemáticas, entonces probablemente sería mejor seguir ese camino de las ciencias. Deberías escribir tu monografía en una materia de NS, no en NM - porque luego no habrás estudiado la materia con suficiente detalle como para hacer una monografía. Si estás haciendo matemáticas NS te recomiendo una vez más que al menos consideres escribir una Monografía en esta materia. Si no, mi siguiente mejor apuesta para ti sería mirar tus temas del Grupo 3 y elegir algo de allí. Si eres más un científico natural que un científico social, entonces, por supuesto, busca en el Grupo 4; sin embargo, ten en cuenta los obstáculos y las trampas que puedes tener que superar. A menos que seas un crítico literario superdotado y tengas una extraordinaria capacidad de análisis, te recomiendo que no te busques un tema de los Grupos 1 y 2. De igual manera, a menos que estés obsesionado con tu tema del Grupo 6, no recomendaría hacer una monografía en las artes.

38. Perfeccionar la Monografía [Parte II]

Elección del Tema

Cuando hayas hecho la parte fácil de elegir bajo qué materia caerá tu Monografía debes empezar a pensar en un tema o una variedad de temas sobre los que puedas escribir. Escoge algo que realmente te interese y que te motive. No te emociones demasiado si puedes encontrar un montón de información en línea sobre el tema de tu interés - eso suele ser una mala señal. Busca un tema que apenas haya sido investigado y que sea único en su naturaleza. Recuerda que se trata de un tema de investigación y no de una reseña ordinaria de un libro; debes tener una pregunta que puedas discutir y responder.

También recuerda que tienes que ser muy específico - no es conveniente que el tema sea demasiado general. Por favor, entiende lo importante que es tu elección de tema. Elige algo que sea tonto y poco profesional y sufrirás. Antes de decidirte por un tema, habla con tus amigos sobre él, búscalo en Google, a ver si hay un enfoque apropiado que puedas adoptar. Una monografía sobre "Monopolios económicos" es demasiado general, pero un ensayo sobre un tipo específico de monopolio analizado a un nivel más profundo es más apropiado. Es importante tener una pregunta de investigación enfocada - habla con tu supervisor y mira si puedes limitar tu tema aún más. Un buen tema es aquel que pregunta algo que vale la pena preguntar y que tiene una respuesta de 4000 palabras. Recuerda también que el tema no debe ser algo que ya se enseña con profundidad en el programa de estudios (por ejemplo, si estás tratando un libro específico en clases no puedes usar el mismo libro para tu Monografía).

Esta es la oportunidad perfecta para investigar esa pequeña cosa que siempre te has preguntado pero que parecía demasiado complicada para preguntar. Ya sean técnicas específicas para ganar en el blackjack (matemáticas) o la vida homoerótica secreta de Hitler (historia), encuentra algo que tenga gran profundidad y que realmente te interese. No te conviertas en uno de esos estudiantes que escogen un tema que "suena bien" pero que no tiene un significado real - terminarás arrepentido. Si escoges un tema que realmente te interesa hay una mayor probabilidad de que realmente trabajes bien. 4,000 palabras pueden ser difíciles si tratas de resumir la Biblia, pero 4,000 palabras sobre tu programa de televisión favorito parecen mucho menos exigentes (NO escribas sobre eso). Tal vez deberías escribir pequeños resúmenes para varios temas plausibles y luego ver cuál funcionaría mejor.

Otro consejo para elegir un tema es elegir algo que sea relativamente desconocido. Si tu examinador no tiene ni idea de qué se trata tu tema, entonces podrás educarlo; ¿cuánto puede criticarte el examinador si él mismo no sabe nada al respecto? Y, como dije antes, si eliges un tema para el que crees que casi no encontrarás información, te encuentras en una situación mucho mejor que la de alguien que tiene demasiadas fuentes desde el principio.

Entonces, ¿cómo se hace para encontrar un tema final? Bueno, dependerá del tema, pero normalmente necesitarás algo que te inspire. Por esta misma razón deberías empezar a revisar libros relacionados con las ideas sobre las que quieres escribir. Por ejemplo, si haces un EE en matemáticas podrías mirar un libro sobre los "100 mayores problemas matemáticos sin resolver" y ver si hay algo allí que te interese. ¡No te estreses todavía! ¡Sólo porque no se haya resuelto no significa que tengas que resolverlo tú! Sólo significa que puedes hacer un buen trabajo de investigación sobre el tema: averigua lo que otros escribieron y desarrolla tu propio método para resolver el problema. Intenta contactar a algunos profesores de universidad y ver lo que tienen que decir (esto no sólo se aplica a matemáticas, sino también a historia, economía, las ciencias, etc.).

El título de tu monografía (tu pregunta sobre el tema) no tiene que estar necesariamente en forma de pregunta. Sin embargo, el título tiene una importancia extraordinaria (mira Criterios de evaluación). Debe ser preciso, conciso y mostrar claramente el enfoque del ensayo. Mientras más pronto lo hagas, mejor - guiará tu ensayo en la dirección correcta. Recuerda que la redacción exacta de la pregunta de investigación no está grabada en piedra; puedes modificarla más tarde.

Gestión del Tiempo

Algunos colegios recomiendan que pases de 35 a 40 horas en tu Monografía, el IBO recomienda aproximadamente 40 horas también, otras escuelas recomiendan de 80 a 100 horas. Puedes ver que tendrás que gastar mucho tiempo en tu ensayo y por lo tanto debes manejar bien tu tiempo. Antes yo era de los que no entendían por qué teníamos que seguir un cronograma para nuestra monografía y no podíamos hacer las cosas en nuestro propio tiempo. Odio admitirlo, pero la línea de tiempo que el IB establece asegura que no te olvides de hacer las cosas en tu tiempo libre y te quedas atrás. Con esa ayuda puedes encontrar errores y problemas en las primeras etapas de tu trabajo para que no pierdas el tiempo escribiendo una monografía entera para que al final sea rechazada.

Hazte un favor e ignora cualquier historia que escuches de las personas mayores que te cuentan cómo escribieron su Monografía en una sola sesión, unos días antes de la fecha prevista y obtuvieron un A. A menos que tengas alguna habilidad mágica para trabajar productivamente sin parar durante unas 80 horas más o menos, no puedes terminar tu monografía en una sola sesión – ni tampoco en unas pocas sesiones. Créeme, dar pequeños pasos, uno a la vez, es la clave del éxito. Sin embargo, también hay límites para esto, así que no te confundas pensando que al añadir una o dos oraciones a tu ensayo ya has hecho suficiente trabajo para la semana.

Tu coordinador del IB debe garantizar que más o menos cumplas con las fechas límite. Y tú debes conocer todas las fechas importantes y guardarlas en tu calendario (si tienes uno) o imprimirlas y pegarlas en tu pared. Habrá una fecha para tener tu tema listo, para encontrar a un supervisor, para preparar un resumen y una bibliografía, etc. Recuerda que, si te atreves a atrasarte en una de las fechas, podría tener un efecto dominó y algunas consecuencias graves.

Vas a escribir tu monografía principalmente fuera del salón de clases en tu tiempo libre y, diferente a las tareas escolares, no habrá exámenes o pruebas para verificar que estás haciendo el trabajo. Se recomienda, pero no se requiere, que tu colegio establezca plazos internos para las etapas de completar la monografía. Sé responsable. Yo sé que la carga de trabajo en las otras materias será pesada, pero no te olvides de tu monografía. Recomiendo terminar la mayor parte durante las vacaciones de verano (entre el primer y segundo año del programa IB). Además, no me fiaría demasiado de las fechas que el coordinador "sugiere" que sigas - los más ambiciosos e independientes de ustedes deberían hacer su propio plan y cumplir con él. Establece metas específicas y si te atrasas debes esforzarte por alcanzarlas metas igualmente así sea al precio de perder algunas tareas escolares o de reprobar algunos exámenes (la calificación de la monografía es mucho más importante que tu trabajo escolar diario). Además, contrario a la creencia popular, trabajar en tu monografía durante el fin de semana no es un pecado.

Supervisión

Antes de empezar a escribir tu monografía necesitas a un miembro de la facultad que "supervise" tu trabajo para que haya alguien que asegura que sigas las directrices del IB. Debes ser rápido y reservar a tu supervisor primero porque generalmente los profesores más populares se llenan de solicitudes en el plazo de una semana - especialmente para los temas de ciencias sociales como Historia y Economía. Deberías tratar de conseguir que tu profesor de la materia sea también tu supervisor porque 1) debe saber la mayor parte del material que la materia abarca perfectamente y 2) estará familiarizado con el programa de IB y sabrá cómo funciona. Por tu propio bien trata de no tener a un supervisor que no enseñe en el programa IB o que no esté familiarizado con las exigencias del programa.

El papel del supervisor es muy claro. Se recomienda que pasen entre 3 y 5 horas contigo trabajando en tu monografía. No están ahí para escribir tu ensayo y no deberías reclamar que no te ayudan lo suficiente. Hay una serie de pautas que los supervisores deben seguir (una vez más, ver la documentación del IB) para asegurar que cada estudiante en cada escuela tenga la misma ayuda. Ellos están ahí principalmente para apoyar y animar, además de ayudar a que cumplas con los plazos y no hagas plagio. También tendrán que asesorarte y orientarte sobre cómo llevar a cabo la investigación. Pero eso no significa que vayan a escribir frases para ti. También decidirán la cantidad de tiempo que pueden ayudarte con tu monografía (lo cual es una buena razón para elegir a un supervisor que no esté demasiado ocupado todo el tiempo).

Tu supervisor es tu amigo. Recuerda que no es una obligación para un profesor de supervisar a un estudiante - así que no abuses de ese privilegio. Trátalos como basura y recibirás basura a cambio. No seas demasiado exigente, pero no dejes que se alejen de sus promesas. Investiga qué el IB recomiende que haga el supervisor y si tu supervisor no está a la altura de los estándares, entonces le presentas el caso a tu coordinador para llegar a una solución.

Odio decirlo y esto podría ser una sorpresa desafortunada para la mayoría de ustedes, pero yo diría que el éxito de tu monografía depende en un 75% de tu trabajo y en un 25% del aporte de tu supervisor. Aunque en realidad no escriben nada de lo que se incluye en tu ensayo ni te dan tantos consejos, el informe que envían al examinador (que incluye sus comentarios personales) es increíblemente importante. Si eliges a un supervisor sin pistas e incoherente no sólo pagarás el precio en términos de retroalimentación, sino que también te arriesgas a que todas las formalidades involucradas en la presentación de la Monografía sean incompletas. Esta es la razón por la que recomiendo que busques un supervisor que conozca el sistema del Diploma de Bachillerato Internacional y que tenga al menos uno o dos años de experiencia en monografías. Ojalá pudiera decirle que no importa lo malo que sea tu supervisor, todavía puedes obtener una A, pero debido al papel cada vez más importante que desempeña, este no es el caso.

Seamos realistas. Mientras más experiencia tenga el profesor con el IB y Monografías, más será capaz de ofrecer en cuanto a qué hacer y qué evitar. Sé que esto es un problema en muchas escuelas que recién están comenzando el programa de IB y donde casi todos los profesores tienen cero experiencia en IB. Pero, si tienes la oportunidad de trabajar con un profesor que ha estado enseñando la asignatura durante más de unos cuantos años, hazlo.

Recuerda que es tu supervisor quien tiene la última palabra sobre si tu ensayo obtendrá o no una calificación suficientemente alta para aprobar. Así que si eliges a un supervisor que no tiene ni idea de cómo se califica entonces te arriesgas a reprobar todo tu diploma IB, si tu trabajo termina no satisfaciendo los requisitos de los examinadores. Tu supervisor debe pedirte que reescribas tu trabajo si estás al borde de reprobar (sin embargo, si has estado siguiendo esta guía, ¡no debería pasar!).

Encuentra al profesor que mejor encaje con tu tema y quizás te dé fuentes (libros, sitios web, revistas, etc.) que otros no pueden. Tienen que ser capaces de ofrecerte una crítica constructiva y orientación. Recuerda que no dependes de tu supervisor con respecto a la ayuda y el consejo. Puedes consultar a alumnos mayores y amigos para consejos generales sobre EE. Sin embargo, al final del día tu supervisor es el que necesita completar todas las formalidades que se indican en la guía de la monografía.

El Comienzo / La Investigación

Hay pocas cosas en la vida que se comparan con el momento en que miras una página en blanco y luchas para encontrar una introducción llamativa. Mi mejor consejo para ti (y el consejo que se da generalmente a los escritores principiantes) es simplemente empezar y escribir tus ideas. La introducción podría no ser el mejor lugar para comenzar, así que empieza a anotar tus investigaciones de forma clara y coherente y eventualmente podrás empezar a estructurar tu ensayo apropiadamente.

Lo mejor que puedes hacer antes de empezar a escribir es investigar mucho. Esperamos que tu colegio te haya dado una breve introducción sobre cómo escribir un trabajo de investigación, pero hay algunas cosas que debes tener en cuenta mientras investigas. Dependiendo del tema, puede ser que la investigación sea increíblemente fácil o increíblemente difícil. Para mi monografía escribí un ensayo sobre un acertijo matemático de hace 2.000 años llamado "El Problema de Alhacén". Buscar en Google no me ayudó mucho. Sí, encontré algunos artículos por ahí y algunas definiciones y explicaciones, pero investigaciones casi no había. No me preocupé demasiado, porque el Internet (por muy grandioso que sea) no tiene la respuesta para todo.

Como estudiante IB tienes que aprender a preguntarte mucho sobre lo que estás aprendiendo. Existen varios buscadores diseñados específicamente para artículos de investigación que puede ser necesario consultar (JSTOR, SSRN y Proquest por nombrar algunos). Algunos son gratuitos, pero otros cuestan un poco. Tienes que averiguar qué es lo que realmente quieres. Alternativamente, puedes intentar ir a la biblioteca de tu ciudad local (porque por su puesto ya has ido a la biblioteca de tu escuela, ¿verdad?) y ver si tienen algo de interés. Sé creativo con tu investigación. Recuerdo que tuve que enviar un correo electrónico a un profesor de Oxford para ver si podía darme alguna información (¡desgraciadamente me ignoró por completo!). Pero no te rindas y ten en cuenta que todos los demás estudiantes están haciendo exactamente lo que deberías intentar evitar. Por muy buenos que sean

Wikipedia y esas páginas, no te destacarás entre la multitud si tu investigación no va más allá de eso.

Hablando del tema de la investigación, deberías revisar todas las monografías que puedas conseguir en tu materia (preferiblemente buenas). No me refiero a leerlos de principio a fin, sólo digo que puedes tener algunas ideas sobre por dónde empezar cuando veas cómo se supone que debe ser una buena monografía. El IB ha lanzado una colección de 50 grandes Monografías (a todas las cuales se les otorgó el grado A) disponibles en formato CD/DVD por unos cien dólares. Esperamos que tu colegio compre una copia de esto para guardarla en la biblioteca. Si no es así, entonces trata de buscar en algún otro medio (tal vez repartiendo los costos entre unos amigos). No es esencial que veas muchas monografías, pero yo lo recomendaría mucho. Así puedes identificar los problemas comunes, así como también las fortalezas en varios temas

39. Perfeccionar la Monografía [Parte III]

Estructura

Para la mayoría de ustedes esta será la primera vez que escriben un ensayo que tiene secciones claras y una estructura claramente definida. Debes tratar de hacer una exploración personal del tema y hacer todo lo posible para argumentar tus puntos de una manera profesional. No saltes por todos lados con discusiones. Asegúrate al final de que eres capaz de hacer un índice para saber dónde puedes encontrar todas las diferentes secciones.

No puedo enseñarte en unos pocos párrafos cómo escribir con buena estructura. Eso es algo que viene con experiencia, buenos profesores de español y un poco de suerte. Lo que puedo decirte es que si tienes 4.000 palabras de material repartidas en 20 páginas, la estructuración se convierte en un problema mucho menos grave que si tienes 400 palabras y no tienes ni idea a dónde quieres llegar.

El problema principal de la estructura será el cuerpo del ensayo, el cual debe ser presentado en forma de un argumento razonado. Puedes poner subtítulos si esto ayuda a tus lectores a entender mejor tu ensayo.
Hazte un favor y sigue las directrices del IB. Averigua exactamente qué debe contener tu portada y asegúrate de que no tienes más, ni menos de lo que se requiere. El resumen también tiene requisitos muy específicos que tienes que revisar, junto con el cuerpo principal, la bibliografía y la conclusión. La diferencia entre tú y los candidatos del IB que sacan más puntos que tú es que estos realmente consultan la guía del IBO y la usarán para su bien. Asegúrese de que todos los conceptos básicos sean correctos, incluyendo su nombre y número de candidato en el lugar correcto en cada página.

Recuerda siempre lo esencial que es la buena organización y estructura de las ideas para tu ensayo. Debe ser muy claro y, por favor, evita ambigüedades. Si tienes las secciones claramente ordenadas ya estás haciendo parte del trabajo de tu examinador en el sentido de que no tendrá que perder el tiempo buscando dónde está tu introducción/conclusión.

Presentación

Tu producto final debe ser algo de lo que realmente puedas estar orgulloso. No pongas títulos con letra glamurosa o bordes de página coloridos. Finge que estás en la universidad y estás entregando tu doctorado. El ensayo debería ser escrito en Word, a doble espacio, tamaño de letra de 12 (si insistes en usar Comic Sans, entonces el IB probablemente no es para ti), márgenes de tamaño estándar y no olvides numerar las páginas. Haz que se vea limpio y no como una cosa que hiciste en los últimos días. La presentación debe ser lógica. Probablemente sería una buena idea numerar todos tus diagramas, mapas y tablas para que sea más fácil referirse a ellos en tu texto (¡sólo usa diagramas e imágenes si sirven para algo!). Incluso si lo que has escrito en tu EE es espectacular, si parece algo que hizo un niño de cinco años has estado perdiendo el tiempo.

Número de Palabras

Es casi seguro que tendrá un problema con el número de palabras cuando escribas la monografía. El problema que tienes que tener es el de haber escrito demasiadas palabras, no demasiado pocas. Así que deja de mirar el número de palabras hasta llegar a unas 3.500 y luego, para completarlo, añadir otras cien palabras o mentir y decir que escribiste 3.600 "sólo para que el examinador no piense que soy perezoso". Sólo tienes que sentarte y escribir y escribir y escribir y escribir hasta que sientas que has agotado tu tema. Rara vez será un problema cortar palabras, porque tendrás tanto contenido "bueno" como "malo" en la página. Apunta a 4.000, pero no exactamente a 4.000. Alrededor de 3.900 es lo ideal, en realidad. Para aquellos que se pregunten, "¿Por qué querría escribir más de 3.500 si ese es el mínimo establecido?" -la verdad corta y honesta es que 3,500 palabras podrían implicar que el tema no fue investigado a fondo y que te esforzaste por decir algo más para alcanzar ese 3,500.

Averigua y verificar qué se incluye en el número de palabras (introducción, cuerpo, conclusión, preguntas) y exactamente qué no se incluye (resumen, índice, notas de pie de página, página de título). Serás penalizado si pasas por encima o por debajo del límite, así que ahórrate las molestias y haz bien el conteo. En los ensayos que contengan más de 4,000 palabras se espera que los examinadores no lean y evalúen nada de lo que exceda el límite de palabras.

Documentos

Mira, no seas estúpido. El IB no publica cientos de páginas de información y directrices sobre la monografía sin ninguna razón. LÉELO. Créanme, la mayoría de los estudiantes siguen confiando sólo en su coordinador del IB y supervisor de monografía, sin siquiera por un segundo pensar que probablemente sería una buena idea leer las instrucciones de la monografía por sí mismos. No te conviertas en uno de estos estudiantes. Busca en el internet todos los documentos PDF relevantes publicados por el IBO que se traten de la monografía y probablemente sería una buena idea imprimirlos también. Así puedes resaltar las partes relevantes que probablemente no hayas notado y consulta las pautas de vez en cuando.

Tienes que ir donde tu coordinador del IB y pedirle que te muestre todo el material relevante proveído por el IB con respecto a la monografía. Es un requisito para tu colegio garantizar que tu monografía cumpla con las regulaciones publicadas en la guía oficial del IB.

Criterios de Evaluación

Ok, lee esto con mucha atención: los criterios de evaluación que el IB establece para tu monografía son, sin duda, el recurso más importante que tendrás que utilizar. La gran mayoría de los estudiantes ni siquiera saben que existen tales criterios de evaluación. ¡No seas uno de ellos! Recuerda, aunque el método de evaluación juzga a cada estudiante en relación con los criterios y no en relación con el trabajo de otros estudiantes, todavía estás compitiendo de alguna manera con el resto de los estudiantes que escriben una monografía en tu área, así que tienes que hacer cosas buenas que ellos probablemente olvidarán de hacer. Lo más importante de todo esto es garantizar cumpla impecablemente con todos los criterios de calificación.

La monografía será calificada por los examinadores designados por el IBO utilizando una escala con un máximo de 36 puntos. Este puntaje máximo está compuesto por los diferentes niveles posibles por criterio para cada ensayo. Tu monografía será examinada y el examinador literalmente leerá cada criterio, comenzando con el nivel 0, hasta que se alcance el nivel que mejor describa el trabajo que está evaluando.

Los nuevos reglamentos para la monografía establecen que no hay distinción entre "puntos generales" y " puntos específicos de la materia". Ahora sólo existen los "Criterios de Evaluación" generales, sin embargo, se sugiere a los examinadores que se informen sobre la interpretación de los criterios de evaluación dentro de las directrices de cada materia que se encuentra en la guía oficial.

No estoy exagerando. Cuando pienses que te acercas a la finalización de tu monografía, siéntate con la monografía en una mano y los criterios de evaluación en la otra repasando cada sección. Date a sí mismo lo que honestamente piensas que te mereces en cada parte. El IB es muy exigente con la evaluación de las monografías. Alguien se sentará con tu ensayo y hará exactamente lo mismo que tú. He aquí otro dato que probablemente no sabías: a los examinadores los pagan por monografía. Quiere decir que quieren revisar cada trabajo lo más rápido posible – aprovecha esto y haz que tu ensayo sea más fácil de entender y calificar para examinador.

Esto significa prestar especial atención a la redacción exacta de los criterios de evaluación. Si dice "el enfoque utilizado para responder a la pregunta de investigación...", entonces es mejor que tengas las palabras "pregunta de investigación" en algún lugar al principio de tu ensayo y cuando empieces a responderla deberías decir "el enfoque que voy a usar para responder a mi pregunta de investigación es...". Lo sé, suena ridículo, pero créeme, ganarás puntos por cosas pequeñas como esa. Si piden un resumen que "indique claramente la pregunta de investigación que se investigó, cómo se llevó a cabo la investigación y la conclusión del ensayo", ¡entonces hazlo así! De hecho, para ganar puntos el resumen es probablemente la sección más fácil. Si lees las directrices, literalmente no puedes equivocarte.

Métete esto en la cabeza ahora mismo: el IB no va a leer tu monografía y te dará una calificación dependiendo de cuán "bueno" sea tu ensayo. Tampoco si escribes un ensayo que cambie el mundo por un gran avance matemático, tienes que cumplir con todos los criterios de evaluación. Del mismo modo, si escribes un ensayo muy malo en tu materia, pero cumples con la mayoría de los criterios de evaluación, te sorprenderás de cuántos puntos puedes obtener por simplemente seguir las directrices.

Los descriptores más altos no están reservados para ensayos impecables y si mereces la calificación más alta la obtendrás. No existe una relación aritmética entre los números de los descriptores - un 4 no es necesariamente el doble de bueno que un 2. Por otra parte, también es importante entender que una puntuación alta en un criterio no significa necesariamente que recibirás una puntuación similar en los otros criterios.

He aquí un gran consejo que aprendí de mi propio supervisor de monografía para tener las mejores calificaciones en la formulación de tu pregunta sobre el tema. Revisa cuidadosamente el criterio de evaluación parte A, la pregunta de investigación. Si quieres obtener una calificación completa, "la cuestión de la investigación debe estar claramente indicada en la introducción y estar claramente enfocada, haciendo posible un tratamiento efectivo dentro del límite de palabras". Aunque no puedo garantizar que cumplas la segunda parte de esa declaración, con respecto a la primera parte tengo un gran consejo para ti. Si quieres que tu pregunta de investigación se destaque, por qué no colocar tu pregunta de investigación en la introducción en una casilla apartada. Pon tu pregunta entre comillas (consulta mi monografía si aún no sabes a qué me refiero). Esto podría fácilmente conseguirte un o dos puntos (lo que podría no parecer mucho de 36), pero tienes que entender que si trabajas de manera similar con todos los Criterios de Evaluación - examinando cada frase y palabra que el IB usa - fácilmente puedes obtener unos pocos puntos aquí y allá haciendo sólo unos pequeños ajustes.

Aunque ya no existe un criterio de calificación "específico de la materia", no debes ignorar la idea de que tu monografía es específica de tu materia. El IB sigue publicando "detalles" específicos de la materia que los examinadores leerán antes de calificar tu ensayo. Lee estos documentos porque a menudo habrá informes de los examinadores y comentarios sobre los errores más comunes y los aspectos más destacados de los ensayos escritos en tu materia.

Si algo de tu ensayo no es claro o si crees que no has cumplido con los requisitos, entonces regresa y haz los cambios necesarios. Continúa haciendo esto hasta que creas que puedes obtener al menos un 90% de los puntos – así probablemente conseguirás un A o un B. Sé realista cuando hagas esto y recuerda siempre: ¡los criterios de evaluación son el factor más importante para decidir qué tan exitosa será tu monografía!

Como mencioné antes brevemente, trata de hacer la vida más fácil a tu examinador. No le hagas perder el tiempo porque no sabe dónde termina la introducción y dónde comienza el cuerpo del ensayo. De igual manera si la conclusión se confunde con la evaluación (si tienes una), entonces se hace más difícil calificarla. Aunque no es obligatorio, recomiendo tener secciones (capítulos) en tu ensayo - de esta manera puedes ampliar tu página de contenidos para que sea más detallada.

Los ensayos más exitosos de cada año son realizados por estudiantes que han guardado los criterios de evaluación como un póster en la pared de su dormitorio. Si sabes lo que quiere el examinador, puedes dárselo. En resumen (y lamento repetirme, pero esto es crucial para su éxito): trata los criterios de evaluación como la clave para obtener el A en esa monografía

Búsqueda de Fuentes

Como la monografía es un trabajo de investigación, sería una tontería dejar la bibliografía en blanco. De hecho (y muchos profesores probablemente no estarían de acuerdo conmigo) deberías tener una muchas fuentes y muy variadas. Cuando los examinadores miren tu bibliografía y vean que has consultado Wikipedia (la vieja confiable), que has buscado en Google esto y aquello y que usaste en algunas frases de libro de tu materia, no se quedarán impresionados.

Por otro lado, si tienes artículos de revistas, diccionarios, entrevistas con personas reales, textos de nivel universitario y artículos de periódicos en tu bibliografía, estás en un nivel totalmente diferente. Este asunto varía en dificultad de una materia a otra y dependiendo del tema es posible que tengas dificultades para encontrar siquiera diez fuentes de información. Entonces, tampoco uses todo lo que encuentres. No se recomienda recolectar material que no sea relevante para tu pregunta de investigación o citar fuentes que no se utilicen realmente.

La otra ventaja de utilizar fuentes físicas (libros, revistas, periódicos etc.) es que son fuentes fiables. Al usar el Internet para hacer la mayor parte de la investigación te arriesgas a citar información sesgada y superficial - sé escéptico y lee con una mente crítica (¡como lo debería hacer un estudiante IB!). Usa tu cerebro.

Además, tu bibliografía y tu método de selección de fuentes deben estar 100% de acuerdo con lo que el IB espera. Hay miles de millones de sitios web en Internet que harán la bibliografía por ti; algunos podrían hasta darte las notas de pie de página - pero hazlo bien. Puedes utilizar el sistema que quieras siempre y cuando mantengas la coherencia. Sólo recuerda: ¡tienes que dar créditos si estás usando el trabajo de otra persona!

Mi propio coordinador del IB me dio un consejo de gran valor para citar fuentes: cuando encuentres una fuente útil, deja todo lo que estás haciendo y apunta toda la información de la publicación (que necesites para la bibliografía). Me pareció un poco tonto al principio, pero haz esto y me lo agradecerás más tarde. Cuando llegue el momento de hacer la bibliografía, tendrás todo lo que necesites ahí mismo.

Otra buena razón para tener citas bien hechas es erradicar cualquier sospecha de plagio. Mientras que las pequeñas deficiencias en tu referenciación pueden costarte un o dos puntos, problemas mayores pueden suponer un problema en términos de plagio. Hay que tener en cuenta cualquier cambio que se haya realizado recientemente en los métodos bibliográficos de las nuevas monografías, en particular que las bibliografías ahora sólo tienen que enumerar las fuentes que se han citado y no las fuentes que se han consultado.

40. Perfeccionar la Monografía [Parte IV]

Plagio

Fácil. No lo hagas. No lo hagas. No es ético, es injusto, es malo, todo eso es cierto. Pero lo peor es que te atraparán. Lo he visto todo: copiar y pegar en Internet, comprar ensayos por cantidades ridículas de dinero, e incluso conseguir que los amigos especialistas de tus padres escriban tu trabajo por ti. Y si el software anti-plagio (que ha avanzado increíblemente en los últimos años) no te atrapa, es el trabajo de tu tutor decidir si el trabajo es tuyo o no. Turn-it-in.com ha sido un gran avance en la forma en que los trabajos de investigación son monitoreados hoy en día. No olvides que tendrás que enviar una versión electrónica de tu monografía, así que ahórrate el drama y procura no copiar y pegar.

Siempre digo que la única persona más tonta que alguien que plagia a propósito es la persona que no lo hace a propósito. Si no se incluye una bibliografía adecuada y no se citan ciertas fuentes "por accidente", te esperan las mismas consecuencias que aquel que lo hizo a propósito. No cometas ese error.

Ahora mira, si has estado escribiendo malos ensayos desde que te acuerdas y de repente entregas una obra maestra digna de un doctorado, perfectamente escrita y organizada - tu tutor (a menos que sea como tú) notará el cambio repentino en el estilo de escritura y te interrogará extensamente. Nada se ve peor que un estudiante incapaz de responder preguntas simples sobre un trabajo que supuestamente escribió. La recompensa no vale el riesgo, considerando que eres capaz de producir algo de mejor calidad.

Vamos muchachos, son sólo 4.000 palabras. ¿De verdad me estás diciendo que no eres capaz de escribir 4.000 palabras sin hacer trampa ni plagio? Si ese es el caso, entonces buena suerte con la universidad o cualquier carrera que elijas seguir después del colegio.

¿Terminaste?

Mi profesor dijo una vez que tu monografía nunca será realmente un trabajo terminado - solamente llegará un momento en que debes entregarlo. Tenlo en cuenta cuando revises tu ensayo y escribas tu conclusión. Por favor, no escribas como frase final "En conclusión, hay.... Fin" - el IB no espera que conozcas cada detalle de tu tema y que des una respuesta concreta e impecable. Si todavía tienes dudas sobre el tema, dilo (y, si es posible, habla sobre cómo podrías, con más recursos y tiempo, responder a estas preguntas).

¿Ahora crees que terminaste? Bueno, piénsalo otra vez. Regresa constantemente y comprueba que hiciste todo lo mejor que puedas. Este no es un examen para el cual tienes que estudiar; es un trabajo para el que puedes tomarte todo el tiempo que necesites para terminarlo. Busca en internet una checklist para la monografía para revisar tu trabajo antes de entregar.

Si todavía estás convencido de que tienes listo tu borrador final quiero que cojas tu monografía y te preguntes lo siguiente: ¿es algo de lo que estoy orgulloso? ¿No me da vergüenza leerlo? ¿Este es mi mejor trabajo? Si puedes responder "sí" a la última pregunta, probablemente está lista para entregarla.

La Entrevista Final

El IBO recomienda que los supervisores y los colegios terminen el trabajo con una entrevista. Es una conclusión del proceso de hacer la monografía.

El objetivo de la entrevista es eliminar cualquier sospecha de plagio y ofrecer una oportunidad para reflexionar sobre lo que se ha aprendido de la experiencia. La entrevista completa durará de 10 a 15 minutos y debes estar preparado para responder cualquier pregunta que tu supervisor pueda tener sobre tu ensayo, incluyendo preguntas sobre frases específicas, citas, referencias, pero también sobre por qué elegiste el tema, los éxitos y fracasos en el proceso y qué fue lo que más te interesó.

Es posible que no tengas que hacer esta entrevista ya que no es obligatoria. No obstante, deberías prepararte para responder preguntas sobre tus métodos, la elección del tema, las conclusiones y las habilidades que aprendiste durante el proceso. Sin embargo, recuerda que no te calificarán en esta entrevista ya que no existen criterios de evaluación para ello y no es obligatorio.

Honestamente esta entrevista no debe representar ninguna amenaza para el éxito de tu monografía. Realmente se utiliza como una forma de coger desprevenidos a los estudiantes sospechosos de plagio. A menos que tengas una pérdida grave de la memoria no tendrás ningún problema. El proceso debería terminar positivamente y es una buena conclusión para la finalización de este trabajo tan importante.

Recursos Adicionales

Cuando comencé el programa IB, había material disponible en Internet con respecto a la ayuda con la monografía. Ahora, echando un vistazo rápido, parece que ha habido un cambio increíble en el interés y un aumento en la información con respecto al Programa IB. Se supone que esta guía te ayudará a sobrevivir a la monografía - pero por supuesto, no dejes que tu investigación termine aquí. Tu objetivo principal es conseguir toda la información posible. Averigua lo que otros escriben sobre la monografía, pregúntales a tus compañeros, sigue buscando en Google "Ayuda para Monografía IB". Tienes que entender que hay cientos, si no miles, de buenos sitios web, libros y otros recursos que pueden complementar este libro y tus investigaciones. Revisa también la tienda en la página web del IBO para ver si hay algo que valga la pena comprar (o rogar a tu escuela que lo compre) con respecto a la monografía.

No hay que exagerar con la dificultad y magnitud de este trabajo. Tómatelo en serio, pero no te obsesiones con él (si eso tiene sentido). Sólo recuerda cuál es el verdadero objetivo: conseguir una A o una B para aumentar tus posibilidades de conseguir los tres puntos extra. Tres puntos es menos de la mitad de lo que sólo una de tus materias te puede dar (siete puntos). Sin embargo, son probablemente los tres puntos más fáciles de obtener ya que no hay ningún examen involucrado (así que puedes trabajar duro y garantizarte a ti mismo los puntos). No hagas que la monografía sea más dura de lo que realmente es.

Recuerda que si haces mal la monografía decirle adiós al proceso de dos años duros bachillerato internacional. No es opcional, es obligatorio. Después de haber completado mi monografía, puedo entender por qué el IB quiere que escribas un ensayo de 4.000 palabras. En muchos programas de bachillerato no se hará nada parecido y si vas a la universidad, podrás separar a los niños que hicieron el IB de los que no lo hicieron por su capacidad de escribir ensayos largos y bien estructurados. Si se hace bien la monografía te dará una tremenda ventaja más adelante en tu carrera universitaria - créeme.

Dado que el IBO sugiere que la monografía debe tardar alrededor de 40 horas en completarse podrías, en teoría, dejar la monografía para el último fin de semana antes de su entrega. Hay un viejo dicho sobre el aplazamiento del trabajo: "la mejor manera de hacer algo es comenzar hoy mismo". Comienza tu monografía el fin de semana que se te asigne, termínala para el final de las vacaciones de Navidad y haz que se corrija y modifique para el final de las vacaciones de Pascua - hazlo y podrás tomarte el resto del tiempo libre riéndote viendo que tus compañeros del IB continúan engañándose a sí mismos.

41. Abordar TdC – El Ensayo

Aburrido. Innecesario. Hora de la siesta. "No filosofía" - son sólo algunas de las cosas que he escuchado que los estudiantes usan para referirse al componente del IB llamado Teoría de Conocimiento. Mi propia opinión no es importante, pero digamos que tengo sentimientos muy mezclados cuando se trata de Teoría del Conocimiento. Como con muchas cosas en el Bachillerato Internacional TdC tiene sus ventajas y desventajas. Las malas noticias primero: es muy polémico, a veces muy aburrido, y puede que tengas dificultades para aceptar lo que el curso está tratando de enseñarte. Las buenas noticias: es menos trabajo que la monografía si quieres un A y no hay casi ninguna habilidad académica involucrada. Si eres un estudiante bueno o malo no importa - a cualquiera le puede ir bien en TdC.

TdC es la única materia que cada candidato para el Diploma IB en el mundo toma. Las implicaciones de esto son inmensas. Tu trabajo se compara con los otros 200.000 estudiantes IB que lo hacen cada año. Entonces, ¿por qué tantos estudiantes odian el curso? Realmente no sé por dónde empezar - podría ser la falta de profesores de calidad, el "carácter incompleto" del programa de estudios, o el hecho de que ningún otro programa de bachillerato del mundo tiene algo que ni remotamente se puede comparar con TdC. Además, es frustrante para los estudiantes lo subjetivo que puede llegar a ser la materia. Puede ocurrir fácilmente que dos profesores de la misma escuela enseñen y califiquen de maneras completamente diferentes. Las clases pueden volverse fastidiosas a medida que te encuentras cuestionando cosas como tu propia existencia y teniendo interminables debates repetitivos sobre "cómo sabemos" algo. El contenido de la asignatura que se encuentra en TdC es en su mayor parte desconocido tanto para los profesores como para los alumnos, por lo que resulta aún más difícil de enseñar.

De todos mis compañeros de curso, yo probablemente era él que menos estaba de acuerdo con la materia (irónicamente obtuve la mejor calificación de mi curso para mi ensayo/presentación). Recuerda siempre: no importa cuánto odies el curso o estés en desacuerdo con él, no debería tener ningún impacto en tu capacidad de obtener la mejor nota. Obviamente si eres optimista y estás interesado en el material se te hará más fácil de tener éxito. Pero esta guía te enseñará exactamente qué hacer (y qué no hacer) para tener éxito independientemente de tu interés personal en TdC.

Una de las razones por las cuales TDC me parece tan controversial es que algunos profesores insisten en enseñar TDC como EL curso de conocimiento. Como si todo el mundo aceptase que hay cuatro Formas de Conocimiento y siete Áreas de Conocimiento concretas. Pero la cosa es que fuera de tu clase de TdC ninguna otra persona no formada en el programa del IB sabrá de lo que estás hablando. Los filósofos han debatido durante años sobre cuestiones de conocimiento y seguirán haciéndolo. Puede ser una triste verdad, pero el esquema de TdC es casi "ficticio" en el sentido de que es elaborado por el IB para el IB. No estoy tratando de eliminar las valiosas lecciones de conocimiento que ofrece TdC; sin embargo, quiero que entiendas que hay mucha más profundidad y muchas más cosas interesantes que aprender sobre el conocimiento fuera del programa IB. Sólo para mostrarles cuán ambiguo e intangible es el curso, en los programas de estudios recientes la forma de conocimiento la "percepción" ha sido reemplazada por la "percepción sensorial". Esto no debería preocuparte demasiado, pero ten en cuenta que mientras intentas perfeccionar tu ensayo y presentación, hay mucho más sobre filosofía y conocimiento que lo que TdC trata de enseñar.

Entonces, ¿qué se necesita? Pues, el componente TdC consiste en un ensayo de 1200-1600 palabras y una presentación de diez minutos. Tengo que admitir que ambos probablemente terminarán siendo muy aburridos, pero al menos deberías estar contento por el hecho de que vas a conseguir muy buenas notas.

El ensayo que será evaluado externamente vale 40 puntos (la presentación vale sólo 20), lo que significa que tiene el doble de influencia en la calificación final. Esto es probablemente una buena cosa ya que es evaluado externamente (no importa cuánto hayas molestado a tu profesor TdC a través de los años, él/ella no puede vengarse de ti). Deberías apuntar para conseguir de 30 a 35 puntos (siendo realista), lo que no es tan fácil. Les presento a continuación algunos consejos que los guiarán por el buen camino.

El ensayo requiere que muestres tus habilidades de reflexión de un título prescrito que probablemente nunca hubieras elegido si hubieras podido crear tu propio título de ensayo. Los ejemplos de la vida real jugarán un papel clave en tu ensayo, así como un análisis de esos ejemplos basado en TdC. La mitad del trabajo de escribir un buen ensayo TdC implica elegir un buen título de ensayo. De la lista de diez que el IBO proporciona, habrá uno o dos que potencialmente te pueden dar más puntos que los demás. No cometas el error fatal de decir: "Ah, a la mierda con esas preguntas largas. Mientras más corta sea la pregunta, más fácil será". En realidad, yo argumentaría a lo contrario. Las preguntas más cortas tienden a llevar mucha ambigüedad, mientras que con las preguntas más largas, uno sabe exactamente sobre qué se supone que se debe escribir.

Busca preguntas que tengan mucha terminología de TdC y que te den la oportunidad de presentar muchos argumentos "interesantes" de TdC. Recuerda que el ensayo demostrará tu capacidad para vincular los temas de conocimiento con las Áreas y las Formas de Conocimiento. No cojas las preguntas sobre las que crees que es interesante escribir; en vez de eso, ve por las preguntas que crees que a tu profesor de TdC le parecería interesante leer. Cualquier cosa que específicamente te pida que compares, contrastes, expliques o describas un Área o Forma de Conocimiento es mucho mejor que una pregunta que no contenga mucho material de TdC. Si no crees que el título menciona problemas basados en el conocimiento es mejor elegir otro.

Tómate todo el tiempo que necesites para elegir el título. Normalmente los títulos se publican muy temprano y no es necesario hacer la elección final sino en el segundo año. Piensa mucho y a fondo sobre qué pregunta te permitirá demostrar mejor tu conocimiento de TdC y cuál te permitirá reflexionar críticamente. Como regla general, mientras más palabras clave de TdC haya en el título, mejor. Además, evita preguntas que puedan tener significados ambiguos. Recuerda que tienes que prestar mucha atención a la terminología de la pregunta y que se espera que abordes todos los aspectos de la misma.

Debes saber exactamente lo que te piden que hagas. Las preguntas que requieren que "evalúes" y una determinada reclamación requieren que presentes argumentos a favor y en contra. No simplifiques demasiado la pregunta y asegúrate de tener en cuenta todas las posibles "áreas grises". Además, tienes que entender cada una de las palabras que forman parte de la pregunta. Puede que pienses que sabes lo que se te pide, pero procura buscar diferentes interpretaciones de la palabra (es poco probable que incluyas esto en tu redacción, pero al menos estarás más preparado cuando empieces a escribir).

Si eliges una pregunta que suena como algo sobre lo que podrías hacer un excelente ensayo y esperas poder editar el título sólo un poquito, pues, piénsalo otra vez. El título debe utilizarse exactamente como se indica, sin ningún tipo de alteración. Si no sigues estas instrucciones, corres el riesgo de reprobar. Trabaja con lo que te dan y concéntrate en el título que tienes.

Por último, no pienses que eligiendo un tema que sea más popular podrás obtener algunas buenas ideas de tus amigos que hacen el mismo tema. Dado que el ensayo tiene un límite de 1600 palabras habrá literalmente miles de páginas de material sobre lo que puedes escribir que tendrás que filtrar. No te preocupes por no tener buenos ejemplos o argumentos desde el principio. Y también si copias una idea del ensayo de un amigo sería plagio de todos modos.

Por Dónde Empezar

Mi mejor consejo para aquellos que están a punto de empezar a escribir su ensayo de TdC sería que busquen todo el material oficial de TdC-IB posible y que resalten todo lo que es relevante para el ensayo. Con TdC estás limitado respecto a la información que puedes encontrar en Internet porque la naturaleza de la materia es demasiado específica. Puedes intentar buscar en Google "percepción como una forma de conocimiento" y encontrarás dos tipos de información - cosas escritas específicamente para el programa IB TOK, y cosas que otros filósofos/escritores tienen que decir. Sólo el primero te sirve. Como verás más adelante, estas "Áreas de Conocimiento" y "Formas de Conocimiento" no son reconocidas en todo el mundo. Sólo en el programa IB encontrarás estas clasificaciones específicas.

Sin embargo, investiga bastante sobre tu tema en el contexto de TdC. Esperamos que tu colegio tenga algunos libros de TdC por ahí cubierto de telarañas y polvo - sácalos y toma notas sobre tu pregunta. Este es el mejor tipo de recursos porque están escritos por el tipo de personas que calificarán tu ensayo - los verdaderos creyentes de TdC.

Desafortunadamente, tendrás que ser muy bueno para convencer a tu examinador de que sabes de qué estás hablando. Tienes que mostrar una profunda comprensión de las Preguntas de Conocimiento, las Áreas de Conocimiento y las Formas de Conocimiento. Mi mejor consejo para ti es que leas los libros oficiales de TdC del IB que se han publicado a lo largo de los años. Hay muchas "actividades divertidas" y basura en ellos, pero te sorprendería saber con qué frecuencia encontrarás una cita aquí o allá que encaje perfectamente en tu ensayo (por supuesto, no plagiada).

Organización y Estructura

Mi ayuda aquí no va a ser tremenda. Lo siento, pero nada de lo que diga te hará escribir de una manera más estructurada o te enseñará a organizar tus pensamientos - es algo que debes aprender y perfeccionar con el tiempo. Como sea, deberías llevar el título del ensayo contigo todo el tiempo en una hoja de papel separada. Léelo de vez en cuando y si alguna vez piensas que un párrafo u oración es simplemente demasiado irrelevante, entonces sácalo.

Cuando comiences el proceso de redacción recuerda escribir la pregunta exactamente como está escrita, palabra por palabra, en la parte superior de la página (incluyendo el número de la pregunta). Pon todo entre comillas y en negrillas. Esto evita cualquier confusión con respecto a la pregunta que se está haciendo.

La estructura dependerá en gran medida de la naturaleza de la pregunta. Si se trata de una simple comparación y contraste entre dos Áreas de Conocimiento, entonces podrías usar tres o cuatro párrafos explicando cómo son similares, y seguir con el mismo tratamiento de cómo difieren, dejando unos pocos párrafos al final para el análisis final y la conclusión. Si se te pregunta específicamente sobre las diferentes Áreas de Conocimiento, tu enfoque puede ser revisar cada una de ellas y explorar cómo se relaciona con la pregunta de tu tema. Eventualmente terminarás formando algún tipo de argumento de conclusión. Recuerda que no hay una única forma ideal de escribir el ensayo, tienes que usar tu juicio y decidir qué es lo que mejor se ajusta al tuyo.

Cuando el trabajo esté completo, deberías ser capaz de leerlo y felicitarte por tus buenas transiciones y estructura. Ten un poco de ritmo y no saltes de un párrafo a otro hablando de asuntos que no tienen nada que ver. Si todavía estás luchando, consulta un libro de Español que te guiará sobre cómo tener párrafos de transición sin problemas.

Redacción

El proceso de redacción debería tomar mucho menos tiempo que la investigación y los procedimientos posteriores por los que tienes que pasar. 1200 palabras no es nada. Al igual que con la monografía, trata de acercarte al objetivo de 1600 y alejarte más del mínimo de 1200. Si ya has investigado y pensado suficientemente en el ensayo, escribirlo no debería ser un problema. Rara vez un ensayo de 1200 palabras recibe una nota A - demuestra al examinador que no eres un estudiante minimalista.

No hagas jueguitos raros con la longitud de los ensayos. Puedes tratar de engañar al IB mintiendo sobre el número de palabras pero eso sería increíblemente estúpido ya que se entrega una versión electrónica. Recuerda que el número de palabras incluye las partes principales del ensayo junto con las citas. No incluye los reconocimientos o referencias dadas en forma de nota de pie de página, ni la bibliografía. Al final del ensayo, debes indicar el número de palabras en negrillas para indicar a tu examinador que respetaste las directrices.

La introducción debe llamar la atención del lector y resumir la argumentación del ensayo. Que sea breve pero bien escrito. Evita cualquier declaración de apertura que no tenga sentido y entra en acción de una vez. Recuerda que no puedes permitirte una introducción larga por el límite del número de palabras, así que procura establecer tu tema y aclarar las cosas rápido. Discute los conceptos clave e incluye una visión de los principales argumentos de tu ensayo. Además, mientras escribes, recuerda que probablemente es mejor no expandir las ideas demasiado - si todavía puedes escribir más palabras al final, siempre puedes volver y desarrollar argumentos con más profundidad.

Respecto a las definiciones, se racional. No presentes la definición de "conocimiento" de la RAE - como 10,000 otros que cometen este mismo error. Deberías saberlo mejor que eso. De hecho, no uses el diccionario a menos que sea absolutamente necesario. Cuando describes conceptos como "conocimiento" o " evidencia " es mejor utilizar las palabras de varios intelectuales, junto con tus propias interpretaciones en lugar de una definición del diccionario. No te engañes pensando que al dar una definición, has aclarado todas las ambigüedades y complicaciones asociadas con el concepto - eso sería estúpido.

Algunos te dirán que es mejor escribir mucho sobre un poco en vez de un poco sobre mucho, mientras que otros te dirán que incluyas tantos conceptos de TdC como sea posible. Lo óptimo, según mi experiencia, está entre esos dos. Si hay alguna terminología específica en el título prescrito, entonces debe ser claramente tratada y discutida en el ensayo. Tienes que abordar un número adecuado de Áreas de Conocimiento y Formas de Conocimiento o el examinador no sabrá lo cómodo que te sientes con la materia. Al mismo tiempo, el límite de palabras no te permite pasar por cada una de ellas. Separa el mejor material para discutir. No sacrifiques la calidad por la cantidad. Si a tu ensayo le falta profundidad de análisis, tu examinador recordará esta superficialidad en el tratamiento cuando califique tu ensayo. La claridad es la clave: pensar y escribir con claridad.

Algunos profesores pueden advertirte de que no uses "yo" o "mi" en un ensayo de este tipo. Esto se vuelve muy difícil de hacer cuando hablas de tus experiencias personales y de tus propias creencias. Trata de sortear esto evitando declaraciones de aficionados como "Yo creo que..., Opino que..." y reemplazarlos con afirmaciones como "Juzgando por mi experiencia personal..., Habiendo sido testigo de algo similar..." ¿Entiendes?

La conclusión es probablemente el mejor lugar para presentar tu opinión personal. Aquí se te permite tomar una posición porque ya has pasado por todos los argumentos y contraargumentos en el cuerpo de tu ensayo. También aquí evita ser demasiado cerrado en tu mente y muestra una conciencia de una variedad de opiniones. Además, si aún no has convencido a tu examinador para cuando llegue a tu conclusión de que has mostrado compromiso personal, entonces al menos puedes conseguirlo en el último párrafo que él/ella leerá.

Siempre vuelve y ordena tu ensayo, asegurándote de que no tengas errores elementales de ortografía y gramática. Aunque no serás castigado específicamente por tener nada de eso, potencialmente puede interferir con tu estructura y el "flujo" de tu ensayo.

Nada Controversial

Ok, esto va a ser muy difícil de escribir, pero hay que decirlo. La jugada es la siguiente: diles lo que quieren oír. Mira, yo sé cómo te sientes. Es esa sensación de querer arrancarte el pelo si oyes a otra persona mencionar Formas o Áreas o Preguntas de Conocimiento. Puedes ser un rebelde y luchar contra todo el sistema IB y argumentar que todo esto es una completa tontería. O puedes ser más inteligente y utilizar este "defecto" a tu favor.

Pasé un año discutiendo con mi profesor de TdC, que mucho de lo que nos enseñan es simplemente el intento del IB de implementar un elemento de filosofía en el programa de estudios. Me sentaba allí y me reía de preguntas como "¿Cómo lo sabemos?" y "¿Qué es el conocimiento?". - Honestamente, me pareció un chiste. Luego el año escolar llegó a su fin. Mi profesor me dio un C para el año y marcó mi polémica presentación oral como un patético siete de veinte. Tuve que aprender de mis errores.

La lección aquí es que no le estás haciendo un favor a nadie cuando tratas de negar lo que TdC está tratando de enseñar - tú sufres, tus compañeros sufren, y tu profesor también se cansará de ti. Sé que suena horrible, pero es una de las habilidades más valiosas de la vida: la capacidad de decirle a la gente lo que quiere oír. Tienes que entender que sólo estarás en este programa por unos pocos años, así que más vale que te aguantes e intentes sobrevivir TdC de la mejor manera, creas o no en el contenido. Eso es lo que realmente separa al estudiante de TdC superior del inferior. No es lo que sabes, es lo que otros creen que sabes.

Aquí hay un ejemplo. Para mi ensayo TdC elegí un título sobre los límites entre varias Áreas de Conocimiento y si son permanentes. Inicialmente, quise argumentar que las Áreas de Conocimiento son superficiales y que existen decenas, si no cientos, de otros métodos para clasificar las Áreas de Conocimiento en categorías. Básicamente estaba argumentando que las Áreas de Conocimiento sobre las que aprendemos no son exactamente correctas - son simplemente una clasificación del IB. Después de tener una charla con mi profesor de TdC, se hizo evidente que esto no iba a funcionar bien con la mayoría de los examinadores. Aunque podría haber escrito un ensayo maravillosamente creativo sobre varias interpretaciones de las Áreas de Conocimiento y sobre lo que creen otros intelectuales, no hubiera obtenido una puntuación muy alta. Tenía que centrarme en lo que el programa de estudios de TdC dice - tenía que escribir en su idioma.

Esto es difícil de aceptar, lo sé. No estoy contento de que sea así, pero hay poco que se pueda hacer para cambiarlo. Lo mejor que puedes hacer es seguirle el juego y ser más inteligente que los demás. Deja tus argumentos controversiales en casa y prepárate para hablar mucho de la terminología TdC en tu ensayo. Esto incluye evitar prejuicios. Aunque pienses que tu país/religión/sexo/raza sea lo mejor del mundo, evita decirlo. Tu ensayo debe centrarse constantemente en cuestiones de conocimiento, sin importar que el título tal vez parezca no ser de TdC.

Otra trampa común en la que caen los estudiantes de TdC que escriben el ensayo es hacer generalizaciones. "Los musulmanes hacen esto", "los americanos comen lo otro", "las mujeres quieren esto", evita hacer estas simplificaciones excesivas. Debes saber que no hay dos personas iguales, así que no hagas declaraciones falsas sobre un grupo/nacionalidad/país que no tengan una base real excepto tu propio prejuicio. Esto sólo huele a una forma anti-TdC de pensar y no quieres que el examinador sepa que eres tan cerrado en tu mente. Vas en contra del concepto del IB de hacerte un individuo de mentalidad abierta. Mucho cuidado al usar palabras como "todos", "mayormente" y "usualmente". Es más probable que escribas estas declaraciones por accidente, que está bien siempre y cuando puedas identificarlas y reformularlas antes de entregar tu ensayo.

Ejemplos de la Vida Real

Uno de los factores que separará tu ensayo del ensayo otros estudiantes que hacen el mismo ensayo será el uso de ejemplos. Ahora, ya que se trata del IB, debes garantizar que tus ejemplos sean personales, únicos y éticamente correctos. Se necesitan ejemplos de otras culturas y países, y deben parecer investigados y no sólo inventados.

Ahora, una de las razones por las que recomiendo que no te duermas en tu clase de TdC es porque podrías perderte los ejemplos potencialmente buenos que tus compañeros de clase o tu profesor mencionan y discuten. Presta atención a cualquier cosa que pueda incluirse en tu ensayo. Revisa tus apuntes (si es que hiciste) y trata de recordar algunas de las cosas que se discutieron en clase. Busca ejemplos en periódicos, revistas, Internet o cualquier otra fuente relevante. Tendrá que filtrar esto desechando los ejemplos "débiles" y guardando cuidadosa pero rigurosamente los ejemplos "buenos".

Recuerda que en tu ensayo te darán puntos no sólo por unir todas las ideas y argumentos relevantes, sino también por basarte en tus propias experiencias y análisis personal. Debes incluir algunos ejemplos culturales e internacionales aquí y allá. Si has vivido en cientos de países diferentes y hablas diez idiomas, aprovecha. Incluye no sólo tu propia experiencia sino también ejemplos de otras culturas que hayas conocido. Tu ensayo podría terminar en manos de un examinador que viva en cualquier lugar, desde Polonia hasta la China. Utiliza una amplia variedad de fuentes, pero lo más importante es que debes estar seguro de que realmente representen claramente el punto que usted está planteando. Evita ejemplos superficiales en los que todos los estudiantes piensen: Galileo, las palabras de los Inuit para la nieve y el descubrimiento del continente americano son ejemplos clásicos que no deberías usar - ¡sé original!

Muchas veces de dirán que encuentres enlaces entre tus materias IB y te animan a que señales estas conexiones. En el ensayo de TdC también es así. Si estás escribiendo sobre algo y luego se te enciende una bombilla en la cabeza para decirte: "Oye, ya hablamos de esto en la clase de biología", entonces dilo. Probablemente estás leyendo grandes textos literarios en tu clase de Español IB y aprendiendo muchas cosas acerca de algunas de las personas más influyentes del mundo en tu clase de historia, así que ¿por qué no ver si hay algo ahí relacionado con TDC?

En cuanto a citas, no sobrestimaría su importancia. Es impresionante mostrarle al examinador que aprecias lo que algunas de las mentes más grandes del mundo han dicho sobre el tema, pero la opinión de otra persona tiene un valor limitado. Si las utilízalas debería ser más como un dispositivo estilístico que un método para demostrar algo. Como regla general, puedes comenzar con una cita para establecer el ambiente o resumir con una cita para tener un impacto permanente y memorable en tu lector.

Mientras nos ocupemos del tema de los ejemplos, también quiero que evites utilizar ejemplos que no estén claramente relacionados con el tema en cuestión. Si incluiste un ejemplo que dudas que tenga un impacto significativo en el ensayo, entonces es mejor que lo saques. Del mismo modo, si no puedes recordar por qué pusiste ese ejemplo allí, entonces significa que no estás demostrando nada - ¡sácalo!

Criterios de Evaluación

Como con casi todo lo demás que tiene criterios de evaluación en el programa del IB, los criterios de evaluación son muy importantes. Lee las instrucciones oficiales del IB una y otra vez. Cuando estés a punto de terminar tu ensayo, siéntate y ponte en el papel del examinador. Date a ti mismo lo que crees que vas a ganar de los 40 puntos.

¿Tienes pruebas que demuestren que sabes lo suficiente sobre los problemas de conocimiento y que tienes experiencia como "conocedor"? ¿Incluiste suficientes ejemplos para explicar tus puntos? ¿Respondiste a la pregunta tal como está formulada? ¿Conseguiste más de 35 puntos cuando te calificaste según los criterios de evaluación? Si le dieras tu ensayo a un compañero, ¿también lo calificaría con más o menos 35 puntos? (algo que te recomiendo que hagas si tienes amigos que te ayuden)

Debes poder responder a todas esas preguntas con un sí. Presta mucha atención a los descriptores de las mejores notas en cada categoría. Además, se debe tener en cuenta que las dos primeras categorías pueden darte hasta 10 puntos (el doble que las otras categorías). Para obtener las mejores calificaciones en el criterio A debes tener "un excelente reconocimiento y comprensión de la cuestiones de conocimiento que implica el título" y tu "desarrollo de ideas es consistentemente relevante para el título prescrito en particular, y para TdC en general". ¿Eso suena como tu ensayo? ¿Puedes conseguir al menos 7 u 8 puntos?

Adopta ese método para todos los diferentes criterios. Algunos pueden ser más claros que otros. Por ejemplo, para obtener las mejores notas bajo el criterio D (Estructura, Claridad y Coherencia Lógica), es necesario tener un ensayo "excelentemente estructurado, con una introducción concisa y un desarrollo claro y lógicamente coherente de los argumentos que conducen a una conclusión efectiva". Por lo tanto, incluso si eres un buen escritor de ensayos y puedes estructurar tu ensayo de manera impecable, puedes obtener los 5 puntos en esta categoría sin importar cuán deficiente sea tu conocimiento de TdC.

Bibliografía

No olvides que existe un criterio de evaluación para tu uso de fuentes. Para obtener los 5 puntos en el criterio F (Exactitud y fiabilidad), se debe tener "un excelente nivel de exactitud de los hechos y fuentes que sean confiables, consistentes y citadas correctamente, de acuerdo a una convención reconocida". Eso no es pedir demasiado de ti. Cita todo tu trabajo y utiliza un método de citación bien conocido para asegurarte de que tu bibliografía es 100% correcta. Recuerda, incluso un solo error (como el uso incorrecto de comillas o cursivas en los listados de la bibliografía) podría costarte un o dos puntos.

Sé que es muy posible escribir un ensayo completo de TdC sin consultar a una sola fuente. Aunque normalmente te diría que esto está bien - el hecho de que exista un criterio de evaluación específico solo para fuentes podría significar un problema. No pienses: "No tengo ni una sola fuente, lo que significa que no hay bibliografía, lo que significa que tienen que darme los 5 puntos, porque no puede haber ningún error". Desafortunadamente no funciona así. Todavía existe la posibilidad de que pierdas puntos por no tener fuentes cuando realmente debería tenerlas. Se inteligente y haz el esfuerzo de incluir una bibliografía adecuada. El IBO advierte que, "A los ensayos que requieren hechos para apoyar el argumento, pero los omiten, se les otorgarán cero puntos." No te arriesgues.

Ten en cuenta que este no es un trabajo de investigación - la Guía de Teoría del Conocimiento provista por el IB establece que "ni el ensayo ni la presentación son principalmente un ejercicio de investigación". Tener más de cinco fuentes para un ensayo de 1600 palabras en TdC es un poco superficial, porque se espera que confíes más en tus propias experiencias y análisis. Reduce al mínimo las fuentes, pero procura tener algo allí. Por favor, no olvides "accidentalmente" citar lo que acabas de arrancar de un artículo de periódico. Es probable que te pillen, y definitivamente te sentirás estúpido. Dicho esto, si no buscas información te arriesgas a hacer declaraciones que son claramente falsas. Por ejemplo, si no puedes recordar exactamente en qué año Cristóbal Colón descubrió América y escribe sin cuidado 1294 (en lugar de 1492) te arriesgas a perder uno o dos puntos por tu falta de investigación (te recomiendo que NO uses ese ejemplo). No es un trabajo de investigación, pero si utilizas fuentes específicas por favor incluye una bibliografía tal como lo harías para la monografía. Todos los trabajos que consultaste, ya sea en línea, en un libro, en una revista o en la televisión, deben incluirse en la bibliografía.

No hay garantía de que obtendrá 40 de 40 puntos. Mi consejo es que apuntes a llegar ahí, y esperemos que termines con más de 35 puntos. Si sigues las instrucciones y los criterios de evaluación, no hay forma de que obtengas menos de 30. Consigue esos puntos fáciles e intenta lo mejor posible para obtener los más difíciles.

42. Abordar TdC – La Presentación

Junto con el ensayo obligatorio que se evalúa externamente, cada estudiante en TdC debe preparar una presentación oral evaluada internamente que debe durar de diez a quince minutos (para ti, esto significa 14-15 minutos). También habrá un tiempo para discutir después de presentar. La presentación de TdC vale un total de 20 puntos que es la mitad de lo que vale el ensayo. En tu presentación, tendrás que ser capaz de demostrar una "comprensión del conocimiento en el mundo real". Aunque una presentación suena como algo divertido y fácil de hacer, hay muchas trampas con las que se encuentran los estudiantes. Esperemos que la siguiente guía te ayude a evitarlas.

La verdad es que creo que es injusto que una tarea ambigua y confusa como una presentación de TdC se evalúa por aquellos que a menudo tienden a ser profesores de TdC sin experiencia. ¿Cómo se supone que alguien, que se siente igual de cómodo con la materia como tú mismo, debe decidir el 40% de tu calificación final? Por lo tanto, cómo te va en tu presentación dependerá en gran medida de que sepas cómo evalúa tu profesor y averigües qué es lo que le interesa y cómo aprovecharlo.

¿Solo o Juntos?

Fácil. Solo. Mira, ponte en el centro del escenario, respira profundo y trabaja de forma independiente en lugar de confiar en otra persona. Recuerda que si trabajan juntos, seguirán siendo calificados por su desempeño individual, más que por el del grupo. Así que aunque elijas al propio Sr. TdC como tu compañero y te rascas el trasero mientras que él hace una presentación perfecta durante quince minutos, eso afectará tu calificación personal.

Al trabajar con otra persona das la impresión de que no querías hacer el trabajo tú mismo o que pensabas que trabajar juntos significaría que tendrías que hablar menos. Los beneficios de trabajar con otros estudiantes son los aportes adicionales de tus compañero y una presentación más larga - lo cual significa más profundidad y detalle. Sin embargo, el precio es alto. El enfoque no estará centrado en ti; si tu pareja la caga, te perjudicará la nota. Además, te arriesgas a ser opacado por tu pareja y, lo que es más importante, la presentación pierde su toque personal porque ya no es tuya.

Si piensas que trabajando juntos puedes manejar temas más grandes más fácilmente porque tendrás más de 20 minutos para presentar, entonces te sugiero que cambies el tema de tu presentación. Tratar de ser ambicioso y manejar grandes temas complicados y amplios con dos o tres compañero sólo perjudicará tu calificación personal. Está muy bien hacer una presentación por ti mismo, siempre y cuando el tema no sea demasiado general.

Probablemente la mayoría de los estudiantes de tu clase prefieren trabajar juntos. Sin embargo, si observamos a los estudiantes "más brillantes", ellos seguramente trabajan independientemente. Esto se debe a que saben que de esta manera es más probable que consigan un A. No tomes el riesgo adicional de trabajar con otra persona sino hazlo tú solo.

Selección del Tema

Una pregunta difícil. Tienes toda la libertad del mundo a la hora de elegir el tema de tu presentación de TdC. No hay absolutamente ningún límite en lo que puedes hacer y cómo lo haces. Por eso es sorprendente cuántos estudiantes caen en la trampa de elegir temas viejos y gastados como "prejuicio en redes sociales", "investigación con células madre", "eutanasia", "matrimonio entre personas del mismo sexo" y básicamente cualquier cosa que parezca estar llena de TdC. No cometas este error. Nadie quiere escuchar diez presentaciones diferentes sobre la investigación de células madre, ¡no importa cuán "diferentes" sean! No busques uno de estos temas tradicionales, pero problemáticos. No sólo hay demasiado que discutir, sino que también lucharás para poder incluir la información TdC en tu presentación. Te garantizo que más de la mitad de tu clase escogerá una de estas preguntas más "populares", pero también te garantizo que obtendrás una puntuación mucho más alta si te buscas algo más original y específico.

Una de las razones por las que te recomiendo que vayas a la clase de TdC y no te duermas durante toda la hora es que te perderás valioso material para tu presentación/ensayo. Cada vez que tu profesor de TdC saca a relucir un artículo o una historia que le parezca interesante para TdC, apúntalo con una gran tinta roja. Todos los días pasan tantas cosas en el mundo que todo a tu alrededor está lleno de TdC, normalmente sin que te des cuenta.

Por ejemplo, el tema que escogí para mi presentación no fue particularmente fascinante y no cayó en el cliché de los temas clásicos de TdC. Hubo una noticia que salió hace unos años sobre cómo el estado de Florida quería monitorear la enseñanza de las clases de historia en las escuelas de todo el estado. Esto significaba potencialmente que podrían reescribir los libros de historia para el colegio y omitir o exagerar ciertos aspectos del contenido histórico. Además, esto significaba que había una forma ideal de enseñar historia: sin ambigüedades, sin preguntas. Claramente esto hacer sonar los alarmas en la sede principal de TdC - lo cual es una buena noticia para tu presentación, ya que puedes pasar un cuarto de hora explicando todo lo que está mal. Otros temas de interés potencialmente buenos podrían ser "Cómo se puede enseñar TdC sin prejuicios en países musulmanes estrictos" o también una presentación sobre cómo Wikipedia ha cambiado lo que creemos que es el conocimiento.

Lo que estoy tratando de decir es que será mejor que elijas un tema (preferiblemente de las noticias) que trate mucho de la controversia en el conocimiento y los problemas del conocimiento. Los criterios de evaluación se refieren específicamente a una "cuestión contemporánea". Recuerda que al final del día estarás haciendo una presentación no sólo sobre tu tema, sino también sobre cómo se relaciona tu tema con las diferentes Áreas de Conocimiento y Formas de Conocimiento. Hazte un favor inmenso y encuentra un tema que sea original y que sepas que será bueno analizar desde el punto de vista de TdC.

La razón por la que me enteré la historia de Florida fue porque mi profesor de TdC del duodécimo grado (que era, sin duda alguna, el mejor profesor de TdC que he visto en mi vida) la expuso en una clase. Inmediatamente lo anoté porque entendí la relevancia que tenía en el contexto de TdC. Tú tienes que hacer lo mismo. No importa lo malo que sea tu profesor de TdC, seguramente hará por lo menos un poco de trabajo. Pasarás dos años con él, así que ellos están obligados a decirles algo útil al menos unas cuantas veces durante ese período. Si eso sigue sin funcionar, tendrás que buscar en el internet para encontrar una buena historia. Trata de no coger temas complejos que requieran una gran cantidad de explicaciones, pero también evita el aborto, los prejuicios en redes sociales, homosexuales, etc. Además, no trates nada demasiado controvertido o tampoco empieces a mostrar imágenes de genitales disecados o a analizar la propaganda antisemita nazi de una manera inapropiada. Sorprender a la audiencia y a tu profesor no hará que tu trabajo de tener una presentación buena sea más fácil.

Elegir algo que es relativamente específico, como una noticia, un artículo en una revista o una escena de una película, es mucho más efectivo que elegir algo impreciso como la pena de muerte. Este es probablemente el error número uno que cometen los estudiantes. Eligen un tema que suena atractivo, pero que simplemente es demasiado amplio y necesita ser circunscrito. Al elegir un tema que requiere mucho conocimiento de fondo y explicaciones, perderás tiempo importante para discutir las cuestiones de conocimiento subyacentes. Las presentaciones más trascendentes y de mayor puntuación tratan temas en los que no esperas encontrar aspectos de TdC.

Método

Podrías hacer un póster. Podrías hacer una obra de teatro con otros amigos. Incluso puede hacer una presentación high-tech en PowerPoint con transiciones suaves y sorprendentes efectos especiales. O, alternativamente, podrías agarrar un marcador y hacer una presentación de en el tablero tan simple y efectiva que te preguntarás por qué no se te ocurrió antes.

Tu análisis crítico es lo que le dará la buena calificación para tu presentación. Según mi experiencia, el análisis es mucho más difícil de lograr usando una obra de teatro, una entrevista en escena o un video corto. Recuerda que estás analizando y evaluando los problemas de conocimiento, además de los métodos para responder a la pregunta "¿Cómo lo sabemos?". Así que si puedes hacer todo eso en una actuación o película de diez minutos, junto con la exploración de los conocimientos generales de tu tema - pues, buena suerte.

La clave del éxito de la presentación es verificar que hayas tocado toda la terminología y explicaciones necesarias de TdC. Según mi experiencia, la mejor manera de hacerlo es también la más sencilla. Olvídate de hacer carteles complicados (nadie tiene visión telescópica de todos modos), o de tener una actuación digna de un Oscar. Todo lo que necesitas es preguntarle a tu profesor si puedes usar su pizarra para la presentación.

Lo que tienes que hacer ahora es separar la pizarra en tres secciones. Esto te permitirá separar tu introducción (que debería explicar brevemente la situación) de tu análisis principal del tema y de tu conclusión. Haz la sección central la más grande (la mitad del tablero) ya que tendrás que escribir más aquí. Debes planear todo esto unos días antes de tu presentación real haciendo una versión pequeña en una hoja.

En el lado izquierdo de la pizarra tendrás que dar una breve introducción a tu tema. Recuerda que esto no debe tomar más de dos o tres minutos. Puedes simplemente señalar con palabras claves los puntos principales de tu tema o historia.

Lo que pasó, cuándo pasó y por qué pasó son preguntas que deben ser abordadas. Ten en cuenta que no te dan puntos por la narración de los hechos y la información clave. Cubre los hechos rápidamente y omite cualquier dato que no mejore tu presentación. Si todavía luchas para explicar los hechos y el contexto de tu presentación en menos de tres minutos, entonces una solución podría ser distribuir un resumen a tu público de antemano.

La sección media del tablero es donde ganaras casi todos tus puntos. Este es el núcleo de tu presentación. Recuerda que tu presentación debe investigar y examinar críticamente las Formas de Conocimiento y las Áreas de Conocimiento dentro del contexto de tu tema. Junto con eso, tendrás que desarrollar y resaltar todas las posibles controversias (Cuestiones de Conocimiento) y presentar todo esto como si supieras de lo que estás hablando. Debo admitir que no es fácil. Pero es exactamente por eso que este método que estoy compartiendo con ustedes es casi insuperable. Deberás tener a mano el diagrama de TdC.

Ahora, tienes que tomarte unos días más o menos para pensar exactamente qué Áreas y qué Formas de Conocimiento están fuertemente conectadas con tu tema y cómo podrías analizarlas. En el tablero, ahora necesitará dibujar una "telaraña" relativamente grande y tener segmentos saliendo de ella. Por ejemplo, una rama podría tratar la "Percepción como una Forma de Conocimiento" en el contexto de tu tema. Otro podría tratar sobre "Las Ciencias Naturales como un Área de Conocimiento", también fuertemente ligada a tu tema. Al final debes tener de seis a diez secciones que traten los Áreas y Formas de Conocimiento por separado dentro del contexto de tu tema. El buen estudiante de TdC puede establecer vínculos impecables entre Áreas de Conocimiento y Formas de Conocimiento al hacer la presentación o escribir el ensayo.

Sin embargo, debo advertirte que no busques algo que simplemente no está ahí. La única cosa peor que la falta de contenido de TdC en tu presentación es llenarla con contenido malo que deje claro que estás intentando tratar cada Área/Forma de Conocimiento sin tener realmente un análisis que valga la pena. No pienses que tengas que incluir TODAS las Formas de Conocimiento y vincular cada una, una por una, a las Áreas de Conocimiento y luego vincularlas todas a tu tema - eso sería una tontería. Sin embargo, métete esto en la cabeza: tu presentación debe centrarse en cuestiones de conocimiento y no en el contenido de tu tema (que tratas brevemente en la introducción). El uso deliberado y los vínculos entre las Formas y las Áreas de Conocimiento son fundamentales para el éxito de la presentación.

Esta parte de la planeación de la presentación es la más difícil, ya que tal vez por primera vez a lo largo de tu experiencia con TdC, realmente tengas que pensar en el programa de estudios y en el material de TdC. No puedo darte consejos generales sobre lo que debes buscar porque esto varía mucho de un tema a otro. Sin embargo, no subestimes el poder de tus libros y materiales TdC. Por ejemplo, si haces una presentación sobre el derecho a realizar la eutanasia, podrías empezar por buscar "eutanasia" en el apéndice de tus libros de TdC para ver lo que han dicho al respecto. Muchos estudiantes olvidan que el mejor lugar para encontrar más material para incluir en su presentación no es Internet; son los libros de TdC-IB.

Puedo apostar que más de la mitad de tu grupo hará presentaciones que van un poco así: escogen un cliché de controversia social no original, explican por qué, cuándo y dónde, y luego da argumentos a favor y en contra. Oh, y luego una conclusión cursi y sin inspiración. Este enfoque no tiene absolutamente nada que ver con TdC. Las presentaciones llenas de visiones generales y descripciones no reciben una puntuación muy alta, y las puntuaciones de tus compañeros de clase así lo reflejarán.

Deberías dedicar por lo menos de ocho a diez minutos a esta sección central de tu presentación. Hazte ver interesado y honesto cuando corras por cada una de las ramas de TdC en tu diagrama web. La clave para impresionar al profesor (examinador) es demostrar que conoces todas las tonterías de TdC y lo que significa en el contexto de tu presentación. Por lo tanto, es esencial que prestes mucha atención a cómo hablas y proyectas tu voz a la gente. Sé que no hay criterios específicos de calificación para tus habilidades discursivas y de persuasión, pero créeme, mientras más parezca que sepas de lo que estás hablando, mejor será tu presentación.

Los últimos minutos de tu presentación deben dedicarse al último tercio del tablero - la conclusión. Esta no tiene que ser innovadora, ni tiene que ser completamente abierta. Hay algunas cosas importantes que debes mencionar, como un resumen de las cuestiones y preguntas de conocimiento y tu respuesta personal a ellas. Antes de todo esto tal vez quieres resumir brevemente de qué se trataba toda tu presentación.

La conclusión debe ser tanto un resumen como una evaluación. Discute cualquier pregunta que aún tengas, u otras ideas que te hayan venido a la mente en relación con tu tema. Una forma inteligente de completar la presentación es con la pregunta, "¿por qué es todo esto importante para TdC?" Puedes también preguntar eso retóricamente a tu audiencia. Asegúrate de que tu respuesta esté bien pensada y que muestre un compromiso personal y una relación con otras áreas. Para mi presentación concluí que la ley de Florida no sólo tendrá inmensas consecuencias para las clases de Historia en Florida, sino que nosotros, como europeos (en mi caso), debemos valorar fuertemente nuestro "derecho" a que se nos permita leer y evaluar diferentes interpretaciones de la historia. Haz que tu conclusión sea valiosa y atractiva para el público.

Esta es la parte de la presentación en la que puedes combinar diferentes puntos de vista y explicar tu opinión personal sobre el tema. No tengas miedo de expresarte, e incluso si te inclinas hacia una sola conclusión, señala cualquier posible sesgo o problema con tu conclusión. Evita el típico "hay muchos puntos de vista... ninguno de los cuales se puede descartar... todos tienen el mismo valor", ya que esto demuestra que realmente no has analizado y pensado en la conclusión. Tu conclusión debe resumir en pocas frases el contenido de la presentación y también presentar algún tipo de visión para el futuro, tal vez la implicación de tu conclusión en el futuro. Tus últimas declaraciones deben ser las más poderosas de tu presentación.

Recuerda planear tu presentación unos días antes de la fecha de presentación. Reduce tu plan para el tablero en tamaño así que se pueda dibujar en una hoja para que sepas dónde estará cada sección y en qué orden deben ser colocadas. Probablemente deberías llevar algunas tarjetas de apuntes por si tu memoria no aguanta. No caigas en la trampa de escribir otro ensayo y simplemente leerlo, frase por frase. Este método de presentación te dará muy pocos puntos. Una buena presentación nunca está totalmente programada, sino que está respaldada por unas pocas palabras clave y tarjetas de apuntes. Anota algunos puntos clave, míralos de vez en cuando, pero sobre todo mantén los ojos en el aula/profesor.

Hablar y Ensayar

Aunque no te dan puntos concretos por el método o el compromiso de la audiencia, debes estar seguro de que tus habilidades de discurso y expresión se aplican al máximo. Evita el vocabulario pesado y trata de hablar de manera clara y coherente. No puedo enseñarte a ser un buen expositor pero definitivamente puedes mejorar con práctica. Enfatiza las palabras clave hablando más fuerte, poniendo énfasis en el final de tus oraciones importantes y agregando emoción cuando sea aplicable. Además, debes tener cuidado de no apurarte al hablar y así hacerte difícil de entender.
Atraer e involucrar al público es una necesidad si quieres una presentación exitosa. Si notas que tus compañeros de clase hacen una siesta durante tu presentación, esto no es una buena señal - no importa cuán "aburrido" pueda ser el contenido de TdC. Tendrás que aprender a presentar material aburrido de una manera interesante (suena imposible, ¿verdad?). Camina por el salón de la clase, usa gestos con las manos. Hagas lo que hagas, no mantengas los ojos fijos en tu profesor. Incluso si

no estás personalmente interesado en el tema, ¡por lo menos haz un esfuerzo para fingir que lo estás!

Criterios de Evaluación

Tal como lo hubieras hecho para tu ensayo, tendrás que analizar a fondo los criterios de evaluación establecidos por el IBO para la presentación. Tendrás que conocerlos todos. No importa cuán genial y conmovedora sea tu presentación, si ignoras lo esencial requerido en los criterios de evaluación te arriesgas a perder puntos importantes. Busca los criterios de evaluación que se utilizarán para tu año de evaluación (porque han cambiado un poco a lo largo de los años) e imprímelos aproximadamente una semana antes de tu presentación final.

Tendrás que ser muy honesto al " evaluarte a ti mismo". Debes ser un examinador estricto y repasar cada sección de los criterios dándote una evaluación honesta a medida que avanzas. Hay 20 puntos y deberías apuntar a ganar los 20 porque probablemente pierdes uno o dos puntos que no esperabas cuando tu profesor evalúa tu presentación. Hay cuatro secciones en los criterios, casi todas tratan estrictamente de la jerga de TdC. Por eso es tan importante que tu presentación esté llena de análisis al estilo TdC. No te dan puntos adicionales por las ayudas visuales ni se obtiene una puntuación más alta por tener una presentación interesante o atractiva. Recuerda siempre: no necesitas ningún accesorio visual para hacer tu presentación más interesante. No quieres que tu profesor te clasifique como "otra presentación en PowerPoint". Ya no vivimos en la década de los 90; PowerPoint no te dará más puntos por innovación. Esta es la razón por la que debes seguir teniendo un método de presentación más sencillo (como el que te expliqué) y centrar toda tu discusión alrededor de los temas de TdC.

El criterio A para la presentación pide que " identifiques una cuestión de conocimiento pertinente relacionada con la situación de la vida real que se está considerando". Si eso suena demasiado simple para ser cierto, entonces permíteme preguntarte por qué tantos candidatos no dicen nunca: "La cuestión de conocimiento en la se centra mi presentación es...." y luego explican la relevancia de la misma. Esto es lo que quiero decir cuando digo que demasiados estudiantes simplemente ignoran los criterios de evaluación. Tu profesor de TdC probablemente va a tener el papel de criterios y lo va a revisar mientras haces tu presentación. Es necesario analizar los criterios de evaluación y utilizar palabras clave para "señalar" al examinador que estas muy consciente de los criterios y que tu objetivo es obtener la mejor calificaciones.

Algunas partes de los criterios son un poco más ambiguas y necesitarás usar tu buen juicio si quieres obtener la mejor puntuación. Por ejemplo, el criterio B, Tratamiento de las cuestiones relacionadas con el conocimiento, pide que la presentación muestre "una buena comprensión de las cuestiones de conocimiento" para que sea digna de la puntuación máxima de 5 puntos. La mayoría de ustedes lucharán por comprender plenamente lo que les piden aquí; sin embargo, si siguen mis pasos en cómo llevar a cabo la presentación, deben salir bien en lo que se trata de Cuestiones de Conocimiento y Perspectiva del Conocedor. Fíjate cómo casi la mitad de los puntos disponibles se centran específicamente en el tema, lo que respalda mi punto de vista de asegurarnos de que la mayor parte de tu presentación se lleve a cabo teniendo esto en cuenta. Debes ser capaz de distinguir tus fortalezas y debilidades y luego hacer un esfuerzo para mejorar tus puntos débiles.

No me cansaré de insistir en esto: los criterios de evaluación son otra vez de gran importancia. No es tan importante como lo fue para el ensayo del TdC (porque deja mucho más espacio para la fantasía y es más impreciso); sin embargo, aun así debería servir como base para la forma en que te presentas. No estoy desanimando a incluir interesantes discusiones no relacionadas con TdC para que la presentación sea más dinámica que un monólogo aburrido basado en TdC. Ya tú sabes exactamente lo que se requiere para conseguir todos los puntos, así que si sientes que puedes hacerlo y presentarlo de una manera original puedes intentarlo.

Documentos de Presentación

Rellenar todos los documentos de planificación de la presentación y los formularios de evaluación de la presentación puede ser una tarea aburrida pero igualmente debes esforzarte al máximo. Recuerda que lo único que el IB verá de tu presentación son los formularios que llenas y la evaluación de tu profesor - esto significa que los formularios son muy importantes para ti. Debes describir claramente las cuestiones de conocimiento y explicar los objetivos de tu presentación lo suficientemente bien como para que el IB pueda comprenderlas. Si tu profesor de TdC realmente te jode y te da una calificación claramente injusta, es posible que todavía tengas la oportunidad de quejarte - si rellenaste correctamente tus formularios y tienes un buen caso.

Referencias

Al igual que con el ensayo, la presentación no pretende ser un ejercicio de investigación. Sin embargo, el 99% de las veces vas a necesitar algún tipo de información objetiva. Para estar seguro de que no hay preguntas sobre la fiabilidad de tus datos y cifras, recomiendo que hagas una bibliografía de toda la información que utilizaste. Hazlo en una hoja de papel y en el mismo formato como lo harías para tu ensayo. Después de terminar esta tarea sencilla, imprime tantas copias como haya estudiantes en tu grupo y distribúyelas antes de comenzar tu presentación. Ah, ¡y no olvides una copia para el profesor!

Eso es más o menos todo sobre la presentación. Recuerda que no hay una fórmula general para tener una presentación perfecta; sin embargo, si sigues la mayoría de mis consejos, puedo casi garantizarte que alcanzarás los 15 puntos o más. Incluso si eliges tu propio método de presentación único pero sin salirte de los elementos esenciales que se proporcionan en este capítulo también vas a tener una presentación de alta calidad. Aunque la presentación vale la mitad de lo que vale el ensayo, podría decirse que es más importante porque es mucho más fácil conseguir muchos puntos. Probablemente tu profesor será más generoso que un examinador del IB. Aunque he oído hablar de muchas presentaciones 20/20, todavía no he conocido a nadie que haya recibido una puntuación superior a 38/40 en su ensayo. En caso de que de alguna manera arruinaras tu ensayo, podrías también salvar tu nota en la presentación y orar por una A en total.

Profesores

No existe tal cosa como un profesor de TdC. Todavía no he visto un colegio que contrate a un profesor para enseñar solo TdC. Por lo general es el profesor de inglés, el profesor de matemáticas o alguna otra persona desafortunada a quien el colegio le pidió amablemente que se aprendiera el plan de estudios de TdC y lo enseñara. Recuerdo específicamente a uno de mis amigos que se me acercó y me dijo: "¡Esto es ridículo! Viene a clase el primer día, ¿y sabes lo que dice? Sé tanto de Teoría del Conocimiento como ustedes, así que esta será una experiencia de aprendizaje en la que ambos participaremos". Para muchos de ustedes esto tal vez suena familiar y no es nada por lo que deban preocuparse demasiado.

Tu profesor de TdC tiene responsabilidades específicas cuando se trata de tu ensayo y presentación. Para el ensayo debe ofrecer apoyo, dar consejos, verificar que no estás haciendo plagio y, lo más importante, rellenar la portada del ensayo. Puedes consultar a tu profesor de TdC con respecto al título del ensayo; sin embargo, no se les permite elegir el título por ti. También se recomienda que tu profesor de TdC lea un borrador antes de enviar tu versión final, así que asegúrate de que tu profesor no se olvide de esto.

No puedes responsabilizar a tu profesor por no poder enseñar completamente el programa de estudios de TdC. Probablemente nunca quisieron enseñarlo en primer lugar. Supongo que nueve de cada diez profesores de Tdc desearían no tener que perder esas horas cada semana. Por supuesto hay excepciones. El 10% de los profesores que hacen el curso de TdC realmente te abrirán los ojos. No te quejes de tu profesor sólo porque te hace ver películas "educativas" cada semana sobre "temas de TdC" o te hace llevar un "diario de TdC" o te obliga a hacer otros trabajos que te hacen perder el tiempo. Hay miles de otros niños en tu misma situación. Por suerte para ti, tu profesor de TdC no tiene que ser el propio Sr. TdC para ganarte el A. Tienes que mantener una relación saludable con él/ella ya que es él/ella quien calificará tu presentación, pero eso es todo.

Recursos

Obviamente no cometas el error de limitar tu investigación de TdC a este sencillo libro. Hay algunos sitios web de TdC realmente maravillosos por ahí. Algunos dan sugerencias y consejos sencillos y no detallados (como este libro), mientras que otros realmente se centran en el material de TdC. Deberías pasar un fin de semana o dos buscando los sitios que sabes que tendrás que consultar de nuevo. Es sorprendente cuántos ex alumnos del IB se han tomado el tiempo para publicar sus notas y ensayos para que el mundo los vea. Sé un buen estudiante de TdC y busca en Google material que te ayude a escribir un ensayo excelente o a hacer una presentación magnífica.

Algunos hasta hicieron el esfuerzo de hacer checklists específicos para que los imprimas antes de entregar tu ensayo para verificar que esté listo. Deberías también encontrar algunos ensayos ejemplares. Algunos incluso han sido calificados por profesores reales de TdC- esto te ayudará a ver dónde la gente comete errores. Leer unos cuantos te ayudará mucho.

En cuanto a los recursos comerciales, no puedo decir mucho. En mi colegio teníamos dos libros de TdC diferentes para cualquiera que estuviera interesado, así que nunca me importó ver si había algo mejor ahí afuera. Ahora, con una breve busqueda pude encontrar en línea al menos seis libros escritos específicamente para la clase de TdC IB. Mi mejor consejo para aquellos de ustedes que estén interesados en conseguir un libro TdC sería contactar primero a tu coordinador IB o profesor de TdC para ver si la escuela tiene una copia. Si no, consulta la tienda del IBO y mira qué ofrecen ahí.

No te pongas a comprar todo lo relacionado con el IB que encuentres en el Internet. Verifica que el autor tenga experiencia con el IB y que el libro definitivamente sea de TdC del IB, no de filosofía. Explora lo que otros autores ofrecen pero al final del día, pregúntate si realmente lo necesitas o no.

¿Qué Hago en Clase?

Al final del día tienes que recordar que no son tus ensayos semanales, tus presentaciones de simulacro o participación en clase los que te darán los tres "puntos extra" para tu Diploma de Bachillerato Internacional - son sólo las evaluaciones y nada más. Esto será desaprobado por los profesores, pero es la verdad: tienes que hacer la cantidad mínima para sobrevivir, concentrándote principalmente en tu ensayo y presentación. Estas son tus prioridades: 1 - el ensayo (40 puntos), 2 - la presentación (20 puntos) y 3 - el trabajo en clase/participación (valorado en nada, en realidad). Este consejo no debe ser exagerado - hay que tener en cuenta que las calificaciones pronosticadas son importantes. Tus profesores podrían imponerte consecuencias si no respetas la clase y lo más importante es que te pierdes el valioso material para el ensayo/la presentación si duermes durante tus clases de TdC.

He aquí la conclusión: haz el mínimo de trabajo en clase para tener notas aceptables y no molestes a tu profesor. Comienza tu ensayo y presentación tan pronto como tengas suficiente información al respecto - no obligues a tu profesor a que te diga cuándo empezar. No tienes que ser ese estudiante estrella que siempre responde a las preguntas y entrega todo el trabajo a tiempo. Debes ser el estudiante más inteligente y hacer sólo lo que se te pide: un ensayo y una presentación con la calificación A.

43. Conquistar CAS

Este capítulo será muy breve. Si de verdad estás luchando para conseguir las horas que necesitas para CAS no puedo hacer mucho para ti, excepto mover la cabeza con decepción. Lo bueno de CAS es que involucra a todos en la comunidad, enseña a los estudiantes a ser creativos y tiene como objetivo mantener a todos con buena salud. Lo triste es: si realmente estuvieras tan preocupado por el servicio comunitario, ¿no lo estarías haciendo ya, en lugar de ser "recompensado" por ello con horas de CAS? Sin embargo, eso no es asunto nuestro. Tu objetivo es conseguir tus horas y terminar CAS tan pronto como puedas (preferiblemente a mitad de tu primer año IB) con mínima complicación.

Como parte de los requisitos "troncales" del IB (que incluyen además la Monografía y TdC) estás obligado a completar el programa CAS. Esto significa que debes alcanzar una cantidad mínima de horas en cada uno de los tres componentes: Creatividad, Actividad y Servicio.

Creatividad:

Probablemente el segundo componente más fácil de cumplir. No hace falta ser un joven Mozart o Picasso para obtener horas de creatividad. En primer lugar, puedes participar en actividades de creatividad escolares. Esto incluye cualquier producción de obras de teatro, coros y concursos de arte. Si eso no funciona para ti, haz algo independiente para la comunidad escolar. Diseñar su sitio web, hacer un nuevo cartel/póster para estimular el espíritu escolar, enseñar a los estudiantes más jóvenes a dibujar, hacer fotos o actuar. Es muy fácil conseguir las horas para Creatividad, pero no lo dejes para muy tarde.

Actividad:

Esto debería ser muy sencillo. Sé lo que es ser perezoso y no atlético más que nadie, pero incluso yo me pude conseguir mis horas con facilidad. Me uní a los equipos deportivos del colegio no sólo por el factor deportivo, sino también porque era muy divertido. Si terminas el colegio sin haber probado nunca fútbol, baloncesto, natación, voleibol, tenis o atletismo, entonces te estás perdiendo muchas experiencias inolvidables.

No se puede decir que hay una gran dificultad para encontrar actividades que cumplan con los requisitos de las horas de "Actividad". Hasta los niños no atléticos de mi colegio de alguna manera encontraron el camino al gimnasio y al menos levantaron algunas pesas o corrieron un poco. Siempre hay alguna solución disponible.

Servicio

Esta es el área problemática para la mayoría de las personas. No creo que se deba a que todos seamos egoístas por naturaleza, pero tal vez tenga más que ver con el problema de encontrar trabajo de servicio. Si tu coordinador de CAS (asumiendo que tu colegio tiene un coordinador de CAS) está a la altura de las expectativas, entonces deberías conseguir consejos y oportunidades a través de él/ella. Sé que las escuelas tratan a CAS y especialmente al componente de servicio con diferentes niveles de seriedad. No obstante, debes tener la seguridad de que hiciste lo suficiente para que el examinador del IB esté satisfecho con tu diario.

El tipo de servicio que prestes dependerá en gran medida de tu lugar de residencia, de lo cómodo que te sientes al aire libre, de lo fluido que seas en el idioma local y de una variedad de otros factores que harían muy difícil asignarte alguna tarea específica. Como he dicho antes, nadie te pide que crees una organización benéfica de un día a otro o que limpies los derrames de petróleo y construyas la paz en el Medio Oriente. Sólo tienes que demostrar que te preocupas por la comunidad y hacer las horas requeridas.

Coordinador de CAS

Como se mencionó ya, el coordinador de CAS del colegio decidirá en gran medida el éxito de tu programa de CAS. Cuando yo hice el Bachillerato Internacional el coordinador de CAS fue maravilloso. No sólo garantizó que todos hicieran lo que se les exigía, sino también de que los que trataban de engañar al sistema fueran suficientemente castigados. Si tu coordinador de CAS es muy comprometido y te perseguirá si te faltan horas (por tu propio bien, por supuesto) o si es muy amable te dejará decidir lo que quieres hacer y cuándo quieres hacerlo. Este último enfoque es un poco arriesgado para mi gusto.

Al final del día sólo tienes que aprovechar al máximo lo que tienes. Si a tu coordinador de CAS no le importa si apruebas o no, tendrás que trabajar un poco más que el estudiante que tiene un coordinador de CAS que hace todo por él. Tener un programa CAS mal administrado no es una razón suficiente para no cumplir con los requisitos de los componentes de CAS.

Consejos

Aunque mis consejos para CAS no son muy detallados, puedo ofrecerte algunos consejos para el programa de CAS en general.

Finalización - termina el programa CAS lo antes posible. No estoy diciendo que renuncies a todos los aspectos creativos, atléticos y comunitarios de tu vida por el resto de tu experiencia IB, sin embargo, será más beneficioso para ti terminar CAS lo más pronto posible. Yo terminé con la mayoría de los requisitos de CAS antes de entrar al 12º grado. Esto requirió mucho trabajo mientras estaba en el grado 11 (incluyendo muchos fines de semana trabajando, y también un viaje escolar para ayudar a pintar/construir una escuela en Marruecos durante las vacaciones de otoño).

Mi coordinador del IB me ofreció la oportunidad de comenzar el trabajo de CAS desde el 10º grado (un año antes de que el programa IB comenzara). Los que aprovecharon esta oportunidad fueron recompensados porque tenían todo el último año de IB sin la carga de la CAS sobre sus hombros. Tenía amigos que estaban siendo perseguidos por este trabajo durante una buena parte del 12º grado y este estrés se reflejaba en sus otros trabajos de IB. La lección aquí es que mientras antes termines CAS, antes podrás empezar a preocuparte por el resto del trabajo que tienes por hacer. Quita esto del camino lo más pronto que puedas - también si eso significa trabajar en hospitales y correr maratones todos los fines de semana en tus primeros meses en el Programa del IB.

Redacción del Diario

Debes tener un registro limpio y ordenado de todas tus actividades de CAS. Para algunas actividades que exceden una cierta cantidad de horas se te pedirá que escriba una evaluación. Hazlo tan pronto como termines el trabajo u olvidarás lo que hiciste. Guarda toda esta información en un lugar muy seguro y no la pierdas porque llegará un día en que tu coordinador de CAS te la pedirá.

Fingir que Hiciste Slgo

No lo hagas. ¿Qué tan difícil es de verdad hacer las horas que te piden? Si crees que puedes falsificar la firma de tu entrenador de tenis, entonces no te sorprendas demasiado cuando tu coordinador de la CAS lo llame sólo para descubrir que nunca hiciste las 10 horas de clases de tenis que dijiste. No hay nada más descarado y egocéntrico que decir que ayudaste a tu comunidad cuando en realidad todo lo que hiciste fue hacer trampa. Probablemente te pillarán y te sentirás culpable cuando te expongan como ejemplo malo delante de tus amigos. Sólo haz las horas - realmente no es mucho pedir.

Ya que estamos hablando de eso, por favor evita preguntar por las horas de la CAS cuando sabes que no las merecías. Esto incluye hacer trabajo pagado, tareas para tu familia, favores para tus amigos o cualquier otra idea inteligente que puedas tener para conseguir algunas horas fáciles de CAS. Por ejemplo, los niños que mienten sobre trotar en casa y falsifican las firmas de sus padres o los que dicen que hacen trabajo no remunerado para la compañía de sus padres. No termines así. No sólo te arriesgas a ser pillado, sino que también te sientes mejor simplemente haciendo las horas y aprovechando la experiencia.

Universidad

Una gran ventaja que tendrás sobre otros candidatos de universidades que no son del IB (y hasta cuando buscas empleo) es que puedes usar tu experiencia de CAS para construir tu hoja de vida/aplicación. El servicio a la comunidad se ve muy bien cuando se aplica a universidades competitivas, al igual que las habilidades creativas y un estilo de vida atlético. Aprovecha al máximo tu programa CAS en la escuela porque será de gran utilidad en el futuro. Yo en mi hoja de vida actual todavía tengo elementos de servicio comunitario que hice para CAS.

Por esta misma razón recomiendo que aproveches al máximo el programa CAS y que realices actividades de servicio que sean más atractivas que otras. Por ejemplo, organizar un concierto en la residencia de ancianos es mucho más llamativo en tu hoja de vida que repartir volantes o pasear perros. De hecho, cualquier trabajo de servicio que requiera un compromiso con personas con las que normalmente no trabajarías es muy impresionante para las universidades y los empleadores. Por esta razón es importante hacer trabajo de servicio que realmente signifique algo. Del mismo modo, jugar para el equipo de fútbol del colegio es más eficaz que pasar una hora al día en el gimnasio porque demuestra que puedes cooperar con los demás y trabajar en equipo. Escoge actividades con las que quieras impresionar más adelante en tu vida.

Reprobar

Si repruebas todo el Diploma de Bachillerato Internacional porque no cumpliste con los requisitos de CAS hay pocas esperanzas para ti. He visto a algunos de los peores candidatos IB que todavía pudieron arreglar para cumplir con sus horas de CAS, así que para ti esto definitivamente no debería ser un problema. No sobreestimes CAS, ya que realmente no debería dominar tu horario. Pero por otra parte, no lo dejes como la última cosa en tu lista de cosas por hacer porque perjudicará tus otros deberes.

Muchos estudiantes le tienen miedo a CAS. No entiendo por qué. CAS te permite tener un impacto positivo en tu comunidad. Te prometo que si eres dedicado y pasas tiempo una o dos veces por semana en una actividad que ayuda a otros a tu rededor, te sentirás súper bien. Las personas que solo estudian todo el tiempo nunca pueden obtener las mejores calificaciones porque eventualmente se cansan y sienten demasiado estrés. Así que es importante que hagas las cosas que te gustan o que te interesan.

Debes tratar CAS como el oxígeno que tanto necesitas y que te está salvando de ahogarte. Trata de llevar a cabo actividades en las que estés realmente interesado y no te ofrezcas como voluntario para que puedas someter un número arbitrario de horas a tu coordinador. Dale valor al mundo y serás recompensado generosamente a largo plazo.

Sé con certeza que jugar al fútbol para el equipo de mi colegio tuvo un gran beneficio en mi vida en el IB. Después de esas sesiones de práctica me sentí mejor, mi humor estaba elevado, y siempre es agradable estar lejos de los libros de vez en cuando. Lo que estoy tratando de decir es que CAS es en realidad un aspecto muy, muy bueno del IB. Nos convierte en individuos de mentalidad más abierta y nos da tiempo para perseguir nuestras pasiones.

44. Deshonestidad Académica

Si has venido aquí buscando maneras de hacer trampa en tus exámenes, entonces no tienes suerte. No es que sea una persona extremadamente honesta y ética (aunque me gustaría pensar que sí), sino que no tiene sentido hacer trampa. La información que les he dado hasta ahora en este libro tal vez a veces se trata de de alguna manera engañar al sistema sin hacer trampa. Así que técnicamente no estás haciendo nada malo, sólo estás abusando de ciertos aspectos para obtener una calificación más alta - algo que cualquier estudiante inteligente haría naturalmente. Una cosa es hacer plagio en tu ensayo, pero otra completamente diferente es "manipular" ligeramente los datos de tu informe de laboratorio para obtener mejores notas. Este capítulo no te dará los mejores consejos sobre cómo hacer trampa. De hecho, hará todo lo contrario - te diré por qué la mayoría de los métodos de engaño fallan y qué son las consecuencias.

Tienes que ser bastante estúpido para seguir un programa de dos años sólo para que te quiten el diploma por imprudencia académica. Esos son dos años de tu vida prácticamente desperdiciados. Si pierdes el diploma IB por hacer trampa, entonces estás bastante jodido. ¿Por qué arriesgarse a dos años enteros de trabajo relativamente exigente para poder subir un poco la nota? El riesgo es mucho mayor que la recompensa y simplemente no vale la pena. Es aún más redundante dado que puedes obtener fácilmente una calificación más alta simplemente siguiendo las pautas establecidas en este libro. No importa quién seas, no hay absolutamente ninguna razón por la cual considerar hacer trampa.

Aunque el IB se originó en Suiza, no esperes que sean muy comprensivos o "neutrales". Cualquier forma de deshonestidad académica se trata con la máxima seriedad. La gran mayoría de las veces que alguien es capturado y reportado perderá su diploma. No sólo las trampas conllevan serios riesgos, sino que también te pondrás bajo más presión. La amenaza de ser atrapado te hará rendir menos y te dará una distracción innecesaria.

Plagio

El plagio es probablemente el tipo más común de deshonestidad académica que se encuentra en el IB. No voy a entrar en una discusión en profundidad de en qué consiste el plagio y cómo citar bien - tu colegio ya debería haberte embutido eso. Sólo quiero explicarte lo que pasa cuando intentas hacerlo. Esperamos que de esta manera evites hacerlo "accidentalmente" y lo pienses dos veces antes de terminar cualquier trabajo para el IB.

Muchos de ustedes habrán oído del sitio web turnitin.com. Este sitio web escanea en busca de plagio. Dependiendo del colegio en el que estés, es posible que tus profesores escaneen cada uno de los trabajos que entregues electrónicamente. Para aquellos de ustedes que no tienen idea de lo que estoy hablando, déjenme explicarles. Turnitin.com (entre muchos otros sitios web más sofisticados) escanea los documentos en busca de pruebas de plagio. Ellos toman sus palabras y las comparan con una multitud de fuentes diversas: sitios web, libros, revistas, diarios, etc. El programa luego compone un informe muy detallado que especifica exactamente cuánto de tu documento está plagiado y hasta qué punto.

Estos escáneres de plagio tan caros que utiliza el IB están creciendo en sofisticación cada año. Casi todas las bases de datos posibles para la redacción de ensayos están ahora en la lista, junto con los libros escritos que se han convertido en libros electrónicos. Incluso si pagaste dinero ridículo para que alguien escribiera tu monografía probablemente los escáneres de turnitin.com lo detectarán porque pueden compararlo con casi todas las bases de datos.

¿Qué significa todo esto para ti? Esto debería ser un llamado de atención para aquellos de ustedes que son capaces de plagiar "sin querer". Estoy hablando de aquellos de ustedes que pensaron que estaba bien incluir algunas frases aquí y allá de tu libro porque no está disponible en línea. Casi todo está ya disponible en línea y turnitin.com escaneará todos estos archivos.

Las consecuencias del plagio probablemente te llevarán a fallar en ese trabajo específico, y, dependiendo del grado de plagio, tal vez incluso en todo tu diploma. Confío en que te des cuenta del aspecto deshonesto del plagio y te abstengas de intentarlo. Más importante aún, sin embargo, quiero advertirte que tienes que asegurarte de no plagiar accidental o involuntariamente. Sé que esa frase no tiene mucho sentido, pero es por tu propio bien que verifiques que ninguna de tus palabras sean las de otra persona. Así que por favor, piénsalo dos veces antes de incluir cualquier frase o idea que claramente no sea la tuya.

¿Por qué diablos se te ocurriría hacer trampa en el día del examen IB? Si estás en un colegio de IB respetable y honesto, es muy probable que tu sala de examen tenga algunos de los más atentos supervisores que hasta controlan que tu respiración y tus estornudos sean naturales. Tú y tus compañeros van a ser como pequeñas ovejas rodeadas por una manada de lobos.

Incluso antes de entrar en la sala de examen tu cara contará toda la historia. Ni el más audaz de ustedes será capaz de disimular los nervios y la tensión cuando entres a la sala. Tal vez hasta antes de que empieces a hacer trampas, te pillen haciendo trampas. Este párrafo (y probablemente el capítulo) sólo aplica a una pequeña proporción de candidatos, pero sin embargo, es importante hacer llegar el mensaje de que engañar en los exámenes es casi imposible - y estúpido.

Casi cualquier cosa que se te ocurra ya ha sido tomada en cuenta. Controles aleatorios de la calculadora previo al examen, bolsas de plástico transparentes, no hablar en la sala de examen, descansos asistidos para ir al baño, sólo agua embotellada. Para cada método de engaño ya existe una respuesta. El único "engaño" que te queda por hacer es seguir los consejos y sugerencias legítimas que he estado diciéndote. El día del examen lo único en lo que deberías estar pensando es en el examen en sí. Cualquier otra cosa en tu mente te distraerá de darlo todo. El diploma IB no es un examen de secundaria en el que puedes escribir las respuestas en la palma de tu mano o llevar una hoja de trampas. Este es uno de los programas de educación secundaria más prestigiosos y respetados del mundo y no van a dejar que su reputación se pierda, como resultado de la mala conducta académica.

Mientras estemos en el tema de las trampas, hay una última palabra de advertencia. Con el reciente aumento en el uso del teléfono celular e Internet, se ha vuelto casi inevitable que los estudiantes discutan las preguntas y respuestas de los exámenes en línea y por teléfono. No puedes estar entre ellos. Los colegios han comenzado a prestar muchísima atención a esta cuestión y he oído hablar de casos en los que los estudiantes fueron seguidos a través de Facebook o de su teléfono móvil y finalmente, se les quitó su diploma porque rompieron varias reglas sobre la revelación de los detalles de los exámenes antes de que los exámenes se llevaran a cabo en todo el mundo.

Dado que el IB es un programa internacional, existen pequeñas posibilidades para la manipulación de las zonas horarias con el fin de obtener información sobre los exámenes. Pero otra vez, déjame advertirte. Las escuelas han comenzado a monitorear el uso del celular de los estudiantes antes y después de los exámenes. Además, cada vez más las pruebas se dividen en varias zonas horarias. Probablemente no hay nada peor que estar totalmente preparado para un examen sólo para darse cuenta de que has estudiado la última hora con preguntas que no están allí. Además, si alguna vez te piden los detalles de una pregunta a un amigo que vive en el lejano oeste, por favor ignóralos. ¿Por qué querrías hacer el mismo examen más fácil para otra persona cuando al final del día vas a ser juzgado y calificado por una distribución normal? Estás compitiendo contra otros colegios del IB, así que no te pongas en desventaja.

El mensaje aquí es claro como el agua: ni siquiera intentes hacer trampa durante tu programa IB porque es muy probable que te pillen y hay muy poco beneficio. Puedes lograr resultados sorprendentes sin necesidad de plagiar o ser deshonesto. Engañar tendrá graves consecuencias para ti más adelante en tu vida. Puedes olvidarte de ir a cualquier universidad decente si te quitan el diploma por falta de honestidad académica. No sólo es una carga para tu futuro académico, sino que también tiene graves consecuencias sociales y familiares.

45. Reclamaciones y Repeticiones

Cuando recibes los resultados una de tres cosas sucederá. Puedes haber sacado las notas que esperabas y conseguir lo que se requiere para tu universidad. En este escenario perfecto tu aventura IB ha terminado y por fin puedes seguir adelante. Si no, puedes recibir tus resultados y descubrir que quedaste mal en una o dos materias, o tal vez reprobaste algo, y como resultado tu oferta universitaria favorita ya no es una opción. El escenario final es que recibes tus resultados y descubres que hay algunos temas en los que sabes que deberías haber sacado mejores notas. Te sorprende porque tal como están las cosas no puedes entrar en tu universidad favorita o segunda favorita. Hay varias opciones de las cuales puedes elegir, que se resumen a continuación:

Reclamar

Cuando yo recibí mis resultados del IB en junio, no pude entrar a la primera universidad que elegí. Saqué 42 puntos pero no me alcanzó en Matemáticas NS porque saqué 6 en vez de los 7 puntos requeridos. Mi oferta de Oxford fue que para entrar necesitaba más de 40 puntos en total, con 7 en Matemáticas NS y Economía NS. No me sorprendió demasiado porque sabía que si había una materia en la que podía fallar sería Matemáticas. Sin embargo, tal como estaban las cosas, no iba a conseguir un lugar en Oxford. Llamé a mi coordinador y le conté el caso. Me recomendó que mandara a reevaluar no sólo matemáticas, sino también los 6 que saqué en Inglés NM y Física NM. La lógica detrás de esto era que si no subía en matemáticas, entonces al menos Oxford reconsideraría su oferta si obtenía 43 o 44 puntos en total.

Después de varias semanas me informaron que mis notas de Inglés y Física no mejoraron. Esto fue muy decepcionante porque sentí que mis exámenes de Inglés fueron perfectos y tuve excelentes evaluaciones internas tanto en Inglés como en Física. Sentí que no había ninguna posibilidad de que mi nota de Matemáticas aumentara porque, en primer lugar, se me había pronosticado un 5 y, en segundo lugar, porque las matemáticas son muy objetivas - hay respuestas correctas e incorrectas con poco espacio para casos intermedios o errores de los examinadores... Pues me equivoqué. Recibí la noticia de mi coordinador de que la nota había subido a 7, así que cumplí con mi oferta y saqué un total de 43 puntos.

El punto de esa pequeña historia es que no solo debes tratar de reclamar tus resultados cuando sientes que podrías haberlo hecho mejor. Incluso en exámenes en los que estás un 80% seguro de que no puedes mejorar, puede valer la pena reclamar si tu elección favorita de universidad está en peligro. Por supuesto que esto cuesto un poco, pero yo diría que si el resultado está afectando tu futuro vale la pena. Además, si la nota cambia, te devuelven todo el dinero. ¿Hubiera reclamado si hubiera podido entrar a mi universidad favorita de una y no pudiera ver algún beneficio directo de un puntaje más alto? Probablemente no. Recomendaría reclamar sólo si esto afecta tus decisiones universitarias.

Repeticiones

En el improbable escenario de que te va muy mal en tus exámenes IB, siempre hay la opción de volver a tomarlos en noviembre. No soy un gran fan de esta opción por varias razones. En primer lugar, volver a presentarse a los exámenes de invierno significa que te perderás un año de universidad. Tal vez hasta sería mejor repetir el año y presentarte a los exámenes en mayo.

En segundo lugar, volver a presentarse a los exámenes sólo es una buena opción si realmente piensas que las cosas van a cambiar. No tiene sentido volver a hacer los exámenes si tu enfoque y motivación es la misma. Si algo trágico sucedió que te distrajo de un desempeño a tu nivel en los exámenes, entonces las repeticiones pueden ser una buena segunda oportunidad. Sin embargo, si no cumpliste tus objetivos porque no te preparaste adecuadamente probablemente esto volverá a suceder si repites los exámenes.

Por estas razones las repeticiones deben considerarse como la última opción. No hace falta decir que si te perdiste una oferta universitaria por pocos puntos, entonces primero debes reclamar tus notas antes de considerar la posibilidad de volver a presentarte al examen.

La Vida Después del IB

El día de tu último examen será un día que recordarás durante mucho tiempo. Terminé mi último examen hace más de 10 años y todavía recuerdo ese día como si fuera ayer. Será una sensación extraña. Pasas de no tener tiempo libre a tener de repente el verano más largo y despreocupado de tu vida. Cuando salgas de la sala de examen, querrás celebrar, pero también estarás tan agotado que tal vez mejor te vayas a casa a descansar.

La razón por la que quise escribir un capítulo rápido sobre esto es porque he visto a lo largo de los años un alarmante número de estudiantes que sufren de una especie de depresión post-IB, en el sentido de que no saben qué hacer con todo este tiempo libre que tienen. Los estudiantes hasta me han dicho que sienten que ya no tienen un propósito, ahora que el IB se acabó. Se sienten vacíos por dentro y no están seguros de poder pasar a la siguiente etapa de la vida.

Primero que todo, debes saber que lo que sientes es muy normal. Aunque tus amigos no hablen de esto, hay muchas personas que leen esto y sienten mucho de lo que tú sientes, yo lo sentí después de la mayoría de mis logros importantes (el IB, año tras año en la universidad, etc.). Hay cosas que debes hacer a corto y largo plazo. Te explicaré algunas de ellas y por qué debes hacerlas:

Hacer ejercicio - aunque odies el ejercicio, sal a caminar. Ve a jugar tenis con un amigo, o a nadar, o algo así. Hazlo por lo menos de 3 a 5 veces por semana, y pronto descubrirás que te atrae la actividad. Hará maravillas con tu estado de ánimo.
Busca la luz del sol. Suena extraño, pero la luz del sol hace que tu cuerpo emita todo tipo de cosas que necesita, incluyendo neurotransmisores que regulan el estado de ánimo.

Lee - has pasado los últimos dos años leyendo principalmente lo que otros te han impuesto, así que has creado cierta hostilidad hacia la lectura. Pero probablemente te encantaba antes, y puedes hacerlo de nuevo (y te hará más sano y feliz). Si necesitas sugerencias, escríbeme.

Haz felices a los demás. Una parte de cómo definimos nuestra autoestima es a través del servicio a los demás. Así que ve a alegrarle el día a alguien. Tal vez puedes llevar a tu hermano menor a alguna actividad que le guste. Lleva a tu perro a dar un paseo. Haz un voluntariado en algún lugar, no porque te toca por CAS, sino porque ayudar a la gente te hace sentir mejor.

A largo plazo deberías tener metas y un plan. ¿Cuáles son los pequeños pasos que puedes dar hacia esas metas ahora? Tal vez leíste algún libro o artículo en una revista sobre autoeducación. Tal vez trabajas en un sitio web. ¿Quizás buscas en el programa de estudios las clases que tomarás este otoño en la universidad y decides empezar a estudiar desde ya?

¡Busca oficio e intenta divertirte sin preocupaciones!

Conclusión

Por favor, recuerda que las notas no definen tu valor personal. Recuerda que todo esto se trata de aprender y tratar de hacer lo mejor que puedas. Me siento muy arrepentido porque pasé mucho tiempo solo estudiando, postergando siempre el trabajo, sin hablar con mi familia y amigos y perdiéndome grandes eventos que habrían hecho que mi último año fuera tan especial. Siempre hay una manera de lograr lo que quieras en la vida, siempre y cuando te apasione, sin importar lo que te llevas del IB. Por eso otra vez te digo: un número no te define, no importa lo importante que parezca ahora mismo. Eres hermoso(a), inteligente y capaz de hacer cualquier cosa que te propongas. Haz lo mejor que puedas y vive tu vida.

Mi último consejo para ti es que habrá días en tu vida en que recibirás un resultado que no esperabas. Lo importante es seguir adelante. Ahora mismo tus notas no importan mucho en el marco más amplio, pero son un indicador de cómo te va en tu vida académica. Entonces si te caes, levántate, quítate el sucio y sigue adelante.

El IB es duro, pero tú puedes.

Contribuyentes

¿Quieres contribuir a la próxima edición de este libro? Siempre estamos buscando estudiantes IB talentosos y perspicaces (actuales y ex-alumnos) para mejorar y ampliar este libro. Para más información sobre la publicación de tu material del IB, por favor visita www.zouevpublishing.com donde también puedes encontrar nuestra otra serie de libros del IB. También estamos interesados en conseguir capítulos individuales sobre temas que aún no se han tratado en este libro, así que no vaciles en ponerte en contacto con nosotros si sientes que tienes algo que aportar, estaremos encantados de colaborar.

Para cualquier pregunta o comentario, por favor envíanos un correo electrónico a zouev.publishing@gmail.com

Agradecimientos

Quiero darles las gracias a mis padres, que siempre me apoyaron en todo lo que hice.

Roman, gracias por ser un maravilloso hermano mayor y un excelente editor.

Ken y Lynn – fueron los mejores profesores en mi vida escolar, muchas gracias por todo su apoyo. Sr. Oberg – usted me hizo disfrutar de las matemáticas, gracias por eso.

A los programadores y diseñadores de Bear & Fox – gracias por hacer mi visión de smartib realidad.

www.ingramcontent.com/pod-product-compliance
Lightning Source LLC
Chambersburg PA
CBHW031058080526
44587CB00011B/738